LES FLEUVES DE FRANCE

LA SEINE

DU MÊME AUTEUR

LA LOIRE. 1 fort vol. in-8 illustré (Collection des *Fleuves de France*).

LES ENVIRONS DE PARIS. 1 vol. gr. in-8 illustré.

LES FLEUVES DE FRANCE

LA SEINE

PAR

LOUIS BARRON

Ouvrage orné de 175 dessins par A. Chapon

PARIS
LIBRAIRIE RENOUARD
HENRI LAURENS, ÉDITEUR
6, RUE DE TOURNON, 6

LA SEINE

EN BOURGOGNE

CHAPITRE PREMIER

LES SOURCES

Il n'est pas facile aux étrangers d'atteindre sans guide la source de la Seine; entendez, car il en est plus d'une, la source jadis consacrée par les anciens à la déesse Sequana et naguère décorée par les édiles parisiens d'une emblématique statue. Elle se cache, chaste nymphe, sous le voile obscur, sous le voile rugueux des bois. Des chemins vaguement frayés à travers les champs, les ravines et les taillis d'une région montueuse et forestière, censément y conduisent; mais qui s'y fie court le risque de s'égarer. Pour nous, nous l'avons cherchée longtemps, avec la délicieuse inquiétude de coucher à la belle étoile. Non loin de Verrey, d'où nous étions partis, c'était déjà presque le soir; derrière la cime bleue du mont Tasselot, princière colline de la Côte-d'Or, le soleil disparaissait. D'autres cimes, plus basses, également bleues, arrondies, enchaînées, allongeaient leur grande ombre sur le vallon où sautille la Fontaine de la Dame. Nulle issue visible : nous prîmes sur la gauche, au hasard. A mille pas, un paysan ramenait à une ferme isolée une voiture chargée d'échalas : nous lui demandâmes où nous étions.

Il répondit, lentement, un peu méfiant, — que faisions-nous à cette heure par la campagne déserte ?

— Vous êtes aux Mazenottes (la carte écrit aux Maisenottes).

— Suis-je loin encore de la source de la Seine ?

— Oh! ben oui! C'est donc là qu'vous allez ?

— Oui, et je voudrais me reposer à Chanceaux, chez le père Chopin.

— Vous aurez d'mal. Enfin v'là vot'route. Faut qu'vous d'scendiez à la Combe-au-Fournier, tout en bas d'ici, puis vous remonterez à l'Ermitage, et là vous verrez des bois, des bois, des sentiers, et vous marcherez tout droit, toujours droit devant vous.

— Merci, camarade.

— Bonsoir, Monsieur!

La Combe-au-Fournier! Un ravin profond que les demi-ténèbres du crépuscule ensauvagent étrangement. Au plus creux, un ruisseau cascade sur des roches. Les chiens d'une cabane de garde forestier aboient au jour déclinant. Cinq, six sentiers s'ouvrent et vous tentent : l'un grimpe, l'autre rampe, celui-ci côtoie le ruisseau, celui-là file sous la feuillée. Nous avons suivi le mauvais, et après deux ou trois heures de marche, après avoir à gué, sur des pierres, passé de naissants fleuves, que le moindre orage doit changer en torrents, un groupe d'habitations se montrait, au bout d'une longue plaine. C'était sans doute Saint-Germain-Source-Seine, ou bien Chanceaux? Point, c'était Bligny-le-Sec, à l'opposé.

— Mi vous conduirait demain, pisque c'est dimanche, nous dit un homme du pays, bonne âme hospitalière, qui vint avec nous boire bouteille d'excellent bourgogne.

Et le lendemain, à la clarté du petit jour, notre erreur d'itinéraire fut expliquée.

Si, à gauche de la *Combe-au-Fournier*, on gravit un chemin ardu, on trouve en haut une croix de fer, très antique, et, en face la croix, sous les rameaux d'arbres séculaires, se dresse la chapelle ogivale, aux lourds contreforts, où vivait l'ermite de saint Jean de Bonnevau. En avant, une clairière s'élargit, bordée de taillis épais, une muraille de rochers aux formes tourmentées s'élève : vous êtes dans la bonne voie. Tout n'ira pas encore sans obstacles; fréquemment les sentes se perdront sous les ondes des herbes folles; fréquemment aussi vous aurez à traverser des ruisseaux, ou, pensant fouler des tapis de fleurs aromatiques, vous enfoncerez en des tourbes perverses; mais ce n'est rien que cela; vous touchez au but. Et quelle charmante pérégrination! Pays doucement agreste, robuste, sans apprêts, embaumé et peuplé de patriotes, de braves et nobles cœurs : les Allemands l'apprirent à leurs dépens en 1870! Alors nos forestiers, tous chasseurs, s'exerçaient à pourchasser, surprendre, embûcher et relancer l'ennemi, comme le gibier. Notre guide de Bligny-le-Sec est là-dessus aussi plaisant qu'intarissable : « Mi n'aimions point les Prussiens cheux nous, ah m'non ! Et dam ! tant pis. Nous les tirions à l'affût comme des lapins s'ils venaient dans nos bois ; et eusse i pouvaient jamais nous prendre. »

Ainsi la guerre n'a pas ensanglanté la source du fleuve illustre. La rude épaisseur de son voile, la vaillance de ses défenseurs ont soustrait la nymphe pudique à la malfaisance des barbares, sinon n'auraient-ils pas meurtri ton image, o déesse Sequana !...

La voici enfin, la source de la Seine. Récompense du voyage, nous éprouvons à la contempler une joie proportionnée à nos fatigues : il nous semble la découvrir. Croyez-le, ce plaisir d'explorateur n'est pas réservé aux seuls Livingstone, aux Brazza ; le monde connu est plein de choses inconnues, qui, lentement, se révèlent aux regards attentifs. On les a vues avant vous, qu'importe, si vous les voyez, vous, pour la première fois ? Les sensations sont personnelles : chacun de nous à son tour est le Christophe Colomb de quelque « terra ignota » : des terres ignorées de ses yeux.

Au fond d'une clairière légèrement encaissée, encadrée de bouleaux, de peupliers grêles, et cernée d'un treillage clôturant la propriété de la ville de Paris, une grotte, artificiel entassement de rochers, s'arrondit en voûte arquée : sous la voûte un bassin placide miroite; au milieu du bassin, un rocher porte l'effigie marmoréenne de la nymphe sculptée par Jouffroy. Son beau corps, à demi enveloppé d'un souple tissu, s'allonge

LA SEINE — STATUE ET SOURCE

nonchalamment; son bras gauche, accoudé, s'appuie sur l'urne symbolique d'où s'épanche un mince filet d'eau, et, de sa droite, s'échappe une guirlande de fleurs et de fruits : bénignement ses doux yeux regardent couler les premières gouttes du fleuve enfant, du fleuve civilisateur.

Et nous lisons sur du marbre cette inscription, où

certains noms, maudits depuis 1870, sont furieusement grattés :

Sous le règne de Napoléon III, empereur des Français, avec le concours du Conseil général de la Seine, sur la proposition de M. le baron Hausmann, sénateur, préfet de la Seine, grand'croix de la Légion d'honneur, par délibération du XVIII août MDCCCLXV, fut érigé ce monument aux sources du fleuve qui a donné son nom au département de la Seine et auquel Paris doit son antique prospérité.
MDCCCLXVII.

Devant la grotte le fleuve épandu verdit un marécage; à côté, gisent de noires pierres taillées, assises en ordre, des morceaux de colonnes et de statues, débris du temple antique, exhumé par les fouilles, élevé par les anciens polythéistes à la déesse Sequana. Les siècles, ensevelisseurs de ces ruines, n'ont pas détruit les idées qu'elles représentaient. Et nous aussi, nous dressons aux mystérieuses forces de la nature, des temples, de symboliques statues, destinés à éveiller en nous des idées de reconnaissance, de culte !

La Seine coule directement vers le Nord, s'abaisse rapidement. Née à quatre cent soixante et onze mètres d'altitude, elle aura déjà, à dix ou douze lieues de distance, à Châtillon, descendu la moitié de sa pente. D'abord faible ruisseau que l'on peut sauter d'un élan, à pieds joints, les chaleurs de l'été l'évaporent, l'assèchent, mais le sol perméable de l'aqueuse Bourgogne — waterish Burgundy, selon l'épithète shakespearienne, — en recueille les eaux, les transvase en des réservoirs, des courants souterrains, et lui prépare d'abondantes sources nouvelles, surgissant de place en place. « La Seine, a écrit l'éminent ingénieur Belgrand, coule au-dessus d'autres Seines profondes; les étangs, les lacs de son bassin reposent eux-mêmes sur d'autres étangs, sur d'autres lacs. » Aussi, partout des fontaines cristallines, partout des ruisseaux jaseurs dans ce pays de collines boisées, de frais vallons. Source de la Coquille, source de la Revinson, source de la Duesme, source de la Roche, source de la Laignes, qui bientôt s'enfouira et reparaîtra trois lieues plus loin, source du Pré, source de la Déjeanne, sources de la Groesme et de l'Ource au mont Aigu, source à l'ancien prieuré du Val-des-Choux. Elles sourdent doucement, sans éclat, égales, à raz de terre, quelquefois, mais rarement, d'une roche, d'une grotte. La plus remarquable de ces *douix* est à Châtillon-sur-Seine, où limpide, assez vive pour former en peu d'instants une rivière de cinq à six mètres de largeur, elle sort de dessous une grotte pittoresque, qui monte à trente mètres.

En un paysage boisé, éclairci par la transparence lumineuse des belles eaux, vivotent les cinq ou six mille habitants de Châtillon-sur-Seine. Une tour à créneaux, des pans de murailles, sur la hauteur, restes du châtelet où résidaient les hauts et puissants seigneurs de Chaumont, dominent le beau parc dont le maréchal Marmont, duc de Raguse, glorieux et malheureux fils du pays, ombragea la terrasse de sa ville natale. Il repose au cimetière, sous une simple épitaphe, ce héros-type de la servitude militaire. Les forges, qu'il

CHATILLON-SUR-SEINE — FONTAINE DE LA DOUIX

avait établies et dirigées aux alentours, à Sainte-Colombe, et que mouvait le cours impétueux de la Douix, végètent maintenant : la moitié de ses foyers sont éteints. Nulle industrie locale, hormis celle-là ; mais on peut se régaler de confitures d'épine-vinette, fabriquées à Chanceaux : rare gourmandise, chère et délicate. Les églises Saint-Vorle, Saint-Nicolas, l'église de la ci-devant abbaye de Notre-Dame, devenue l'hospice Saint-Pierre, ont d'assez curieuses épaves du passé : peintures, ferrures, orfèvreries, dalles tumulaires du moyen âge et de la Renaissance. Une émouvante tradition nous a conduit à Griselles, humble village à trois heures de marche, ou à vingt minutes de la station de Laignes, sur l'embran-

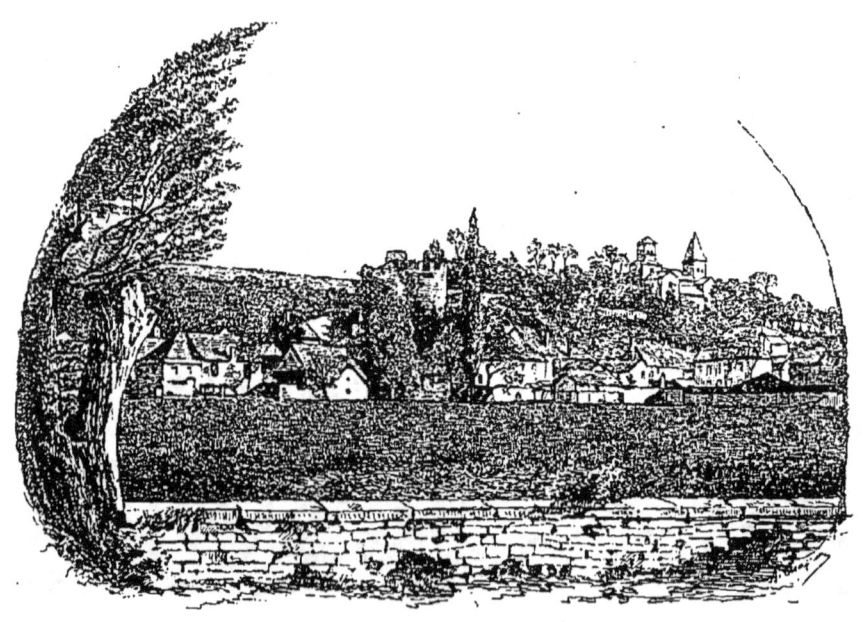

CHATILLON-SUR-SEINE (COTE-D'OR)

chement de Châtillon à Nuits-sous-Ravières : nous voulions voir, et volontiers on nous a montré, la grotte souterraine où, dit-on, se réfugia le Gaulois révolté et vaincu Sabinus, où la sublime épouse du proscrit, Éponine, allaita pendant des années d'ombre peureuse et de danger toujours imminent les deux fils jumeaux qu'elle devait, au jour fatal de son supplice et du supplice de tous les siens, agenouiller pitoyablement aux pieds de l'inflexible Flavius Vespasien : « Vois, César, ces enfants ; je les ai élevés dans les soucis et dans les larmes pour que nous fussions plus nombreux à implorer ta clémence ! »

Mussy-sur-Seine... Bar-sur-Seine... De gros bourgs, presque sans intérêt, sans couleur, déjà enclavés dans la Champagne, mais au sein encore d'une terre accidentée, abondamment arrosée, verte partout au printemps. Le poète comique Boursault naquit à Mussy, l'on s'en souvient. L'auteur d'*Esope à la Cour* et du *Mercure galant*, — pardonnons-lui le *Portrait du Peintre*, qui raillait Molière, car Molière avait commencé ! — avait bien, ce nous semble, comme toute la fine et grasse lignée des beaux esprits bourguignons des derniers siècles, un joli coup de vin clair et joyeux dans la tête ; il était gai, quoique médiocre. Assurément trop peu grand homme pour qu'on lui prenne mesure d'une statue, il mérite au moins un buste, avec inscription : nous croyons qu'il les a.

... Nous n'irons, en ce moment, pas plus loin dans la vallée de la Seine ; il nous faut mieux connaître la région où elle commence, la vallée si originale, si fraîche, si remplie de souvenirs puissants sur notre âme, où naissent ses indirects tributaires, l'Armançon, l'Oze, l'Ozerain, la Brenne, qui sillonnent la fameuse plaine des Laumes, le massif de hauteurs où il nous plaît de retrouver l'immortelle Alesia.

Revenez donc à Verrey, sur la ligne de Dijon, puis remontez cette ligne. A vos côtés, des collines se rangent, se touchent, ingénieusement cultivées jusqu'au sommet en vignes, en luzerne, lin, sainfoin, pommiers, çà et là seulement comme râpées, offrant les larges taches grises d'un granit infertile. La vallée, toute en prairies, que séparent des haies de minces bouleaux, de saules nains, paraissent fraîches et sont humides ; les crues des sources, des fontaines, grossissant d'innombrables ruisseaux, en doivent, de l'hiver au printemps, noyer l'argile, en isoler les rares habitations. On ne saurait compter les ponceaux et les pierres de gué jetées sur les fossés, où parfois roulent des torrents. Comme en Flandre, des villages et leurs écarts sont, de la sorte, pendant des mois, enfermés dans de rigoureuses solitudes. Par contre, de mai jusqu'à novembre, le soleil prête à ces campagnes, toujours avivées par les eaux courantes, toujours vertes, ombreuses, fleuries, un charme enviable. Cependant, les paysans, à peine échauffés, demeurent ce que la rêverie, la contemplation forcée des horizons uniformes et restreints, les ont faits : doux et lents, polis, complaisants même, mais sans la moindre vivacité d'accueil, routiniers d'ailleurs, encroûtés dans leurs habitudes, attachés, comme le colimaçon à sa coquille, à de vieilles maisons sombres, rongées par le salpêtre, malsaines. Combien, invoquant plusieurs générations rustiques, pourraient dire au Progrès comme le Jean Lapin du fabuliste

alléguant la coutume et l'usage à l'envahisseuse dame
Belette :

> Ce sont leurs lois qui m'ont de ce logis
> Rendu maître et seigneur, et qui, de père en fils,
> L'ont de Pierre à Simon, puis à moi, Jean, transmis

Donc, nulle ambition à grandir hors de la terre
natale : quiconque l'essaye est blâmé des siens, même
s'il réussit. Pourquoi donc avoir quitté l'antique ferme,
flanquée, ainsi qu'un manoir, de tourelles d'angle baignant dans la vase, et dont la porte, souvent arquée en
ogive, garde un écusson nobiliaire à peu près effacé ?
Verrey, Darcey — où du sein d'une nappe d'eau ensevelie, surgit une douix — ont plusieurs fermes de ce
genre singulier, dépendances peut-être du château seigneurial des Bussy-Rabutin.

Aux Laumes, vaste plaine, gare animée. Alise se
voit d'ensemble : à droite, village contournant le mont
Auxois ; au-dessus, sommet isolé, d'aspect sévère, triste,
couronné de la statue de Vercingétorix. Le héros gaulois plane sur toute la vallée, hautaine et mélancolique
personnification d'une patrie ancêtre !

Allons gravir le mont Auxois. En passant aux alentours, remarquez les bornes milliaires où se lisent les
mots contrevallation, circonvallation ; elles marquent
la limite présumée des enceintes formidables creusées
par les soldats romains autour du camp gaulois. On ne
tarde pas à découvrir, à mi-chemin de la route serpen-

tine, l'hôpital d'Alise-Sainte-Reine : quelques-uns de ses bâtiments blancs et confortables sont anciens, ils composaient jadis le monastère de Sainte-Reine, chaste martyre, décapitée ici même au cinquième siècle, quand régnait l'empereur Olybrius. Elle fut, sainte Reine, pendant bien des années, autrement populaire et honorée des foules que le héros des Gaules. Victime, suivant la légende des saints, non seulement de sa foi, mais de sa vertu, car elle avait refusé d'épouser le proconsul qui la fit mettre à mort, son sang virginal empourpra l'eau d'une fontaine, depuis miraculeuse. Aux pèlerins déchaux dont les processions la visitaient, cette fontaine précieuse rendait la santé, elle guérissait spécialement les maux d'yeux, elle assurait aux femmes d'heureuses gésines. Maintenant on n'y songe guère plus qu'aux mystères d'Hésus.

Sur le sommet rocheux du mont, dans le majestueux silence du vaste horizon qu'il domine, un socle de granit, supporte le piédestal où le Vercingétorix, de Millet, debout, la dextre appuyée sur son épée, semble, intrépide et pensif, magnanime et douteur, prévoir la fatale issue de la lutte suprême engagée contre César, contre Rome ! Oui, il nous le semble, l'artiste a mis dans ses yeux profonds comme un pressentiment des destinées de sa patrie, future province latine, comme un regret poignant de son passé barbare, aventureux, héroïque, enjoué ; déjà le généralissime est prêt au sacrifice qu'il fera demain pour sauver son armée de braves, domptés par le génie de la guerre, affamés dans le camp fortifié d'Alésia, définitivement vaincus après une dernière « sortie » ! Pourquoi, sur le socle, ne lit-on pas ces lignes des commentaires, si éloquentes dans leur brièveté :

Postero die Vercingetorix, consilio convocato, id se bellum suscepisse non suarum necessitatum, sed communis libertatis causâ demonstrat; et, quoniam sit fortunæ cedendum, ad utramque rem se illis offerre, seu morte sua Romanis satisfacere, seu vivum tradere velint (1).....

Et, lamentable épilogue à ce Sedan de l'an 52 avant le Christ :

Vercingétorix deditur : arma projiciuntur.

Ou, comme dit Michelet d'après Plutarque, Dion Cassius :

Le Vercingétorix, conservant seul une âme ferme au milieu du désespoir des siens, se désigna et se livra comme l'auteur de toute la guerre. Il monta sur son cheval de bataille, revêtit sa plus riche armure, et après avoir tourné en cercle autour du tribunal de César, il jeta son épée, son javelot et son casque aux pieds du Romain, sans dire un seul mot!

---

(1) « Le lendemain (de la dernière bataille livrée devant Alésia) Vercingétorix, son conseil étant rassemblé, démontre qu'il n'a pas entrepris la guerre pour son intérêt personnel, mais pour défendre l'indépendance de tous ; néanmoins, puisqu'il faut céder à la fortune, il s'offre, si on le veut, soit à mourir, soit à se livrer en otage, pour donner satisfaction aux Romains (et sauver l'armée). »

Ceignant le piédestal, une bande de bronze présente cette inscription, hélas ! d'une emphase presque ironique :

La Gaule unie formant une seule nation armée d'un même esprit peut défier l'univers (Vercingétorix aux Gaulois assemblés). Cæsar. De Bello Gall., l. VII, c. XXIX) (1). — *Napoléon III, empereur des Français, à la mémoire de Vercingétorix.*

Ces paroles gelées, la froide image du héros, sont tout ce qui rappelle la mémoire de la puissante Alésia, *urbium mater*, mère des villes, sur le plateau dénudé du mont Auxois. Elle fut, après la victoire de César, aussitôt abandonnée, détruite : les fouilles opérées sous le second empire en ont mis à découvert quelques débris, et, dans l'imperceptible musée du village d'Alise-Sainte-Reine, amas de masures croulantes et d'inébranlables maisons du quinzième ou du seizième siècle, vous verrez sous des vitrines des monnaies gauloises et romaines, des poteries ébréchées, des armes rongées. Dans ce musée que visite le voyageur ému et déçu, ne pouvait-on mettre une réduction du superbe plan en relief d'Alésia, reconstitué par l'archéologie pour le musée de Saint-Germain ? Cette vivante, cette pratique leçon d'histoire serait ici à sa vraie place.

A une lieue, une lieue et demie d'Alise, Flavigny

---

(1) « ....atque unum concilium totius Galliæ effecturum, cujus consensu ne orbis quidem terrarum possi obsistere (idque se prope jam effectum habere). »

offre un excellent poste d'observation à qui veut bien connaître cette région célèbre et pittoresque. C'est un gros bourg, littéralement caché dans un massif de collines. A moins de suivre la grand'route, aux continuels circuits, on y va, des Laumes, par des chemins, des sentiers rocailleux, tortueux, assujettis aux déclivités des hauteurs les plus capricieuses. Les bois, les vignes, les pommiers, se partagent le terrain, mais dans les nombreuses ravines creusées par les fontaines, les sources, l'eau vive sème les plantes, les fleurs aromatiques. Flavigny vous apparaît brusquement, au milieu de ce paysage montueux, hirsute et parfumé; il est assis, en dominateur, sur un plateau farouche et gai, des vallons étroits l'entourent et s'ouvrent à ses pieds; on en ferait aisément une citadelle inexpugnable. Nous croyons cependant qu'il fut, au seizième siècle, assiégé

STATUE DE VERCINGÉTORIX
A ALISE-SAINTE-REINE

et pris, malgré ses fortifications, dont il reste de solides pans de murs et quatre portes à créneaux, herses et mâchicoulis. La plupart de ses habitations chenues, flanquées de tours, percées de porches profonds, de fenêtres exiguës, serrées en des ruelles, des impasses toujours sombres, humides, racontent un long passé féodal. Mais ne durent-elles pas trop ? Il nous l'a semblé, à voir les pauvres êtres pâles, étiolés, affligés de précoces douleurs, qui en sont les locataires. De l'air pour eux, de la lumière ! Nous sacrifierions sans remords toute l'antiquité à la santé des vivants. Entre ces noires maisons, on dirait un palais du couvent de noviciat des dominicains, grand logis campé, avec ses jardins, son bois, sur la crête de la colline, et tout blanc, comme la robe dominicaine.

Admirez, avant de quitter Flavigny, dans sa petite et régulière église du huitième siècle, un jubé de la Renaissance, en pierre sculptée et peinte à fresque ; mais si vous n'êtes pas pressé de partir, restez là, en bon gîte, à *l'hôtel*, — on n'ose plus dire auberge — de *la Terrasse*. Vous goûterez l'inestimable bien de la tranquillité parfaite, du rêve libre dans l'air pur. Chambre agréable, table abondante et saine, hôtes serviables, voilà ce que l'on trouve rarement à pérégriner de par le monde, même en « doulce France », et voilà ce que l'on trouve ici. Au reste, la Bourgogne est pays de liesse, pays de caractère affable : signe essentiel de la cordialité des mœurs : les chiens n'y aboient pas aux trousses du passant inconnu. Douceur du chien : effet de la douceur des gens !

— Mais quelle distraction à Flavigny ?—N'en soyez pas en peine. Il s'en trouve et des plus délicates, si vous savez les goûter. Des châteaux vous environnent, où vous n'aurez qu'à frapper pour qu'il vous soit permis de vivre familièrement avec la meilleure compagnie..... du dix-septième siècle. Présentez-vous, s'il vous plaît, chez les Bussy-Rabutin, les Sévigné-Chantal, les Guitaut, ces nobles familles encore si bien vivantes, si brillantes.... dans les lettres de Mme de Sévigné. Elles habitaient dans le voisinage, en voisins, et n'ont pas complètement quitté leurs demeures aristocratiques. N'êtes-vous pas tenté d'aller leur rendre visite ?

A plus de deux lieues vers l'est, par delà le chemin de fer, derrière les collines bordant la grand'route, se dissimule Bussy-Rabutin. Il dépend de la commune singulièrement divisée, éparpillée, nommée Bussy-le-Grand. Quel chemin prendre ? il faut s'en informer.

— Voulez-vous nous indiquer la route de Bussy? disions-nous à un vieux paysan, tout chargé de ramée.

— Ah ! vous êtes de Bussy : ça se peut ben !

— Pas du tout, mais je vous en demande la route.

— Vous êtes p't ête ben le neveu du curé... Dame ! qu' voulez-vous ?

— Nullement.

— Moi, j' sis de Crésigny... Vous d'vez ben le connaître ?

— Sans doute... Mais comment aller à Bussy ?

— Eh! ben, m'n ami, faut aller tout dret d'vant vous !

.....On monte, on descend, on tourne, et l'on arrive à l'improviste devant la très vieille et très simple entrée du modeste château où vécut en exil, de 1666 à 1682, Roger, comte de Bussy-Rabutin. Homme étrangement complexe, ce Roger, prototype de toutes les vanités et de toutes les qualités de l'ancien noble : courtisan respectueux, brave, avide et frondeur, fat insupportable et bel esprit caustique, mordant écrivain et ridicule panégyriste, capable de toutes les hauteurs et de toutes les bassesses, naïvement indélicat et naturellement fier, admirable et odieux. Un tel homme, expansif jusqu'à l'indiscrétion la plus hardie et forcé pour cela même au silence, obligé de vivre dans ses terres, devait continuellement ruminer ses souvenirs : succès et disgrâces, ambitions triomphantes et déceptions amères, heureuses et infidèles amours. Mais comment, dans quelle âme complaisante épancher les joies disparues, les rancunes présentes et les futurs espoirs dont son cœur débordait ? Il ne les voulut confier qu'aux seuls appartements de son logis ; le pinceau les exprima sur les murs, sous forme de sentences et d'allégories, et les siècles moqueurs nous ont gardé ces confidences, grâce auxquelles l'auteur de l'*Histoire amoureuse des Gaules* nous initie à ses intimes pensées.

Sous la fraîcheur d'un beau parc planté en amphithéâtre, apparait, comme à l'ombre d'un éventail, la façade d'honneur : un bâtiment sobrement orné de pilastres, et flanqué de deux ailes en équerre, de l'époque Henri II, percées de baies en arcades et devancées par de grosses tours à lanternon, semblables à des colombiers. Sans aucune magnificence, cette construction, mi-partie du seizième et du dix-septième siècle, a le charme des nobles et vieux édifices intégralement conservés. Les armes des marquis de Sarcus, possesseurs actuels du domaine, s'étalent au fronton, celles des Bussy-Rabutin décorent le vestibule : *Cinq pointes d'argent, deux empallés à quatre d'azur, écartelé d'or, à une croix de sable. — Tenants : deux anges; couronne de comte.*

Et, par la *salle des devises,* on pénètre dans les appartements. — Entre des vues de résidences royales, de légères fresques représentent d'allégoriques objets, commentés par d'ingénieuses devises en langue italienne ou latine : par exemple, le soleil éclairant un cadran solaire : *si me mira, me miran* (1); — un escargot : *in me me involvo* (2); — un roseau : *flector, non frangor* (3); — des étoiles en grand nombre : *non mille quod absens* (4); — un drapeau percé et déchiré : *e lacero ogni virtù spira* (5); — une sirène avec le visage de

---

(1) S'il me regarde on me regarde.
(2) Je me retire en moi-même.
(3) Je plie, mais ne romps pas.
(4) Il n'y en a plus mille, faute d'une absente.
(5) De mes lambeaux je tire un lustre.

l'inconstante marquise de Montglat : *sollicit ut perdat* (1)..... Nous ne pouvons citer tous ces tableautins. Mais en faut-il davantage pour expliquer les regrets orgueilleux où se morfondait le courtisan relégué au fond de la Bourgogne, loin des rayons du soleil de Versailles, dont les splendeurs enviées le préoccupaient toujours ?

Peu nous intéresse ensuite le *salon des grands hommes de guerre* où l'effigie du maître de céans, qui fut lieutenant général, figure entre Turenne et Condé, à côté de Duguesclin et de Bayard : bizarre excès d'outrecuidance. Mais la chambre dite de Sévigné et le cabinet attenant renferment quelques portraits délicieux : Mme de Maintenon, Ninon de Lenclos et Mlle de la Sablière, par Mignard; la folle duchesse de Berry, par Coypel, et des tableaux, des pastels ou des esquisses de Pierre, de la Rosalba, de Boullongne, de Demarne.....

Encore préférons-nous mille fois à ce musée de famille le salon de la *Tour dorée :* c'est la pièce splendide du château, et ce fut sans aucun doute l'asile aimé, le séjour de prédilection du comte Roger. Aussi l'a-t-il revêtu de peintures assez élégantes et décoré de sentences d'une ironie spirituelle. Sous la coupole, une fresque rappelle la chute de Phaéton, allusion transparente, aveu mélancolique :

La honte, le regret, la mort, l'adversité,
Sont l'ordinaire prix de la témérité.

(1) Elle nous séduit pour nous perdre.

En un panneau, lui-même, l'imperturbable fat, s'est fait représenter, jeune imperator de fantaisie, que sa chlamyde romaine n'empêche pas de porter perruque, canon de dentelles et flots de rubans. Près de lui sourient dans leurs cadres éteints les portraits de ses maitresses, déshabillées par d'impertinentes inscriptions : Catherine de Bonne, marquise de la Baume, « la plus jolie maîtresse du royaume et la plus aymable, si elle n'eût été la plus infidèle », Magdeleine et Catherine d'Angennes, une duchesse de la Rochefoucauld..... Et vous lisez çà et là : *Casta est quam nemo rogavit*. — *Qui donne est le maitre des cœurs*. — *Etsi omnes, ego non*. Et ceci au-dessous de l'*Enlèvement d'Europe* :

> Les femmes font mille façons
> Pour duper les pauvres garçons ;
> Les garçons feignent mille flammes
> Pour attraper les pauvres femmes.

Et cela, sous un Pygmalion amoureux de sa statue :

> Si vous aimez à n'être point trompé,
> Aimez une femme d'ivoire.

Et enfin, résumé de cette philosophie sceptique, si profondément désillusionnée :

> Fussiez-vous beau comme l'astre du jour,
> Assurez-vous si l'étoile vous manque,
> Que vous serez malheureux en amour !

C'est tout. Vous connaissez les amusements du brillant gentilhomme désœuvré ; vous avez parcouru tout un chapitre de l'histoire privée du grand siècle ; Bussy-Rabutin n'a plus rien à vous apprendre : chambres fanées à carrelages déteints, banales peintures, livres poudreux, odeurs moisies, voilà le reste de ce tombeau, peuplé de vaines images, que la seule littérature peut animer un instant.

Les châteaux congénères des Chantal, des Guitaut, sont situés par delà Semur, dans le Morvan bourguignon, où l'embranchement des Laumes à Cravant nous conduira ; mais à cette heure, étant si près de Montbard, comment n'y pas aller ? En longeant les collines noires à travers un pays trapu, plus robuste que gracieux, on y parvient sans peine et sans ennui.

En amphithéâtre, sur la rive droite d'une limpide rivière ombragée de peupliers, la Brenne, la petite ville s'échelonne sur une hauteur forestière : elle est plutôt laide et paraît pauvre. En des ruelles, d'ignobles impasses, où le soleil ne luit jamais, de misérables masures s'enfoncent, gisent dans les boues, les fumiers infects. Mais qui regarde ces détresses ? personne. Le touriste s'enquiert du donjon de Buffon, qu'il a vu de loin se profiler au sommet de la colline ; il y court, et n'a entre deux trains que le temps de le visiter. Près de l'église, jadis attenante à la seigneurie, vis-à-vis le terre-plein où se dresse la statue du grand naturaliste, sculpté par Guillaume, lui aussi, enfant de Montbard, s'ouvre la porte du château où Buffon habita pendant bien des années de travail et de gloire.

Il est bien simple, ce château, bien modeste, mais d'autant plus expressif. Devant vous s'étend un parc d'autrefois; ses charmilles, ses allées d'ifs et de mélèzes ont sans doute ombragé le maître et ses dignes collaborateurs, Daubenton et Guéneau de Montbéliard. Volontiers illusionné, nous croirions suivre les traces de ses pas. Ce cèdre magnifique, ne l'a-t-il pas planté? Sur ce banc de pierre verdâtre ne s'est-il pas assis? Et vous, Léda maintenant décrépite, rongée par les ans et qu'un informe oiseau caresse encore, n'avez vous pas réjoui les yeux du philosophe, par vos charmes de marbre alors fraîchement sculptés?.... Comme ici tout est paisible, propice aux graves et sereines méditations!

De logis, il n'en est point d'autre qu'un bâtiment carré, tout emmitouflé de lierre, flanqué de tourelles, éclairé par une seule fenêtre, et muni d'un escalier descendant au bas des remparts, élevés et puissants, qui supportaient jadis un rude château fort des ducs de Bourgogne. Ailleurs, un pavillon renferme le *cabinet des oiseaux* : Guéneau de Montbéliard a peut-être travaillé dans cette pièce agréablement ornée de peintures représentant des oiseaux de tout plumage. Enfin, se dresse, altière et solide, la tour hexagonale, à créneaux, mâchicoulis, meurtrières et gargouilles, la tour féodale, où l'illustre châtelain, non sans éprouver quelque fierté nobiliaire, montait s'enfermer pour écrire des chefs-d'œuvre. Ne le voyez-vous pas, en bas de soie, en habit

de velours, en jabot et en manchettes de dentelle, l'épée
en verrouil, allant faire sa cour à la Nature, dont il
veut surprendre les secrets, dévoiler les mystères, célébrer les beautés? Tout à l'heure ses regards embrasse-

STATUE DE BUFFON A MONTBARD

ront sans limites importunes une vaste étendue ; nul
obstacle terrestre n'arrêtera le vol de son audacieuse
pensée !....

Nous avons parcouru pied à pied la vénérable
demeure du génie, nous avons lu ces mots gravés sur

une mince colonne posée en face de la tour altière :

EXCELSÆ TURRI

HUMILIS COLUMNA

PARENTI SUO

FILIUS BUFFON

1785

et nous sommes partis, en emportant avec nous, comme une miss sentimentale, des feuilles de lierre et des fleurs poussées parmi les pierres, dans le parc du grand écrivain.

CHAPITRE II

LE MORVAN BOURGUIGNON

ARMES DE SEMUR

Depuis les Laumes, les collines s'étaient graduellement abaissées; on roulait en plate campagne. Mais le train s'est arrêté... Semur !... Et l'on s'émerveille à l'aspect d'une petite ville juchée dans un site pittoresque, digne du Tyrol, et cristallisée, en apparence, dans une forme purement féodale. La rivière l'Armançon, coulant, impétueuse et claire, dans ses anciens fossés, découpe à vives arêtes le promontoire granitique sur lequel elle se répand en maisons blanches et grises, en jardins, et que débordent ses faubourgs. Une flèche effilée, deux tours carrées d'église, quatre tours rondes de château fort, couronnent l'escarpement, et semblent, à distance, d'une hauteur, d'une couleur fantastiques.

Approchez. L'image admirée ne s'évanouira pas, comme il arrive si souvent. Si de banales habitations s'encadrent entre les vieux édifices d'une cité forte, prise et détruite plus d'une fois, elle reste tout de même originale, curieuse, à l'œil de l'artiste et de l'historien.

L'église a de rares œuvres d'art, une superbe clef de voûte ; les rues, frayées comme des taupinières dans les vieux quartiers nommés le Donjon, le Château, la Ville, ont de curieuses portes ogivales flanquées de tourelles : l'ensemble militaire et féodal impressionne vivement. C'est bien ici, sur ces rochers capricieux, dans l'enceinte naturelle creusée par l'Armançon, que devaient, après le triomphe de César sur Alesia, se réfugier les Gaulois vaincus, les Mandubiens, dépouillés de leur capitale. Rome laissa cet asile aux fugitifs et même le consacra par un temple dédié à l'un de ses dieux, Apollon ou Hercule. Jamais choix fut-il mieux inspiré ? Tel Semurois en est encore dans l'enthousiasme. « Qu'un voyageur s'arrête sur le pont et qu'il jette ses regards à gauche..... Suis-je en Suisse ? suis-je en Grèce ? je ne sais. Voilà des cimes alpestres et garnies de leurs sapins élancés ; voilà Jason enlevant la Toison d'or ; voilà l'Eurotas et ses rochers »…. Hyperbole à part, nous sommes à l'entrée du Morvan, où les beaux paysages ne manquent point.

Semur, place forte sous la monarchie, eut jusqu'à la Révolution des gouverneurs particuliers : au commencement du dix-septième siècle, ce fonctionnaire était un vaillant compagnon d'Henri IV, Christophe de Rabutin, baron de Chantal ; il avait épousé Jacqueline Frémyot, qui devint, après sa mort, la pieuse amie de François de Sales, la bienheureuse fondatrice de l'ordre des visitandines : tous deux furent les grands-parents de la « sainte de Livry », comme disait Horace Walpole, ou, si vous aimez mieux, de la merveilleuse marquise. Nous sommes donc en plein pays de Sévigné. La gentilhommière des Chantal se trouve à deux lieues, vers le sud, c'est Bourbilly, commune de Vic de Chassenay : voilà un pèlerinage obligatoire.

SEMUR

Dans le frais vallon creusé par le Serain, et sur les bords de cette rivière, un bâtiment noirci, avec un grand toit d'ardoise, tel est, aujourd'hui, le manoir héréditaire des Chantal. Entouré de cultures, de prés, on dirait une grosse ferme; un colombier volumineux en atteste l'aristocratie. Les environs sont accidentés, plaisants : des collines boisées, des sources, une cascade annoncent le Morvan.

Mais les arbres séculaires, les beaux arbres que Mme de Sévigné ne permettait pas d'abattre, afin de léguer tout entière à sa bien-aimée fille la propriété de ses aïeux, ces arbres ne sont plus. Combien les regretterait celle qui écrivait, le 16 octobre 1673 : « Enfin, ma bonne, j'arrive présentement dans le vieux château de mes pères. Voici où ils ont triomphé, suivant la mode de ce temps-là. Je trouve mes belles prairies, ma petite rivière, mes magnifiques bois, mon beau moulin, à la même place où je les avais laissés. Il y a eu ici de plus honnêtes gens que moi, et cependant, au sortir de Grignan, après vous avoir quittée, je me meurs de tristesse, je pleurerois de tout mon cœur présentement, si je m'en voulois croire..... Je vous ai vue ici. Bussy y étoit qui nous empêchoit fort de nous ennuyer. Voilà où vous m'appeliez marâtre de si bon ton..... »

Bussy, que nous avons rencontré tout à l'heure, venait à Bourbilly ; mais, pour le lui rendre agréable, il n'y fallait pas la présence de la marquise. « Je fus hier à Bourbilly, lui écrit-il le 21 novembre 1666, jamais je n'ai été si surpris, ma belle cousine, de trouver cette maison belle, et quand je cherche la raison, après le mépris que j'en avais fait il y a deux ans, il me semble que cela venait de votre absence. En effet, vous et Mlle de Sévigné enlaidissez ce qui vous environne, et vous fûtes ce jour-là, il y a deux ans, à votre maison. Il n'y a rien de si vrai, et je vous donne avis que si vous la vendez jamais, vous fassiez ce marché par procureur, car votre présence en diminuerait fort le prix. »

Quittons ces charmants épistoliers, nous les retrouverons, s'il nous plaît, à trois lieues d'ici, chez leur ami commun, le comte de Guitaut, dans son beau château héréditaire d'Epoisse. En vérité oui, héréditaire, car il appartient encore à la même famille, et, presque immuable à travers tant de changements, il a gardé tout ce qui en faisait le prix. Par la porte féodale, où M. de Guitaut vint saluer sa noble amie, qui seulement passait, on pénètre encore dans la première enceinte renfermant l'esplanade et la jolie église paroissiale. Une autre porte fortifiée mène à la cour d'honneur : les fondations, les fossés, les tours, datent du quatorzième siècle, du temps des princes de Montagu ou des comtes de Montbard. Comme autrefois, les maîtres du logis se reposent à l'ombre des vieilles allées de tilleuls, taillées en berceaux, ils se promènent, ils chassent dans leurs bois, ils conservent dans leurs archives les parchemins de leur maison, leurs titres de propriété, et dans leur modeste galerie, les portraits de leurs parents, de leurs alliés, quelques-uns signés Largillière et Philippe de Champagne. C'est là, sans doute, quelque chose de plus que le bonheur du villageois de Racan :

> Sa cabane est son Louvre et son Fontainebleau,
> Ses champs et ses jardins sont autant de provinces.
> Et sans porter envie à la pompe des princes,
> Se contente chez lui de les voir en tableau.

N'importe! En face des provocantes glorioles d'à présent, du bric-à-brac somptueux étalé par nos Shyloks et vaniteusement cueilli dans les cosmopolites hôtels des ventes, nous aimons ce culte du passé, ce respect des souvenirs, ce luxe de bon aloi amorti par les ans.

A partir d'Avallon, on pénètre fort aisément dans le Morvan séquanien. Les grandes routes, qui s'y croisent, mènent en effet dans ses vallées profondes aux curiosités pittoresques nommées: Chastellux, Vézelay, Saint-Père, Montréal, Arcy-sur-Cure, l'étang des Settons..... Dès le printemps, les hôteliers, les voituriers de la petite ville s'apprêtent à recevoir les touristes, si rares encore, et la plupart étrangers, que les sites délicieux de la Suisse française devraient, il semble, attirer en grand nombre vers ses montagnes. Ah! si les citadins, voués par la mode aux nonchalantes villégiatures des banlieues, aux villes d'eau, aux plages ruineuses, à la Suisse, à l'Italie, connues et consacrées, venaient ici! Cette région cordiale et fruste se couvrirait sans doute rapidement de casinos « très chics ». Vous qui n'aimez point ces créations de la haute vie, remerciez les citadins de s'en tenir à leurs habitudes, mais, de peur qu'ils ne viennent à les changer, hâtez-vous d'aller où ils ne vont pas!

Pour vous offrir comme un avant-goût des charmes du voyage, Avallon même a son point de vue des *Deux Cousins* : Vis-à-vis son ancienne porte, entée sur granit, la belle rivière le Cousin se précipite entre deux énormes rocs surplombant ses rives, puis, s'étale en large nappe et semble ensuite se diviser en deux branches sinueuses, dont l'on voit se perdre en d'obscurs défilés les mobiles lumières.

PORTE DE SEMUR

C'est assez pour une station de touristes d'être proprette, commode, on ne lui en demande pas davantage ; Avallon possède ces qualités. Pourtant, on regarde avec plaisir la façade si élégante de sa vieille église ; on salue avec émotion, si l'on sait se souvenir des vrais grands hommes, la statue de Vauban, qui décore son esplanade. L'admirable patriote, — tant de cœur uni à tant de génie! — est né dans les environs, à Saint-Léger-les-Fougerest, depuis Saint-Léger-Vauban.

D'Avallon au château de Chastellux, le chemin est direct; comptez trois lieues. Vous le verrez de loin élever par-dessus la colline qui le porte, par-dessus les ombrages touffus qui l'enserrent, ses grosses tours rondes et crénelées, barrant les nues. L'une des belles rivières du Morvan, la transparente Cure, baigne ses fondations, coule dans ses fossés, que traversent des ponts-levis. Dans le cadre d'une gorge étroite, bruissante, il apparaît comme une intacte forteresse du moyen âge. Cette farouche armature, maintenue soigneusement, avec goût, n'enferme, il est vrai, que de modernes élégances. Sauf la salle des Gardes, revêtue de grandes tapisseries noircies, admirées peut-être jadis des Beauvoir, des Candale, des Bassompierre, célèbres possesseurs du domaine, — les premiers, puissants vassaux des ducs de Bourgogne, reposent dans la ci-devant chapelle seigneuriale, — nuls restes considérables d'autrefois, en aucune pièce, même dans la Tour-Saint-Jean, datée du onzième siècle. Mais que vous fait cela? Vous n'avez d'yeux que pour la grâce sauvage du pays.

Plus vous vous enfoncerez dans le Morvan, plus vous avancerez vers les sombres vallées des sources, où naissent la Cure, le Cousin, l'Yonne, et d'innombrables petites rivières et minimes ruisseaux, plus vous serez frappé, ravi peut-être, du caractère particulièrement sauvage des sites. Sachez que vous parcourez une région infiniment ancienne, la plus âgée du bassin de la Seine, qu'elle domine encore, « comme un grand cap, comme une gigantesque forteresse au milieu de son fossé » (1) de toute la hauteur de ses gneiss et de ses granits, souvent massés en cônes et en dômes montant à huit, neuf cents mètres. Son passé séculaire est partout inscrit dans ses entrailles : interrogez-les. Elles vous diront qu'au temps préhistorique des mers secondaire et tertiaire, dont les flots noyaient les futures Champagne, Ile-de-France, Normandie, le prédestiné Paris, le Morvan formait comme une île isolée, escarpée, si bien inaccessible, que les courants diluviens, qui creusèrent autour de lui de si vastes plaines, mirent à nu la craie champenoise, ensablèrent et roulèrent comme petits cailloux les grès de Fontainebleau, ne purent l'atteindre. Des fleuves, alors, furent détournés de leurs cours, des vallées, déplacées, lui, il resta intact, et, probablement hanté par les premiers groupes humains, il nous est aujourd'hui, avec ses forêts immenses, ses tourbes, antiques forêts absorbées par les sphaignes, ses grottes recelant les os d'une faune disparue, comme un fidèle témoin de l'âge de pierre. Ajoutons : sur cette vieille terre vivent des populations gardant des mœurs rusti-

(1) M. Belgrand, *La Seine*.

ques, ailleurs surannées; le progrès, qui pénètre chez elles à toute vapeur, avec les chemins de fer, leur en laisse du moins l'apparence — le voyageur peut-il voir au delà? Ils sont attachés à leurs coutumes, aux masures enfumées où, souvent, à force de labeur acharné, d'économie sordide, ils cachent des fortunes. L'air concentré, presque sournois, peut-être vous déplairont-ils, vous regardant passer, de leur seuil, avec défiance, effarouchés? Rassurez-vous; ils s'apprivoisent assez vite, et leurs manières se font cordiales, hospitalières, dès qu'ils vous connaissent un peu.

Vous marchez dans l'étroite et humide vallée de la Cure; ses eaux brillent, sous l'ombre des rochers; çà et là, des blocs de granit l'arrêtent. Elle les franchit en sautant, en chantant; les villages sont rares, les forêts embrunissent les monts; une feuille qui vole, une pierre qui roule sous vos pieds sont des aventures; on aspire l'odeur surette des marécages. Vous vous reposerez au gros village de Montsauche, et si écrus que soient les draps de l'auberge, ils sembleront doux à vos membres lassés. L'étang des Settons est à quelques pas, étang naturel, mais si agrandi, si transformé de 1848 à 1861 par un grand travail de maçonnerie, qu'il est plus judicieux de le nommer *Réservoir des Settons*.

Il s'agissait de favoriser le transport, en été, par le *flottage à bûches perdues* (1) des bois que vous avez vus

---

(1) Voir le premier volume des *Fleuves de France : la Loire*, chapitre v, page 144 et suivantes.

empilés sur les bords de la Cure. Les eaux de cette rivière, absorbées en partie, sous l'action de la chaleur, par un sol marécageux, spongieux, n'étant plus alors assez abondantes pour un rapide flottage, on lui a construit ce réservoir, spacieux lac, situé à l'altitude de 580 mètres, ayant de superficie 403 hectares, de profondeur 18 mètres, de contenance 23 millions de mètres cubes, et maintenu dans un lit de béton par une digue de granit longue de 209 mètres, haute de 20, épaisse à la base de $11^m,40$ et au sommet de $4^m,90$. L'étang est aussi un vivier extrêmement poissonneux, où se jouent et prolifient l'avide brochet et le délicat lavaret, appelé féra. La seule source de la Cure fournit cette énorme provision d'eau alimentant de la sorte les canaux de Bourgogne et du Nivernais, l'Yonne, sans appauvrir la Cure elle-même, qui reçoit, jusque pendant la canicule, plus de deux mètres et demi d'eau par seconde.

Vézelay, par delà Chastellux, au nord-ouest, se hausse près de la rive gauche de la Cure. Laissez derrière vous les cimes noires du mont Tourreau, du mont Prénely, où naît l'Yonne : ils séparent le Morvan séquanien du Morvan nivernais (décrit dans notre livre : *La Loire*).

Par collines et forêts, par des chemins capricieux, inévitables en cette région, vous irez rejoindre la grande route. Dût-il vous en coûter quelques écarts d'itinéraire, des heures de fatigue imprévue, vous admirerez en passant les superbes paysages des îles

Labaume, de la Pierre-qui-Vire, les cascades de Lormes, des Aubues, de Saint-Georges, formées par l'Auxois et ses tributaires : d'étranges rochers, tout chevelus, parsemant, brisant, les rivières agrandies, élargies en nappes lumineuses ; autour, un cirque de hauteurs abruptes dentelant le ciel ; au delà, des lointains montueux en échelons infinis, estompant l'horizon de teintes bleuâtres, dégradées, de plus en plus légères, fondues, mourantes. Dans ces solitudes, que parfument la sève des chênes, l'arome des plantes sylvestres, nulle industrie, à peine un moulin. L'écho répercute, note à note, le bruit musical des chutes d'eau sur les granits, du vent dans les feuilles : parfois, des *ouches* où sont parqués les grands bœufs blancs, un mugissement s'élève.

Auprès de Vézelay, vers Saint-Père, gros village boueux assis au pied de la célèbre abbaye, et où brille, littéralement comme une perle dans le fumier, le portail exquis d'une église du onzième siècle, la vallée de la Cure offre l'aspect le plus gracieux. Les collines, entre lesquelles la rivière dévide son ruban d'argent, écartées, rapprochées tour à tour, vous ouvrent sans cesse de nouvelles perspectives enchantées. D'un agreste et silencieux défilé, on passe soudainement dans une ample campagne, aux bois succèdent les prairies closes, un clocher fluet comme un baliveau pique les nuages, des amas de maisonnettes enveloppées d'une atmosphère diaphane semblent sortir de l'eau..... Mais vous gravissez la côte de Vézelay, et tout ce que vous avez vu, ces ondulations, ces contrastes se fondent dans un immense tableau, dont toute la grandeur, l'harmonie, le charme, nous apparaîtront dans un moment, quand vous l'embrasserez, sans pouvoir en détacher vos yeux, du sanctuaire illustré par saint Bernard. Ah ! posséder une maisonnette sur la corniche de Vézelay !

Jadis ville monastique, peuplée, riche, Vézelay est maintenant bourg isolé, muet, pauvre : une seule diligence lui amène de la station de Sermizelles quelques rares voyageurs, parfois des peintres. Les vieilles maisons bordant la grande rue et les remparts sont badigeonnées : si leurs portes cintrées s'entre-bâillent, on aperçoit de curieux intérieurs ; çà et là, des grotesques, surchargés de plâtre, grimacent aux claveaux, aux chevrons des façades. Sur la place de l'Abbaye, devenu celle du Marché, une lourde tour octogone monte, se termine par une pyramide en charpente, enfermant les cloches de ce beffroi du onzième siècle.

Vous êtes à l'endroit même où, vers le milieu du neuvième siècle, le comte Gérard de Roussillon, fameux dans les chroniques, les chansons de geste du moyen âge, fonda, pour les femmes, une abbaye selon la règle de Cluny. Le premier établissement, ravagé, ruiné par les Romains en 887, ne dura pas ; les bénédictins le restaurèrent au onzième siècle, réédifièrent à grands frais l'église Sainte-Marie-Madeleine, achevée, au commencement du douzième siècle, par l'abbé Artaud et dédiée solennellement l'an 1104 par le pape Pascal II. Cette vaste construction épuisant les ressources des religieux, ils obligèrent leurs vassaux de contribuer à la dépense par un supplément d'impôt. Ces exigences amenèrent une révolution fameuse.

« L'abbé de Vézelay, dit Augustin Thierry, tirait de grands profits de l'affluence des étrangers de tout rang et de tout état, ainsi que des foires qui se tenaient dans le bourg, particulièrement à la fête de Sainte-Marie-Madeleine. Cette foire attirait, durant plusieurs jours, un concours nombreux de marchands venus soit du royaume de France, soit des communes du Midi, et donnait à un bourg de quelques milliers d'âmes une importance presque égale à celle des grandes villes du temps. » — Donc, enrichis par le commerce, enhardis par la richesse, les bourgeois se refusent à des sacrifices de plus en plus onéreux; ils s'arment, assiègent l'abbaye, chassent les moines, appellent à leur aide le roi de France et Guillaume, comte de Nevers. Celui-ci, moyennant hommage et redevances, se déclare leur protecteur, les affranchit, et jure fidélité à leur charte communale. Vaincue, l'abbaye dut transiger. D'ailleurs, pour faire respecter le pacte conclu, les bourgeois « élevèrent autour de leurs maisons, chacun selon sa richesse, des murailles crénelées, ce qui était la marque et la garantie de la liberté. » Cela se passait en 1151.

Cinq ans avant cette époque mémorable, saint Bernard était venu réformer l'abbaye; dans la splendide

ÉGLISE DE VÉZELAY

Sainte-Marie-Madeleine on l'avait entendu blâmer le luxe des églises, déclarer « bizarres et monstrueuses, antichrétiennes, les figures prodiguées sur les chapiteaux, sur les frises et jusque dans le sanctuaire du Seigneur ». Un jour de cette même année, au temps pascal, une multitude de grands féodaux, de chevaliers, d'hommes d'armes, de peuple, et à leur tête le roi de France Louis VII, se pressa autour de la colline de Vézelay : le grand orateur leur parla, ayant pour chaire la légère éminence d'un tertre appelé aujourd'hui la Cordelle. Il prêche la guerre sainte contre l'islam pour la délivrance de Jérusalem, la deuxième croisade, et, tous entraînés, subjugués, crient : Dieu le veut! reçoivent des mains des moines et cousent à leur habit la croix de drap rouge. Le roi lui-même, « enflammé de zèle pour la ville captive de Mésopotamie, ou, selon d'autres, la conscience bourrelée de remords d'avoir ordonné l'incendie de Vitry, prit la croix par laquelle il s'engageait à voyager d'outre-mer » (1).

En 1187, Vézelay revit devant ses murs une foule aussi enthousiaste, malgré les revers, les souffrances, les innombrables morts des expéditions précédentes : combien de croisés n'étaient jamais revenus en douce France! L'archevêque Guillaume de Tyr prêcha cette troisième croisade. Depuis un demi-siècle, saint Bernard n'était plus, et les monastères qu'il avait dirigés ou édifiés par son exemple déclinaient.

(1) *Chronique* de Guillaume de Nangis.

Témoin grandiose de ces époques de foi ardente, d'abnégation sublime, de fougue primesautière, l'église demeure, étonnante.

D'abord, la hautaine majesté d'une façade élevée de quelques marches au-dessus du sol vous impose l'admiration. Par trois portes colossales elle donne accès dans le narthex, réservé aux catéchumènes, aux pénitents, et séparé par un mur intérieur de la nef où s'assemblaient les fidèles. Dans les archivoltes des pleins cintres niche tout un peuple hiératique de la Bible, de l'Évangile et de l'histoire. Par-dessus ces personnages, en haut relief, Dieu plane, impassible et redoutable figure, symbole de tous les effrois et de tous les espoirs du moyen âge; assis comme un juge en son tribunal, la dextre levée pour enseigner, prescrire et commander, l'index tendu comme pour rendre la sentence suprême qui juge les vivants et les morts, les voue aux douleurs ou aux délices éternelles.

Le reste est un immense édifice, long de 119 mètres, de forme cruciale, austère et triste. Les voûtes supportent quatre énormes clochers. On y pénètre par trois portes latérales. Au dedans, qu'on imagine une forêt de colonnes gigantesques rangées en cinq nefs bâties pour de triomphales cérémonies, maintenant nues, désertes à jamais. De larges palmes s'enroulent aux chapiteaux. Les dalles usées montrent des effigies méconnaissables, des lambeaux d'inscriptions funèbres. On monte par quatre marches dans le chœur, assez vaste pour contenir une légion de moines.

Un cloître, une citerne, une salle capitulaire du douzième siècle attiennent à l'église; Viollet-le-Duc, qui a restauré celle-ci, n'a pu refaire ses dépendances; à quoi bon, d'ailleurs? Peut-on rendre la vie aux choses du passé? L'incrédulité ignorante et dédaigneuse renverserait ces pierres avant que le temps ne les ait usées.

On sort de Vézelay par la Porte Juive, flanquée de tours, belle construction du quinzième siècle, ouverte sur un chemin descendant à la vallée de la Cure. Encore de larges horizons, verts et bruns, mais les collines, passé le village Asquin, où l'on remarque des ruines féodales, vont en s'abaissant jusqu'à Sermizelles. Là, dans l'hôtel récemment construit, joliment meublé, près de la gare, à l'intention des touristes, qui ne se résignent pas à renoncer aux petites douceurs de la vie : gîte agréable, attachant.

A deux lieues, grottes d'Arcy.

Au sein d'une plaine étendue, fraîche, que dominent les mamelons où se font vis-à-vis deux anciens châteaux, non loin des bords de la Cure, on entre librement par une voûte basse et sombre dans une haute et vaste salle souterraine, dépouillée depuis longtemps de ses ornements naturels, stalactites arrachées ou tronçonnées par les visiteurs : c'est la Grotte des Fées. Creusée par la Cure pendant les commotions diluviennes, elle est à sec aujourd'hui. Ses parois, fouillées par les géologues, leur ont livré les grands ossements fossiles des monstres charriés dans cette caverne pendant le cataclysme, et M. Belgrand a noté, parmi ces naufragés étranges, les *Ursus spelæus, Hyæna spelæa, Elephas primigenius, Rhinoceros tichorinus, Hippopota-*

VUE GÉNÉRALE DE VÉZELAY

mus major, Cervus turandus, Cervus elaphus, Equus caballus, Equus asinus,... tous ancêtres, formidablement ébauchés, d'espèces vivantes, mais la plupart disparues de l'Europe.

Malgré ces reliques, d'ailleurs introuvables maintenant, la Grotte des Fées vous paraîtra médiocre, à côté des magnifiques excavations voisines, que des parois successives et des couloirs étranglés divisent en neuf grandes salles parées de noms pittoresques, et s'étendant en profondeur sous la rivière et près d'elle, sur un parcours total de 876 mètres. Ces grottes, propriété du château des Sablons, sont fermées au public, mais l'intendant du châtelain vous en ouvre volontiers les portes et guidera vos pérégrinations. Munissez-vous seulement de bougies et d'allumettes, car l'ombre est épaisse et le chemin difficile, chaussez-vous de souliers ferrés pour résister à l'argile glissante et aux roches pointues, et prenez soin d'endosser un vêtement à l'épreuve des intempéries.

Aux premiers pas, nuit impénétrable, tâtonnements, inquiétudes ; c'est tout au plus si votre humble luminaire, que les chauves-souris éventent de leurs ailes membraneuses, vous permet d'emboîter les traces du guide. Mais, après quelques minutes passées à se couler en des trous menaçants, à glisser sur de la glaise humide et à trébucher contre des aiguilles en silicate de chaux, on parvient à se reconnaître. Les ténèbres, envahies par des aurores tremblotantes, reculent comme des ennemis apeurés, les yeux s'accoutument au clair-obscur et discernent peu à peu les surprenantes architectures dont votre cicerone proclame, du milieu de chaque salle, les titres imagés et les singularités dignes d'attention : amusante nomenclature s'il en fut.

Le trou noir, par lequel vous êtes entré, c'est le Vestibule; le boyau, où vous vous êtes faufilé, en courbant les reins sous la menace de ses ruisselantes parois, c'est le Passage des Dames. En ce moment vous venez de pénétrer dans la Salle des Mille-Colonnes, où les stalactites, soudées aux stalagmites, ont élevé et sculpté de nombreux piliers d'une élégante sveltesse; remarquez sur un roc aplati une assez large érosion dessinant, pour une imagination docile, l'empreinte d'un pied colossal, on vous dira : voilà le Pied de Charlemagne. Maintenant vont suivre la Salle des Glaciers avec ses cristallisations roulées en vagues immobiles et vitreuses; la Chapelle de la Vierge, ornée d'un bloc de calcaire ébauchant une grossière statue de madone; la Salle de la Boucherie, où de triangulaires stalactites, taillées en quartiers de viande, semblent des gigots et des biftecks suspendus aux crocs d'un étal antédiluvien. Les Fonts-Baptismaux, la Coquille de Saint-Jacques évoquent pareillement de vagues similitudes. La Salle des Draperies paraît comme une chambre féodale tendue de lourdes étoffes allongées et plissées; le Pilier-Double encadre une fleur de lis posée, suivant la légende, par Jeanne d'Arc; la Salle de Danse, avec sa tribune des musiciens, et les girandoles ornementées figurées dans la pierre, rappelle la charmante réalité chorégraphique du parc de Versailles, et tout au fond de la Salle des Échos, dont la voûte s'abaisse sur une sorte de cabinet en rocaille, des murs blancs et diaphanes vous renvoient par leurs milliers de facettes, si vous en approchez la bougie, les reflets bleuâtres de la fameuse Grotte d'Azur.

Que vous citer encore? La chapelle Sainte-Marguerite, le Défilé, le Cierge-Pascal, le Cabinet du Prince, la Salle des Éboulements, qu'il ne tient qu'à vous de voir remplie des chimères et des monstres symboliques d'Égypte et d'Assyrie, le Père-Capucin, la Cascade, les Vagues de la Mer, le Trou du Renard..... Mais ce trou, longue impasse où il vous faudrait ramper pour atteindre les bords de la Cure, est assez souvent inondé, et plus d'un visiteur préférera s'en revenir prudemment, par un léger détour, à son point de départ.

Nous disions à notre guide, en le quittant :

— Ne se réunit-on pas quelquefois dans ces grottes pour les visiter en nombre, s'amuser, festoyer, danser même?

— Si, Monsieur, le jour de la fête patronale.. Les gens des villages des environs, depuis Sermizelles, Vézelay, Avallon, arrivent, l'un avec sa bougie, l'autre avec sa lanterne. Nous éclairons aussi, grâce à mon maître, avec la lumière électrique. C'est beau, alors, croyez-moi.

— Je vous crois sans peine. Brillamment illuminés, ces murs doivent reluire comme du marbre, ces colonnes transparaître comme de l'albâtre, ces formes bizarres se métamorphoser en êtres doués de vie ou de mouvement, toutes ces cavernes revêtir l'éclat magique d'un palais oriental, comme en rêvait la princesse Sherazade.

— Oui, Monsieur, oui, c'est cela.

.....Il faut des rayons à ces belles grottes. Lecteur, s'il vous advenait, en les visitant, de ne pas ressentir

CLAMECY

nos impressions, ne nous accusez pas. Vous en éprouverez peut-être de bien plus illusionnantes le jour de la fête d'Arcy.

...Vermenton, Cravant..... Au revoir, aimable pays du Morvan séquanien : vous êtes déjà loin. Vos monts sont devenus plaines. Votre Cure rejoint l'Yonne. Tout à l'heure, à Vermenton, elle nous éblouissait pour la dernière fois, la rivière fée, portant, dans sa robe d'argent liquide, votre fortune, le pain de vos fendeurs, de vos bûcherons, enfin les bois *roulés* et *martelés* de vos forêts, que le flottage à bûches perdues amoncelle sur ses rives, et qui prochainement, descendant son cours rapide, puis suivant l'Yonne, la Seine, s'en iront jusqu'aux quais de Paris.

De Cravant, où, l'an 1423, l'un des grands seigneurs de Chastellux, Claude de Beauvoir, maréchal de Bourgogne, remporta avec les Anglais une funeste victoire sur Charles VII, vous pouvez aller dans le Morvan du Nivernais; ce ne sera plus la même chose, mais Varzy, Clamecy, sont de placides et gentilles villes, encore en sites pittoresques. Clamecy a son église Saint-Martin au portail flamboyant, et l'irrespectueuse auberge de Bethléem, qui fut une église épiscopale construite au douzième siècle pour un pauvre prélat chassé par les Sarrasins de la bourgade où naquit Jésus, et ramené céans par un comte de Nevers. Varzy a sa belle église du quatorzième siècle ornée de vitraux anciens et d'un admirable triptyque représentant la légende de *sainte Eugénie;* en face le chevet se dresse la statue de Dupin aîné. Les trois Dupin sont nés à Varzy, inhumés à Clamecy. Tous les trois remarquables par la vigueur de leur tempérament, la variété de leurs aptitudes, la causticité de leur esprit, leur bon sens lucide et pra-

tique; avocats, économistes, politiques éminents.....
Grands hommes? Oh! que nenni!

Le vrai grand homme, ici et aux environs, c'est le bienfaiteur de la région, Jean Rouvet, lequel, en 1549, imagina l'ingénieux système de flottage employé depuis cette époque et le fit expérimenter sur la Cure. Son buste, superbe figure de bronze sculptée par David d'Angers, décore le pont de Clamecy, rappelant aux charrieurs du bois, aux riverains de l'Yonne enrichis par cette industrie, leur dette de reconnaissance.

CHAPITRE III

L'YONNE

Sur l'un des coteaux penchés vers l'Yonne, où le soleil — le Bourguignon, disent nos gens — mûrit les vins clairets, les *piccolos* de la Basse-Bourgogne, des maisons blanches entassées, et tout par-dessus ces maisons deux clochers singuliers, noirs, perçants, que nos aïeux, voyageurs par le célèbre coche d'eau, devaient saluer de loin : c'est Auxerre, pieuse cité de saint Germain, ville érudite d'Amyot. Il s'étale irrégulièrement en amphithéâtre, grimpe en zigzag jusqu'à l'altitude de 122 mètres. La commerçante, vivante rue de Paris traverse l'écheveau de ses rues anciennes; au bout de ce long alignement de magasins, d'hôtels modernes, dans un carrefour, une belle porte du quinzième siècle ouvre sur le quartier des vieux édifices. Arrêtez-vous devant sa très élégante ogive, lisez au-dessous de son horloge la devise philosophique gravée en 1672 :

Dum morior moveris moriens, tamen hora renascor;
Nascere sic cœlo dum moriere solo.

puis choisissez votre chemin. C'est aisé. Vous êtes au

centre de l'antique capitale du comté l'Auxerrois, qui ne fut réuni à la couronne de France qu'en 1371.

AUXERRE — BEFFROI OU TOUR DE L'HORLOGE

Devant vous, à cent pas, s'élève l'église romane Saint-Eusèbe; à votre droite, quelques pans de muraille romaine sont encastrés dans les fondations du palais de justice; à votre gauche, une tour à plein cintre commandait jadis l'entrée du château des comtes; derrière vous l'église cathédrale Saint-Étienne, l'abbaye de Saint-Germain transformée en hospice, l'évêché transformé en préfecture, le collège fondé par le traducteur de Plutarque, se groupent; plus bas, aux rives de l'Yonne et de son mince affluent le Vallon, les débris des fortifications dont le comte Guillaume VI entoura sa ville en 1165, et la tour Saint-Georges, et la tour Sainte-Vigile, se perdent dans les jardins, les promenades.

Vous allez sans doute à l'ex-abbaye de Saint-Germain : c'est la gloire du vieil Auxerre, et si amoindrie qu'elle soit, elle ne manque pas d'une certaine grandeur. Fondée dans le haut moyen âge, protégée par les préfets de Rome et par les rois mérovingiens, par Mummulus et par Gontran; révérée des Carlovingiens, au point que l'un de ces empereurs, Charles le Chauve, lui confia l'éducation de son fils Lothaire; riche, puissante, ce fut l'une des fortes et durables institutions de la France féodale. Ses biens s'étendaient fort au delà de la Bourgogne, dans le Gâtinais, la Brie, la Beauce, jusque dans Paris. Elle commença de péricliter gravement au seizième siècle, quand, à deux reprises, en 1567 et en 1568, les huguenots qui dévastèrent avec fureur les établissements religieux de la ville, si bien « qu'elle paraissait avoir été mise à feu et à sang », pillèrent son trésor, profanèrent cupidement ses tombeaux, ses reliquaires...

A ces désastres, à la Révolution, ont survécu quelques

antiquités du plus beau caractère : le clocher, superposition, couronnée par un charmant clocheton, de trois rangs d'arcades romanes gracieusement découpées à jour et délicatement ornées, le portail, de même style, aux sobres sculptures simplistes, quelques arcades du cloître, et enfin la Crypte, véritable église souterraine, refuge probable des premiers chrétiens, profonde, spacieuse, sourde, où, en d'énormes cercueils de pierre, intercalés dans l'épaisseur même de la muraille, sont encloses, dit-on, la dépouille de saint Germain et celles de beaucoup de vénérés personnages, évêques, abbés ou moines. Çà et là, des épitaphes, d'édifiantes inscriptions apparaissent, parfois en lettres latines ou byzantines toutes fraîches, intactes, comme si l'artisan gallo-romain venait de les graver (1).

L'ex-évêché, avoisinant l'abbaye, était jadis un édifice important et remarquable. Construit par les soins des évêques Hyde Montaigu et Guy Mello, en 1115 et de 1247 à 1269, l'illustre Jacques Amyot, dont ce fut la retraite fréquente, studieuse, de 1570 à 1593, l'avait restauré, embelli. Encore au dix-huitième siècle, les mémoires du savant chanoine d'Auxerre, l'abbé Lebeuf, en présentent une fort séduisante image ; il a perdu presque toute dis-

(1) L'hôpital, héritier de l'abbaye, possédait naguère encore de belles étoffes byzantines de la fin du neuvième siècle, des tapisseries remarquables du quinzième : les curieux devront maintenant les aller voir au musée de Cluny, qui les a, en 1882, payées 20,000 francs : somme bien inférieure, croyons-nous, à leur valeur artistique. Défunt M. Paul Bert a fait ce marché. C'est ainsi que toutes les richesses de la province susceptibles d'être utilisées, vont grossir l'insatiable trésor de Paris.

tinction en devenant l'hôtel de la préfecture. Au dehors ce n'est qu'un banal immeuble administratif; mais entrez : des salles voûtées en ogives, de hautes fenêtres sculptées, et surtout une longue galerie haute d'arcades romanes et de colonnettes d'une suprême élégance, méritent votre attention.

Très ancienne est la cathédrale; des vantaux du huitième siècle s'encadrent dans sa grande porte, au couchant. Cependant l'architecture flamboyante enveloppe ses trois façades de ses mille aiguilles, dentelles, pinacles, roses et rosaces ouvragées. Sans vous arrêter longuement à ce feu d'artifice, regardez au portail d'exquises sculptures : statuettes et bas-reliefs mutilés, décapités, tout à fait comparables néanmoins, pour la justesse du trait, de l'allure, pour la finesse extrême des draperies, aux morceaux renommés de l'art grec, aux bas-reliefs d'Égine, aux frises du Parthénon. Quoi d'étonnant d'ailleurs? ils sont l'ouvrage des artistes semi-païens de la Renaissance.

D'éclatants vitraux du treizième siècle, une fresque murale du seizième siècle représentant avec beaucoup d'énergie la lapidation de saint Étienne, de rares sculptures, c'est, avec le tombeau de marbre élevé aux deux frères Georges et Claude de Beauvoir de Chastellux, l'un et l'autre maréchaux de France, et le dernier chanoine héréditaire d'Auxerre, pour avoir rendu Cravant au chapitre de la cathédrale, — c'est, disons-nous, tout ce qu'ont laissé aux nefs superbes les iconoclastes de 1567, ainsi que le déplore une inscription latine gravée sur marbre, rédigée par le bon Amyot.

SAINT-GERMAIN D'AUXERRE

Voilà le vieil Auxerre. Le jeune a le musée Davoust, intéressante collection d'armures, d'objets d'art, légués par la fille du maréchal prince d'Eckmühl, Mme de Bloqueville. La belle statue du mathématicien Fourier, sculptée par un artiste auxerrois, M. Faillat, se dresse devant l'hôtel de ville : récemment, le savant Paul Bert a reçu pareil hommage de ses compatriotes.

Courons, s'il vous plaît, les villages environnants : deux surtout nous attirent, Chablis, cher aux dévots de la dive bouteille... du vin blanc, Pontigny, cher aux dévots du passé. L'un et l'autre serviront d'étapes au chemin que nous allons faire, moitié pédestrement, moitié par la diligence, vers l'est de l'Yonne, le long de ses tributaires le Serain, l'Armançon et l'Armance.

Chablis s'asseoit coquettement au milieu de ses vignobles, entre les coteaux hérissés de ceps, les clos renommés de Valmur, de Bouquereau, de Vaudésir. Du moyen âge, où il dépendait de l'opulente abbaye de Saint-Martin de Tours, il a gardé deux portes féodales, assez curieuses, et une église bâtie à la fin du treizième siècle. C'était là, n'est-ce pas, un beau domaine pour des moines? Apprenez qu'ils y avaient bien quelque droit. Les raisins d'or, dont l'on fait le vin doré de Chablis, nous les devons à des religieux, aux bénédictins de Pontigny, excellents agriculteurs et vignerons, qui défrichèrent, ensemencèrent, civilisèrent cette région alors extrêmement boisée sur les hauteurs, marécageuse dans les plaines, reprise de tous les côtés par la sauvagerie depuis la fin de l'époque gallo-romaine.

Il reste de l'illustre abbaye de Pontigny une église, une grange, du style large, grave et judicieux particulier aux constructions des colonies cisterciennes, car c'était une des « quatre filles de Citeaux », une des plus florissantes. Issue de la puissante maison fondée par Robert de Molesmes, réformée par saint Bernard, elle fit souche à son tour. De 1119 à 1230 plus de trente colonies, trente monastères de troisième ordre, sortirent de son sein, se fixèrent en France, en Italie, en Hongrie, en Pologne, en Angleterre, en continuant de reconnaître sa juridiction. De quels hommes se composaient ces colonies, sinon de cultivateurs expérimentés, courageux, rompus aux durs travaux de la terre, dont la règle de l'ordre leur faisait un devoir? A Pontigny, le champ d'exploitation agricole était assez vaste pour former d'innombrables ouvriers : la communauté possédait près de trois mille arpents de bois, des plaines à proportion, des moulins, des scieries. Ses moines plantèrent, outre les vignes de Chablis, celles de Saint-Bris. En ce temps-là, qui fut trop court, les porteurs de bure rendaient d'immenses services, donnaient partout l'exemple des mœurs austères et de l'auguste labeur!... Mais toute richesse venant de la terre, ils s'enrichirent, et ensuite!... Les chroniques, les fabliaux moqueurs nous disent ce qu'il advint.

Nous voici sur les bords de l'Armançon et du canal de Bourgogne, dont les rives parallèles suivent de près le chemin de fer, que nous descendrons jusqu'à Ancy-le-Franc, puis remonterons jusqu'à Joigny, Sens, en passant par Tanlay, Tonnerre, Saint-Florentin. N'allez pas dédaigner ces petites villes. La plupart, juchées sur d'âpres collines vineuses, avec de claires rivières à leurs pieds, elles ont comme un air de famille, un air de bonne santé bourguignonne. Sous leur physionomie souvent morose, endormie, et comme usée par le frottement des siècles, ainsi qu'une antique médaille, on découvre pourtant, sans trop de perspicacité, un trait original, et tous ces traits ensemble, c'est la physionomie d'une contrée.

Il y a, d'ailleurs, sur notre route de rares œuvres d'art; tels Ancy-le-Franc, Tanlay.

Pour Ancy-le-Franc :

> A grands frais le bâtit
> Antoine de Clermont;
> Partout est sa devise,
> Partout son écusson.

Ainsi rimait, en 1694, un de ses hôtes de passage, le spirituel chansonnier de Coulanges; il entendait parler d'Antoine de Clermont-Tonnerre, alors chef de la branche de Clermont, qu'un mariage contracté en 1496 avec l'héritière du comté de Tonnerre avait fixé dans le pays et mis en possession de l'admirable domaine. Ancy se compose d'un château, de jardins paysagers, d'un parc, de hauts fourneaux et de forges, établis sous la Restauration à l'extrémité du parc, par un marquis de Louvois, pour la fonte et le travail d'un excellent minerai de fer. Ces forges sont maintenant à la Compagnie des forges de Châtillon et Commentry; le domaine est derechef au duc de Clermont-Tonnerre.

Le château, achevé en 1555, est l'ouvrage de deux maîtres de la Renaissance, Serlio et Primatice ; on y reconnaît aisément la manière des grands architectes de Fontainebleau. Ce sont quatre nobles façades, jaunies mais intactes, sobrement ornées, de hautes toitures, des arcades, des galeries au dedans et au dehors : l'ensemble offrant ce mélange de faste, d'élégance et d'incommodité qui caractérise les demeures aristocratiques du seizième siècle, et qui faisait dire au malicieux Paul-Louis : « Dieu préserve tout honnête homme de jamais habiter une maison bâtie par le Primaticio! »

A l'intérieur, le temps, chose extrêmement rare! a respecté de belles fresques exécutées par les artistes favoris de François Ier et de Henri II : le Primatice et Nicolo dell' Abate. La *salle des Empereurs*, la *chambre de Diane*, où est représentée l'*histoire de Judith*, la *galerie de Junon*, où s'étalent les *bucoliques et galantes aventures du Pastor fido*, la *galerie des Sacrifices*, ou de Médée, la *galerie de Pharsale*, sont décorées, comme les galeries de Fontainebleau, de sujets héroïques ou d'une mythologie quintessenciée. On revoit les hautes figures idéales, aimées des vieux peintres, leurs femmes extraordinairement sveltes et gracieuses, leurs robustes hommes, aux muscles ronflants, aux gestes tendus, mais aussi les pâles couleurs, les tons de brique, dont par l'effet des ans et des retouches, se revêtent leurs compositions fortes et leur savant dessin.

Dans cette résidence somptueuse, où, suivant le mot

de Mme de Sévigné, « la grandeur de la maison de Clermont s'étalait dans tous les coins et recoins », Clermont-Tonnerre reçut Louis XIV, au retour du fameux passage du Rhin. Fut-il ruiné par cette visite onéreuse? Nous l'ignorons. Ce qui est certain, c'est que le château acheté en 1683 par Louvois, avec toutes ses dépendances et de nombreuses terres limitrophes, devint, à partir de 1691, quand mourut l'omnipotent ministre, la résidence estivale très animée, très brillante de sa veuve, Anne de Souvré. A cette époque, Ancy-le-Franc nous apparaît comme la vraie capitale d'un petit royaume de Carabas. Lisez plutôt cette amusante relation de villégiature, tracée au courant de la plume, le 3 octobre 1694 dans une lettre de Coulanges à sa cousine de Sévigné :

« Dès qu'il fait beau, nous sommes à Ancy-le-Franc; dès qu'il fait vilain, nous retournons à Tonnerre; nous tenons partout cour plénière, et partout, Dieu merci, nous sommes adorés. Nous allons, quand le beau temps nous y invite, faire des voyages de long cours pour connaître la grandeur de nos États, et quand la curiosité nous porte à demander le nom de ce premier village : A qui est-il? On nous répond : C'est à Madame! — A qui est celui qui est le plus éloigné? — C'est à Madame. — Mais là-bas, là-bas, cette montagne que je vois? — C'est à Madame. — Et ces forêts? — Elles sont à Madame. — Voilà une plaine d'une grande longueur? — Elle est à Madame. — Mais j'aperçois un beau château? — C'est Nicei, qui est à Madame. — Quel est cet autre sur un haut? — C'est Pacy, qui est à Madame!.... »

N'est-ce pas charmant? Dans quels documents poudreux, parce qu'ils sont graves, graves parce qu'ils sont poudreux, trouver expression plus vive et plus frappante de la grande propriété nobiliaire, avant la Révolution? Ancy ne s'est pas maintenu sur ce pied, mais le duc de Clermont-Tonnerre a magnifiquement retourné le château de ses ancêtres.

Tanlay, opulent voisin d'Ancy-le-Franc, est également, depuis des siècles, terre noble. Parmi ses propriétaires il eut, au moyen âge, l'illustre famille des Courtenay. Gaspard de Coligny, maréchal de France, l'acquit en 1536; un de ses trois fils, François de Coligny d'Andelot, en hérita et le réédifia en partie. Souvent l'amiral Coligny choisit la résidence de son frère pour se concerter avec les chefs des réformés : une tour du château, la Tour de la Ligue, est pleine encore de son souvenir. S'il en faut croire une intéressante monographie locale, les gens montrent dans les alentours, au nord-est, la place où, fuyant une brusque attaque, les deux Coligny déguisés en paysans se cachèrent dans les vignes.

Des Coligny, Tanlay passa en 1574 par mariage à Jacques Chabot, marquis de Mirebeau, auquel on doit la construction de l'un des plus jolis édifices de la Renaissance : le Petit Château, simple corps de logis d'ordre rustique, entre deux ailes, mais de proportions exquises et sculpté, presque ciselé, avec une surprenante délicatesse. A Jacques Chabot, ou aux siens, succéda vers le temps de la Fronde, en vertu de sa fortune mal acquise, l'un des hauts financiers dont les exactions, les rapines, la mauvaise foi, l'insatiable avidité, contribuèrent le plus à déchaîner sur les campagnes, à peine remises des

ANCIEN HOTEL D'UZÈS A TONNERRE

luttes fanatiques, les fléaux sans nombre d'une lamentable et absurde guerre civile. Michel Particelli d'Émery ou d'Hémery, créature de Mazarin, trop « habile » surintendant, dépensa à son domaine à peu près autant d'argent qu'il en eût fallu pour payer les quartiers retranchés aux rentes de l'hôtel de ville. Il y ajouta les somptueux bâtiments de la cour d'honneur, une porte quasi royale, un château d'eau, abreuvoir d'un superbe

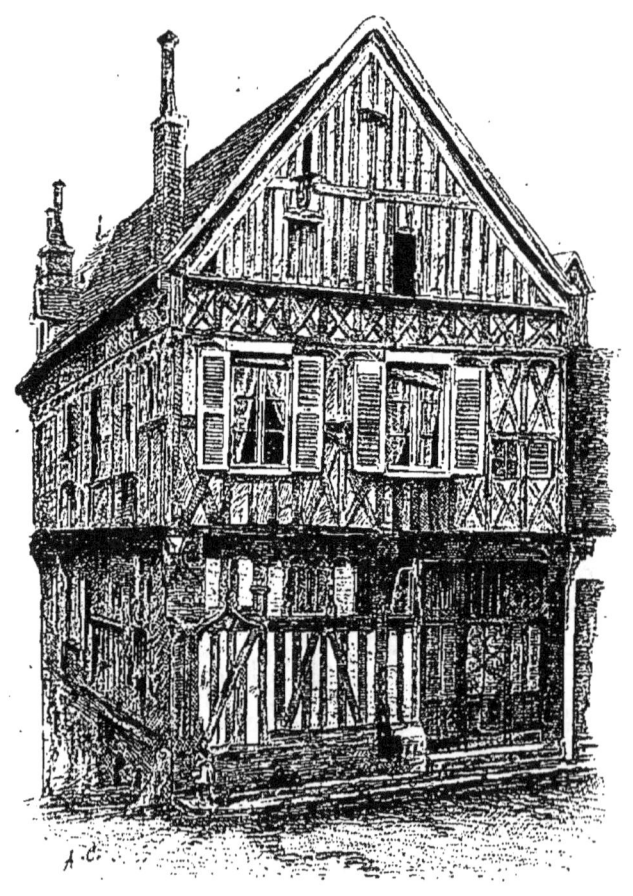

JOIGNY

canal, appela des artistes italiens à décorer ses salons, ses galeries, entoura ces splendeurs d'un parc de cent arpents clos de murs ou de fossés, et mourut, avant le tout achevé, en 1650. Une fille de cet honnête ministre avait épousé un Phelypeaux de la Vrillière, Tanlay devint son partage, et, vendu en 1704 au sieur Jean Thevenin, gouverneur de Saint-Denis, poste essentiellement pacifique et superflu, est demeuré jusqu'à nos jours dans la famille de ce bourgeois, que Louis XIV savonna marquis de Tanlay pour l'ajuster convenablement à sa nouvelle propriété.

L'architecture du château, naturellement fort diverse, puisqu'elle répond aux goûts de ses différents maîtres, de 1559 à 1642, ne l'empêche pas de présenter un aspect fort majestueux et singulièrement féodal. Comme au temps des empereurs français de Constantinople, ses fondations gothiques plongent en de larges fossés remplis d'eau courante. Les façades, aux combles élevés et de style sévère, s'encadrent entre des tours rondes couronnées par des campaniles. On pénètre par le pont-levis dans la cour vaste, bordée de hautes murailles et décorée de portiques d'ordre toscan; et par une porte monumentale, où quelque élève de Sarazin a sculpté de fiers reliefs, et que précèdent deux obélisques de pierre, d'un effet singulier, on entre dans la cour d'honneur. Tout à côté s'élève le ravissant Petit Château. Au delà, miroite le canal, verdoient le jardin anglais, le parc.

Une tour, appelée *tour de la Ligue*, renferme les seules pièces « expressives » : au premier étage, le cabinet de travail de l'amiral, reconnaissable aux attributs nautiques ingénieusement peints sur les murs ; à côté de ce cabinet, un salon où se hausse une cheminée divinement sculptée, un chef-d'œuvre; au second étage, la salle voûtée où, dit-on, les Coligny et le prince de Condé conspirèrent contre la cour. Au plafond de cette salle, des fresques bien conservées, vives encore, représentent les dieux et les déesses de l'Olympe, ou plutôt, d'historiques personnages, malignement groupés, et dévêtus ou costumés en divinités profanes. Il ne tient qu'au visiteur de distinguer parmi eux Antoine de Bourbon, amoureux de Mlle de Rouet, changée en Vénus, Condé et Mlle de Birague, plus d'un joli minois croqué tout vif dans « l'escadron volant de la reyne Catherine », enfin Charles IX, travesti en Pluton..... C'étaient les jeux de ce temps, où la galanterie la plus réaliste s'alliait fort bien aux mœurs les plus farouches.

.....Tonnerre!.... On sourit. Un nom sonore, une ville muette, l'antithèse s'impose. Cependant on monte, monte la roche qu'elle gravit, ayant une église à sa tête et une autre à ses pieds. Que demandez-vous? que cherchez-vous? semblent vous demander de derrière les fenêtres, les vitrines, des yeux étonnés par vos allures, bienveillants tout de même. Il n'y a rien à voir ici. — Si fait! Il y a à voir la Fosse Dionne et certain hôpital fondé au moyen âge par une reine de Sicile.

Nous sommes allé de suite à la *Fosse Dionne*, bassin de 47 mètres de circonférence, d'où sourd à jets précipités et que remplit une source abondante ; mais les pluies du printemps avaient enflé la source, la fosse débordait, n'était pas visible.

Pour l'hôpital, quand vous irez, donnez en passant un regard au gentil hôtel d'Uzès, qui date fort bien du seizième siècle, et à la maison, très ordinaire, désignée par une inscription, où naquit en 1728 l'homme étrangement célèbre que ses contemporains appelaient indifféremment le chevalier ou la chevalière d'Éon de Beaumont. Les mémoires, les estampes du dix-huitième siècle ont popularisé les aventures de ce vaillant officier dont l'ambition fit un habile intrigant, qui, redoutable sous la jaquette du soldat et l'épée au côté, ne fut pas moins irrésistible en « paniers » de grande dame et l'éventail à la main, et qui, grâce à l'apparent hermaphrodisme de sa jolie figure imberbe, réussit en de secrètes négociations par une adresse toute féminine, comme il avait brillé dans la guerre par un courage tout viril. Cette équivoque, si bien à sa place sous le seul règne de Louis XV, lui valut de courts succès, finalement le rendit malheureux. Après avoir dépensé à jouer un double personnage beaucoup plus d'audace, d'intelligence et de dextérité qu'il ne lui eût fallu pour réussir en restant lui-même, il n'obtint ni la fortune ni la considération. Un jour le scrupuleux Louis XVI lui commanda de garder à jamais l'habit du beau sexe..... Or il atteignait la cinquantaine. La peur du ridicule, et peut-être aussi d'un cachot à la Bastille, l'obligea de s'enfuir à Londres. Il y vécut de leçons d'escrime, et en 1810, y mourut assez tristement! Hélas! que ne préférait-il vieillir à Tonnerre, en buvant du meilleur!

DÉTAILS DU JUBÉ DE SAINT-FLORENTIN

Au douzième siècle, Marguerite de Bourgogne, comtesse de Tonnerre, petite-fille de Hugues IV, de la première maison ducale de Bourgogne, seconde femme de Charles de France, roi de Sicile et comte d'Anjou, fonda, étant venue demeurer à Tonnerre, un hôtel-Dieu dans l'enceinte même de son palais. Il en subsiste une salle très vaste et une chapelle voûtées en lames de cèdre charpentées avec un art admirable, et dallées en pierres tombales fort anciennes. A l'un des angles de la Salle de la Revestière, ainsi le nomma-t-on, à l'endroit même où, suivant la tradition, était le lit de la fondatrice, décédée céans le 5 septembre 1308, se voit son mausolée, ouvrage médiocre d'un sculpteur de la Restauration, remplaçant l'original détruit en 1793. En face de ce banal « monument », s'élève un autre mausolée, celui de Louvois, qui fut comte, gouverneur de Tonnerre. Sur un sarcophage en marbre blanc s'agenouille la statue du terrible ministre ; debout contre lui, deux figures allégoriques absolument belles symbolisent la Prudence et la Guerre : bronze d'une patine superbe, avec des reflets d'or et de feu, que l'on prendrait pour les rayonnements d'âmes ardentes et toutes divines à travers les formes pures immobilisées dans l'airain.

..... Au milieu de la côte où Joigny, maintenant débordé sur le val, était jadis tout entier, notons une curieuse maison de bois, enrichie de sculptures gothiques bizarres et charmantes. La vieille cité gallo-romaine n'offre pas d'autre régal artistique, sauf, en son église Saint-Jean, un saint-sépulcre, groupe de hautes statues en marbre blanc, que lui apporta d'Italie un de ses comtes du seizième siècle, Philippe de

Gondi. Au sommet de la côte, à niveau de bois immenses, au-dessus des gras pâturages de l'Armançon, fleurit un cimetière, où nous sommes allé déchiffrer sur une simple pierre, en écartant les herbes, le nom bien oublié de Cormenin.

Saint-Florentin! Villeneuve-sur-Yonne!... ce ne sont que bourgades, boueuses ou poudreuses, avec de lourdes odeurs de bouse, de fumier. Mais en l'une et l'autre l'église, démesurée au petit nombre actuel des habitants, magnifique en comparaison de leurs ordes demeures, ferait concevoir une époque lointaine de vie locale différente, moins terre à terre, mieux organisée. Un beau jubé de la Renaissance enguirlandé de fins entrelacs, décoré de mignonnes statues, enorgueillit celle de Saint-Florentin; la Notre-Dame de Villeneuve est surtout grande; son portail, daté de 1575, vise même au grandiose; des vitraux du treizième siècle et de la Renaissance en éclairent les nefs.

Rappelez-vous que Villeneuve-sur-Yonne s'appelait naguère Villeneuve-le-Roi, du château que les rois de France y possédaient, et vous comprendrez comment il a pu garder jusqu'à nos jours les deux portes féodales qui se font vis-à-vis dans sa grand'rue, ses murs d'une rude épaisseur, ses tours, ses bastions mangés de lierre, et ses fossés changés en jardins et bordés d'arbres centenaires ombrageant un long et large tour de ville. Entre ces vieilles choses embaumées, un cippe, une inscription vengeresse : *Aux malheureux Jauvet, Veillot, Leclair, Rogneau, gardes nationaux, fusillés par les Prussiens le 18 novembre 1870,*

VILLENEUVE-SUR-YONNE — PORTE DE JOIGNY

remémorent l'inique et lâche cruauté de la guerre récente : des Français mis à mort, après une ombre de jugement sommaire, qui déclarait crime leur courage et trahison leur patriotisme. Comme si chacun n'avait pas le droit, le devoir de défendre n'importe comment, à tout prix, à tout âge, ses foyers envahis! Comme si l'in-

SENS — ENCEINTE GALLO-ROMAINE

solente volonté d'un ennemi vainqueur pouvait jamais proscrire ce droit primordial, humain, sacré!

En Bourgogne, ces atroces prétentions devaient faire et ont fait de nombreuses victimes, car c'est un pays de bonne et vaillante humeur, prêt à se dévouer sans réserve au salut commun. Sens même, où nous arrivons, quoique ville ouverte, arrêta quinze jours les Alliés en 1814. Le croiriez-vous héroïque, à le voir si bourgeois, dans la quiétude de ses rues d'aspect claustral, de ses grandes promenades ombreuses? Il en est ainsi pourtant.

L'antique cité des belliqueux Sénons, l'Agendicum d'Auguste, la Sénone des Gallo-Romains, capitale de la Lyonnaise IVe, garde à travers les âges la jalouse fierté de son indépendance. Des Sénons ou Sénonais ont pris Rome. Captifs de César et destinés à son triomphe, ils se laissèrent mourir de faim plutôt que de le suivre. Le gouvernement des puissants archevêques du moyen âge les pouvait supposer enfin soumis, adoucis, lorsqu'en 1046, brusquement, leur charte communale étant violée, ils se révoltèrent, luttèrent pour elle pendant trois ans. Et pendant la Ligue, cette longue résistance des populations urbaines à l'absolutisme royal, ce premier effort vers la liberté, de nouveau ils bataillèrent, repoussèrent Henri IV de 1590 à 1593, se soumirent presque les derniers. Ainsi, toujours indomptables.

La plus grande partie de la ville ancienne existe encore, mais plâtrée, méconnaissable; la si curieuse maison de bois, dite maison Adam, dans la rue de Paris, le fait regretter. Heureusement le quartier ecclésiastique, que précède et domine la cathédrale Saint

Étienne, a peu changé. Combien nous en aimons les architectures robustes ou délicates, sombres ou plaisantes, la discrétion, les parfums ! Tous ces édifices, l'église, l'official, l'archevêché, œuvres d'un irrévocable passé, auxquelles attient le lycée, fondé au seizième siècle par un « primat des Gaules », rappellent quelle fut au moyen âge la grandeur de Sens, et pendant la Renaissance, son éclat littéraire, artistique. Alors la province vivait, brillait parfois de son propre génie, éclipsé maintenant, anéanti peut-être !

Fondée en 972, mais reconstruite en 1124 d'après les plans de l'architecte Guillaume de Sens, qui ensuite édifia l'église métropolitaine de Canterbury, la cathédrale Saint-Étienne marque la naissance du style ogival ; c'est là son originalité. Son étonnante façade, haute, carrée, crénelée, noire, semblerait la rude muraille d'une forteresse, n'étaient la tour sculptée de 73 mètres s'élevant à gauche, les trois larges baies légèrement arquées ouvertes au bas, de pareilles fenêtres vaguement ogivales, la rose immense découpée en guipure d'art, les énormes contreforts jalonnés par de colossales statues, et tout un rang d'extraordinaires mascarons et gargouilles aux monstrueuses figures. En parfaite harmonie avec cet ensemble, une hiératique figure de Christ bénissant, par Maindron, s'adosse en haut-relief au milieu du portail.

Le corps de l'édifice, avec sa toiture en tuiles vernies et nuancées, est d'un aspect moins sévère ; il y a de gracieux détails, de jolies statues aux façades du nord et du midi, construites du quinzième au seizième siècle, mais des échoppes parasites, ainsi que le palais et les jardins du prélat, enclosent les nefs, l'abside et le chevet, si bien que la cathédrale n'est visible dans sa totalité qu'à l'intérieur. Là, en trois nefs spacieuses, régulières, ornées sobrement, la lumière est tamisée par de mystiques verrières du treizième siècle et de la Renaissance ; celles-ci, dues la plupart au grand artiste Jean Cousin, surabondantes de mouvement, d'énergie, de couleur. Des heures s'écouleraient à contempler entre autres la merveilleuse *Légende de sainte Eutrope* et la grisaille *le Paradis et l'Enfer*, chefs-d'œuvre du maître et du genre. Des chapelles latérales possèdent les tombeaux diminués du dauphin et de la dauphine, fils et belle-fille de Louis XV, et du cardinal-chancelier Antoine Duprat. Ce dernier n'offre plus que de très fins bas-reliefs représentant l'entrée de Duprat à Paris en qualité de légat du pape, et son entrée à Sens comme archevêque. Pour le mausolée du pieux dauphin Louis et de Charlotte-Augustine de Saxe, décédés, lui en 1765, elle en 1767, il consiste en deux urnes funéraires entourées de statues allégoriques en marbre blanc. Le Temps, armé d'une faux, ayant déjà fermé l'une des urnes, va fermer l'autre encore entr'ouverte, ingénieux symbole rappelant que l'épouse aimante ne voulut pas tarder à suivre son époux dans son lit éternel. La Religion, l'Amour conjugal, l'Hymen, les pleurent et célèbrent leurs rares vertus; l'Immortalité couronne leurs cendres, et de petits Génies abaissent leurs flambeaux en signe de nuit et de deuil. Ce monument, où le faste n'exclut pas la vérité, fut exécuté par Guillaume Coustou en 1777.

On pénètre dans l'archevêché par un charmant portail du seizième siècle; non loin, il faut visiter le palais

QUAI DE L'YONNE A SENS

synodal, bâti sous Louis IX, et auquel Viollet-le-Duc a restitué son ancienne physionomie. Il renferme de curieuses parties : la prison de l'officialité, pratiquée dans un étage souterrain, et la salle vaste, élégante, voûtée en ogive, éclairée par des croisées en ogive, et longue de six travées, où, dans le mois de juillet 1367, Charles V assembla les états généraux. Après cela, voulez-vous glaner les reliques de la ville? Voyez les orfèvreries, les émaux, les portraits, les étoffes du trésor de la cathédrale; cherchez, au lieu nommé la Motte de César, les vestiges de son enceinte romaine; admirez au musée le singulier missel de la Messe de l'Ane; déchiffrez au même musée un ex-voto latin dédié par le pontife Magilius Honoratus, pour lui et les siens, « aux divins Auguste, Mars, Vulcain et à la très sainte déesse Vesta »; allez en pèlerinage à la chapelle élevée sur le tertre voisin, où sainte Colombe eut la tête tranchée; regardez les statues du chimiste Thénard, du peintre Jean Cousin.... Puis rafraîchissez-vous de ces contrastes par le spectacle de la vie; mêlez-vous le soir aux promeneurs des bords de l'Yonne, de la Vanne, des allées du Mail; de bonnes gens dont le franc visage a les couleurs de la santé, qui flânent pour se reposer, parlent pour causer, semblent exempts de fièvre et de névrose, vous laisseront, avant que vous ne quittiez la Bourgogne, ses limpides rivières, ses vins frais et généreux, son peuple bien portant, le regret de n'y pouvoir demeurer.

LA CHAMPAGNE.

CHAPITRE IV

L'AUBE

De Sens à Troyes, seize lieues. On pourrait les franchir les yeux fermés. Que dire du pays, sinon qu'il est frais, vert et fertile ? La Vanne coule le long du chemin, très claire, abondante même, malgré la saignée que lui fait Paris pour s'abreuver d'eau potable. Voyez-vous, à droite, de place en place, de petits pavillons écussonnés aux armes de la Ville : ce sont les *regards* pratiqués sur l'aqueduc souterrain creusé à travers les vallées de la Vanne, de l'Yonne, du Loing, de l'Essonne et de l'Orge, pour amener au réservoir de Montsouris le tribut des treize sources achetées en 1867. Monotones, les cultures s'étendent jusqu'aux dernières collines du Sénonais, groupées en massifs ; çà et là paraît une forêt bleue, une tourbière grise, un village rose et blanc ; sous des bouleaux luit une mare, et le sol, toujours plus pauvre de lignes et de couleurs, s'abaisse rapidement vers la plate Champagne.

La plaine commence auprès de l'ancienne capitale de

cette illustre province — illustre pour son patriotisme tant de fois éprouvé — et se continue au delà, vers l'est, avec de légères ondulations, jusqu'aux montagnes de l'Argonne et de la Meuse. Que ces frontières de la France, les premières aujourd'hui, soient forcées ou tournées, et l'ennemi peut se répandre sans obstacle, inonder comme un torrent le vaste espace ouvert devant lui. La Champagne est le prix d'un Leipzig ou d'un Sedan. Libre alors aux vainqueurs de pénétrer dans ses larges vallées, dont les fleuves et les chemins mènent à Paris. N'ayant plus d'armée régulière à combattre, qui les empêcherait de s'en déclarer maîtres et de l'occuper en maîtres ? Si, trouvant à leur goût ses villes industrieuses, ses campagnes fécondes et ses vins délicieux, il leur plaisait d'en convoiter l'annexion, qui s'y opposerait ? Rien sinon le courage des habitants, enflammés par l'amour du sol natal. Mais cela peut suffire à arrêter leur marche victorieuse. S'il le fallait, si la guerre sainte, si la lutte suprême éclatait, la Champagne redeviendrait, comme au cinquième et au seizième siècle, comme en 1814, le boulevard de la France ; peut-être serait-elle le tombeau de l'étranger. Combien jadis, Huns d'Attila, Impériaux de Charles-Quint, Prussiens de Blücher, Autrichiens de Schwartzenberg, Cosaques de Sacken, ont engraissé son aride argile ! Paysans et citadins qui, dans ces grandes tourmentes, changeaient leurs villes ouvertes en camps retranchés, leurs villages en redoutes et tout leur pays

TROYES — TOURELLE DES ORFÈVRES

en champ de bataille, ne sont-ils plus ce qu'autrefois ils étaient?

Troyes, étalée sur la rive gauche de la Seine, traversée par un canal et des ruisseaux, entourée par des marécages, est, bien que ville ouverte, ville défendable. Elle a vu souvent la fumée des bivouacs ennemis. Au cinquième siècle, les richesses de Trecæ (chef-lieu des Tricasses), vantées par Pline l'Ancien, devaient tenter le *Fléau de Dieu ;* mais son pieux évêque, saint Loup, se dévoua, s'en fut seul au devant du barbare, obtint par prière qu'il passerait outre. Les Sarrasins, les Normands y sont venus à leur tour. En 1229, les féodaux ont tenté de la prendre au comte troubadour Thibaut IV. N'était-ce pas une des plus enviables cités marchandes du moyen âge? Les bandes espagnoles et allemandes de Charles-Quint la brûlent en 1524 : acte de vengeance féroce, la Champagne s'étant derrière eux changée en désert. Du 23 au 24 février 1817, elle est menacée d'un pareil incendie par les alliés, mais Napoléon la sauve en consentant de n'y pas entrer de vive force. Cet épisode de l'immortelle campagne de France est le dernier de son histoire héroïque; nous en étions bien loin en 1870!

TROYES

Tant de vicissitudes n'ont pas ruiné ni trop dévisagé la ville. Chose fort rare dans les uniformes régions de l'Est, elle conserve une physionomie qui résiste au Progrès. Le luxe moderne des faubourgs avoisinant la gare prouve sa prospérité croissante, la structure pittoresque de ses vieux quartiers avoue son âge. Ceux-ci, vraiment intéressants, malgré bien des retouches, se composent de rues, ruelles, impasses et carrefours bizarrement percés et bordés, comme il y a plusieurs siècles, de maisons de bois, nues ou recrépites, singulièrement chevronnées, drôlement sculptées, et, ce qui est particulièrement remarquable et tout à fait original, coiffées de toits saillants, triangulaires ou arrondis, dans lesquels s'inscrit, comme une tête dans un capuchon, une ogive ou un plein cintre du plus curieux effet. La plupart de ces maisons sont parfaitement solides, mais il en est qui ne se maintiennent à peu près debout que par un miracle d'équilibre; bossues ou bancales, elles se penchent en arrière, en avant ou sur le côté, et s'appuient sur des étais prudemment posés contre leurs flancs, comme un invalide sur sa béquille. Ici, dans les rues étroites où coulent les ruisseaux fangeux des tanneries et des corroieries, elles se touchent ou se communiquent par des couloirs; ailleurs elles plongent dans le vide les encorbellements pansus, semblables à des ventres obèses, qui forment, lorsqu'ils se suivent, les abris caractéristiques appelés dans le patois de la province des *allous*.

L'élégant hôtel de ville, bâti de 1624 à 1670, de très vénérables églises noires et détériorées, mais nullement banales, et de nobles hôtels du seizième et du dix-septième siècle s'encadrent plus ou moins dans ces pâtés d'habitations caduques, avec lesquelles ils s'harmonisent à souhait. Tous ces édifices ne laissent pas d'offrir quelque beauté ou quelque rareté; plusieurs rappellent de glorieux souvenirs, de grands noms. Saint-Pantaléon a ses grisailles macabres et sa chaire sculptée par Simart; Saint-Nizier a ses petits médaillons historiques; Saint-Jean, un beau groupe de Girardon représentant le baptême du Christ, et son étrange beffroi à jaquemart carillonnant; la collégiale Saint-Urbain, sculptée, dentelée à profusion, peuplée de gargouilles et de masques horrifiques, rappelle le nom du pape Urbain IV, enfant de la ville et l'un de ses fondateurs; Sainte-Madeleine renferme un délicieux jubé de pierre, élevé et ciselé en 1508 par l'Italien Jean Gualdo, lequel fut inhumé sous son chef-d'œuvre, ce que constate une épitaphe latine signifiant que l'artiste « attend la résurrection bienheureuse sans crainte d'être écrasé ». Dernière église de ce côté de Troyes, Saint-Remy est ornée d'un Christ de Girardon et présente sur la famille de ce grand sculpteur, deux inscriptions documentaires : l'une notant « les messes fondées par lui pour le repos de l'âme de Nicolas Girardon, bourgeois de cette ville, et d'Angèle Langevin, ses père et mère, inhumés à Saint-Remy », l'autre relatant le don d'une rente de 335 livres fait aux pauvres de la paroisse par « François Girardon, sculpteur ordinaire du roy, chancelier et recteur de son académie royale de peinture et sculpture,

ÉGLISE DE LA MADELEINE A TROYES

étant persuadé que le plus seur moyen pour obtenir la miséricorde de Dieu est de racheter ses péchés par l'aumône, et voulant aussi marquer la reconnaissance qu'il conserve pour la ville de Troyes, où Dieu le fit naistre... »

Parlons des hôtels; ils sont aussi remarquables. L'hôtel de ville devait faire assez grande figure au dix-septième siècle avec ses colonnes et ses pilastres corinthiens, ses frises et son tympan, que remplissait, au-dessus d'une prose de Santeuil, une statue équestre de Louis XIV, remplacée sous la Révolution par une statue de la Liberté, que l'on a depuis changée en sage Minerve; il contient un musée où ne manquent pas les pièces rares : monnaies de l'antique Trecœ, tableaux de l'école allemande et de l'école française, morceaux ou moulages de Girardon, de Bosio, de Simart, de David d'Angers... L'hôtel Vauluisant, où s'est installé le cercle du Commerce, les hôtels Mauroy, Mesgrigny, Marisy, sont de belles demeures d'il y a deux cents ou trois cents ans; en l'hôtel Chapelaines, somptueuse construction de la Renaissance, descendit, le 23 janvier 1629, le roi Louis XIII chez le sieur Largentier, bailli, et ont séjourné en 1814 l'empereur Alexandre de Russie et le roi de Prusse, chefs de « nos bons amis les ennemis ». Demandez, rue de Champeaux, 15, la permission d'entrer à l'hôtel des Ursins, que vous désignera cette inscription :

L'an V vingt cette maison fut faite
De beau bois neuf epvis toute bruslée
Par le grand feu dont Troyes se vit defaite,
Et la plupart d'icelle désolée.

Cet hôtel est le berceau de l'illustre famille des Juvénal ou Jouvenel des Ursins, si célèbre du quinzième au seizième siècle, et quelques-uns de ses membres éminents, hommes d'État, magistrats, prélats, historiens, l'habitent encore... en effigies peintes sur des vitraux. N'oubliez pas enfin de visiter la bibliothèque installée dans les bâtiments de la ci-devant abbaye de Saint-Loup : elle en vaut la peine, non seulement pour les 120,600 volumes et les 2,500 manuscrits qu'elle renferme, mais pour les admirables vitraux et les quatorze panneaux dus à Linart Gonthier, artiste local d'une réelle valeur, un des maîtres de la peinture sur verre.

Un canal divise la ville en deux parties ; ce que nous venons de décrire est dans la première ; dans la seconde s'élève le plus magnifique des monuments troyens : la cathédrale, édifiée du treizième au seizième siècle, restaurée de 1849 à 1866, longue de 117 mètres, large de 51, et dont la tour atteint 70 mètres. D'une imposante grandeur, bien que mutilé, le portail présente les armes de la Champagne, encadrées par les fleurs de lys des balustrades et des gables sculptés à jour. Les cinq nefs intérieures se développent majestueusement ; une vierge de Simart, un groupe du seizième siècle représentant le baptême de saint Augustin, quelques panneaux et des tableaux les décorent ; mais ces ornements étrangers ne sont rien auprès des merveilleuses verrières dont elles sont complètement garnies et qui leur versent une lumière diaprée d'une incomparable séduction. Imaginez des milliers de pierres précieuses et des centaines d'arcs-en-ciel mêlant, croisant leurs feux, leurs couleurs, leurs scintillements et leurs rayons dans un bouquet féerique, et vous aurez à peine l'idée de cette splendide parure. Les yeux sont littéralement caressés, ravis. Mais l'esprit? dira-t-on. Oh! qu'importe! ces transparentes peintures se ressemblent par le sujet toujours mystique et féroce, par le dessin toujours roide et anguleux; elles se distinguent par le coloris, et pourvu qu'elles produisent le jour mystérieux favorable à la prière, qu'elles soient pour les âmes contemplatives comme un reflet de l'éternelle clarté, elles sont bonnes et font honneur à l'artisan.

Auprès de la cathédrale sont les quartiers pauvres hantés par les petits marchands et par les ouvriers de l'industrie locale : tisseurs, bonnetiers, filateurs, chaudronniers, corroyeurs. Troyes fut toujours ville laborieuse et commerçante. Ses dix-huit filatures en laine et coton, ses fabriques de bas, de mitaines, de gants tricotés, ses bonneteries en laine, soie, filoselle, servies par les métiers circulaires, sa grosse chaudronnerie, ses papeteries sont en pleine activité, produisent annuellement quarante millions. Vous lui trouverez, au premier abord, l'air sec et revêche, de brutales manières : il n'est cependant qu'affairé. Il en était de même jadis. Aux florissantes époques du moyen âge, les foires de Troyes jouissaient d'une célébrité universelle : on venait de partout, en foule, à celle du

Clos, fondée en 1157, et à celle de l'Assomption, fondée en 1189, acheter des draps, du fer, des articles de quin-

TROYES — TOURS DE LA CATHÉDRALE SAINT-PIERRE

caillerie et de la charcuterie. On estimait déjà, et grandement, ses andouillettes succulentes et ses pâtés savoureux.

A l'extrémité sud de la ville, un groupe de maisons de bois caduques, branlantes, croulantes et sordides, et à côté, rue de la Grande-Courtine, quelques restes de fortifications, un fossé, où l'eau courante fait tourner des moulins, voilà le vieux Troyes dans son expression la plus sincère. Tout le reste, sauf les églises, a disparu. Un jardin anglais occupe une portion de l'enceinte.

Où était le château seigneurial du puissant, spirituel et amoureux comte Thibaut IV, qui rima de si jolies chansons pour Blanche de Castille? Où, en quel lieu siégeait le Parlement assemblé ici en 1418, afin d'approuver et enregistrer le lamentable traité de 1420, qui cédait le royaume de France à l'Angleterre, et les tristes promesses que, écrit Juvénal des Ursins, « il ne faut jà réciter pour l'iniquité et la mauvaiseté d'icelles » ?

Où donc aussi était le palais où logèrent le fol Charles VI, la reine Isabeau, et madame Catherine, leur fille, lorsque, le 23 mars 1420, Henri V, accompagné « d'une grande multitude de peuple qui, pour sa venue, crioit Noël ! Noël ! fut conduit en grande pompe jusqu'à son hôtel appelé le *Château d'Artois* » ? Où fut signée la paix honteuse qui spoliait le dauphin Charles, et dont une fille de France, sa sœur, fut le gage? — « Que Dieu, s'écrie Isabeau dans le drame de Shakspeare, que Dieu, ce suprême faiseur de mariages, confonde nos cœurs en un seul, nos royaumes en un seul ! » Et le duc de Bourgogne ose à ce prix demander « que la paix, cette chère nourrice des arts, de l'abondance et des joyeuses générations, revienne dans le plus beau jardin de l'Univers, dans cette fertile France, montrer son aimable visage ». On sait du moins où s'accomplit ce vœu téméraire et odieux : le 2 juin 1420, en l'église Saint-Jean au Marché, Henri V épousait Catherine de France, « moult belle dame, humble et de noble atour », et après, suivant l'usage, « soupes au vin furent servies aux époux et le lit nuptial bénit ».

Neuf ans après, Jeanne d'Arc triomphante rendait Troyes à Charles VII le Victorieux.

Les établissements industriels, les villas des riches patrons, les cottages des marchands, se partagent la fraîche et verte banlieue de Troyes, riche encore en intéressants débris du passé. On y voit aussi ces humbles jardinets de fleurs, de charmilles et de légumes, que les ouvriers louent, cultivent, où ils vont le dimanche se délasser et dîner en famille, et qui, ainsi que les bois communaux autour des villages, atténuent encore en certaines provinces la dure inégalité des conditions, diminuent la misère ou la font moins sentir, maintiennent provisoirement la paix sociale.

Plus loin, au midi, le pays change d'aspect ; des hauteurs apparaissent, des vallons s'entr'ouvent, l'horizon est masqué par des forêts. On s'achemine par ces accidents continus du sol, vers la région du fer, où naît la Marne. Le vert est encore la note dominante : constamment avivées par d'innombrables fontaines s'écoulant en ruisseaux cristallins dans la Seine et dans l'Aube, des prairies chatoient au soleil. Villes et villages de fermiers et de vignerons se succèdent, calmes infiniment.

Bar-sur-Seine, juché sur un promontoire, au-dessus du fleuve et des ruines de son château fort, est pittoresque; Bar-sur-Aube, assis au pied de la colline, sur laquelle jadis il s'élevait, réfléchit des moulins, des scieries mues par des écluses, de grasses prairies, un paysage charmant dans les flots purs de la rivière, bien nommée l'Aube. Les environs de ces petites villes sont à visiter; toute une brillante féodalité de clercs et de laïques, de seigneurs et d'abbés, y a laissé des monuments de sa domination. Auprès de Bar-sur-Seine, Celles garde les restes de l'abbaye cistercienne de Mores; Gyé, son chastel du douzième siècle; Les Riceys, Chaource, leurs maisons sculptées du seizième siècle; Rumilly-les-Landes, ses vitraux superbes et le manoir de l'abbé de Molesmes. Au-dessus de Bar-sur-Aube, Vandeuvre — retenez ce nom pour vous y arrêter au passage — a son aristocratique château du douzième siècle, refait partiellement du seizième au dix-septième, propriété aujourd'hui encore d'un comte de Vandeuvre, et conservant de son origine une porte hersée, une tour énorme, une belle salle de gardes à double nef, et un long corridor voûté, d'une architecture passablement rébarbative. Mais ne sommes-nous pas à six lieues de Brienne et à trois de Clairvaux, qui tous ces noms effacent, du moins par leurs souvenirs? Vers l'un et l'autre le chemin de fer conduit.

Brienne : une bourgade double, en deux rues, sous deux noms : Brienne-la-Ville, Brienne-le-Château : ensemble elles composaient autrefois le comté célèbre dont les maîtres jouèrent un rôle prépondérant dans

BAR-SUR-SEINE — PORTE DE TROYES

l'histoire de la Champagne, dans les annales de la France, de la chevalerie, du monde. Les magnifiques guerriers du moyen âge : Gauthier de Brienne qui fut au douzième siècle roi de Sicile, Jean de Brienne qui fut au treizième siècle roi de Jérusalem, puis empereur de Constantinople, et, glorieux, victorieux, mourut sur le trône en 1237, et les deux Gauthier de Brienne du quatorzième siècle, dont l'un fut duc d'Athènes, et l'autre, dernier de sa race, fut tué, connétable de France en 1356, à Poitiers ; tous ces aventureux, ces héros d'épopée, sortaient de ce fief champenois. Les églises datent, en partie, de leur époque, et aussi les ruines de l'abbaye de Basse-Fontaine, qu'ils fondèrent.

Un collège de Minimes établi au dix-huitième siècle par un Loménie de Brienne, érigé en école militaire en 1776, abrita, de 1779 à 1784, l'élève-gentilhomme, Napoléon Bonaparte. Qui l'ignore, mais comment ne pas le rappeler, lorsqu'ici tout parle de *lui*, de sa gloire, lorsque son nom allume encore un éclair d'orgueil dans tous les yeux et que son funeste prestige éblouit toutes les âmes ? Ce n'est pas à Brienne qu'on oserait lui reprocher les hétacombes dont la patrie est anémiée. Mais les invasions, mais les outrages, mais les désastres de 1814 et de 1815 qui, pendant trois ans, livrèrent la province à l'étranger ? Ce sont malheurs attribuables à ceux qui le trahirent, lui, l'homme du destin, le juste et l'invincible. O naïf fétichisme d'une race guerrière ! Devons-nous en sourire ? Partout ailleurs, maintenant, est-il un seul Français qui ne voudrait, sous un chef fascinateur et puissant comme lui, courir sus à l'ennemi pour effacer les hontes récentes, secouer l'engourdissement de la crainte, rendre à la France la pleine possession d'elle-même ?...

Napoléon a raconté ses années de Brienne, les études, les lectures, les jeux, les rêveries de son enfance en travail de génie ; il a légué par son testament, daté de Sainte-Hélène, un million à la petite ville. Ce legs, réduit à 400,000 francs, a permis de construire des écoles, un hospice, un asile et l'hôtel de ville devant lequel, se dresse, sur un piédestal en marbre vert, provenant de l'expédition d'Égypte, la statue de Bonaparte enfant, sous le costume d'élève militaire : debout, méditatif, il tient à la main son livre de prédilection : les *Vies des hommes illustres de Plutarque*; une inscription, sur le socle, répète une de ses paroles : « Dans ma pensée, Brienne est ma patrie ; c'est là que j'ai ressenti les premières impressions de l'homme. »

Supprimé en 1793, le collège militaire a été vendu, démoli, il n'en reste plus trace. Cependant l'intarissable cicérone, — qui nous guidait vers l'ancien château seigneurial, splendidement réédifié au dix-huitième siècle par un richissime Loménie de Brienne, tout au-dessus de la ville, de bois, de plaines illimitées, — nous disait en passant : Là était la cour, là, les préaux où il exerçait son précoce instinct de la guerre, *il* y construisait des tranchées, des bastions, des redoutes, que ses camarades, dominés par son ascendant taciturne, attaquaient et défendaient tour à tour, sous ses ordres; *il* apprenait, avec des enfants l'art d'exploiter les généreuses passions des hommes. Il jouait au soldat, mais il était déjà Napoléon. — Nous opposions à cet enthousiasme : En janvier 1814, souvenez-vous !... — Oui, il est venu ici. Les Prussiens et les Russes y étaient, dix fois plus nombreux que nous. N'importe, ils ont reculé. Quelle bataille ! Les rues de Brienne, le château, le parc (nous parcourions le domaine du prince de Bauffremont-Courtenay), regorgeaient de morts et de blessés, nos chétives maisons de bois brûlaient... Lui-même, un soir, vers Mézières, à une demi-lieue d'ici, un cosaque faillit le percer de sa lance : c'est Gourgaud qui l'a sauvé, en tuant le cosaque d'un coup de pistolet. — Le lendemain, on sonnait pourtant la retraite à La Rothière... — Que voulez-vous ? Ils étaient trop ! sans cela, ce n'est pas leur Blücher !...

Pas un mot d'amertume. Chacun parlera de même, avec la confiance inébranlable de l'aïeule des *Souvenirs du peuple* :

> Mais quand la pauvre Champagne
> Fut en proie aux étrangers,
> Lui, bravant tous les dangers,
> Semblait seul tenir la campagne.....

Nulle réplique possible !

A Clairvaux, rien d'aussi palpitant. L'oubli enveloppe cette haute puissance anonyme du moyen âge. Une maison centrale de détention occupe les bâtiments, reconstruits en entier au dix-huitième siècle, de l'abbaye modèle que fonda saint Bernard en 1115. Gravissez, s'il vous plaît, par des sentiers frayés à travers les vignes, la haute colline de Bar-sur-Aube; arrêtez-vous à la chapelle élevée au sommet en mémoire de sainte Germaine, décapitée à cette place par les ordres d'Attila ; par un ciel clair, vous apercevez au midi le val de Clairvaux. Alors, si vous n'êtes point curieux du banal spectacle des malfaiteurs astreints à la rigoureuse discipline du travail obligé, n'y allez pas ; essayez plutôt de vous représenter l'institution disparue en son temps de sérénité et de splendeur.

L'abbaye comprenait plus de sept cents religieux, une foule de convers, de vassaux, d'hommes liges. Tous se consacraient au travail, chacun selon ses aptitudes. Autour du cloître et dans l'enceinte du domaine étaient, suivant l'érudit Viollet-le-Duc, « des ateliers de corroyeurs, charpentiers, menuisiers, ferronniers, cimenteurs, d'orfèvres, de sculpteurs, de peintres, de copistes, etc. Les ateliers, quoiqu'ils fussent composés indistinctement de clercs et de laïques, étaient soumis à une règle et le travail était méthodique ; c'était par l'apprentissage que se perpétuait l'enseignement ; chaque établissement religieux représentait ainsi en petit un véritable État, renfermant dans son sein tous ses moyens d'existence, ses chefs, ses propriétaires cultivateurs, son industrie, et ne dépendant par le fait que de son propre gouvernement, sous la suprématie du souverain pontife. »

Quelle prévoyance, quelle sagesse dans l'organisation intérieure du phalanstère chrétien : « Les besoins matériels de la vie, granges, celliers, moulins, cuisines, sont à proximité du cloître, mais restent cependant en dehors de la clôture, afin que le voisinage de ces services ne puisse distraire les religieux profès. Au sud de l'église est le cloître, autour de toutes ses dépendances, auxquelles les religieux doivent accéder facilement... Au delà, un petit cloître pareil est réservé aux travaux intellectuels : la bibliothèque, les cellules des copistes, la salle où se discutaient les thèses théologiques l'encadrent, et, pour corriger la vanité de l'intelligence, là aussi est l'infirmerie, asile des vieillards valétudinaires... »

Dans une seconde enceinte, en dehors de la clôture, « les usines, les vastes granges, les demeures des artisans sont disposées sans symétrie, mais en raison du terrain, du cours d'eau, de l'orientation. »

A l'est, les jardins nourriciers, les prises d'eau, sont renfermés dans une troisième enceinte. La règle impose le silence, sauf pendant les heures de repos à passer au parloir; — au chauffoir, en hiver.

Le succès de Clairvaux fut prodigieux. Dix-huit abbayes d'hommes, vingt-huit abbayes de femmes, créées par son influence, reconnurent son autorité morale. Plusieurs bernardins obtinrent les plus hautes dignités de l'Église; l'un d'eux fut le pape Eugène III. L'ordre acquit d'immenses richesses : en ses selliers, visibles encore, vieillissaient, pendant dix ans, huit cents tonnes de vins. L'abbé choisi à l'élection, mais confirmé par le pape, avait en argent soixante mille livres de revenus; en nature, sept cents setiers de blé, sept cents muids de vins. A tant d'opulence, quelle vertu n'aurait succombé? L'ordre commença de décliner au quinzième siècle, ayant accompli son œuvre transitoire. Il survécut pourtant jusqu'en 1780, sans plus rendre de services notables, inutile à la civilisation, matière à gros bénéfices, gras prieurés, voluptueuses sinécures.

.... Maintenant, les noires collines plus nombreuses et plus hautes, se resserrant parfois en gorges profondes, marquent l'accès des plaines à niveau supérieur et à minerai de fer, nommées kellowiennes par les géologues. Voici la Haute-Marne, où ces plaines constituent le deuxième fossé creusé par les courants diluviens dans le bassin de la Seine. Le sous-sol, exploité en maints endroits, alimente les forges qui, disséminées sur une vaste région, travaillent le minerai, et d'où naissent une quantité d'industries locales, plus heureuses que les grandes agglomérations ouvrières. Nous verrons bientôt, à l'ombre des forêts qui leur ont longtemps fourni le combustible, et les entretiennent encore en partie, briller les flammes des hauts fourneaux et la fumée des cheminées colossales lourdement s'évaporer.

CHAPITRE V

CHEZ LES MAITRES DE FORGES

Si l'on nous disait que les maîtres de forges de la Haute-Marne se retirent volontiers, après fortune faite, à Chaumont en Bassigny, on ne nous surprendrait pas ; au contraire. Devenu sage et pourvu de rentes, saurions-nous mieux choisir? La bonne ville, en vérité, pour y vieillir doucement! Comme on y est loin du grincement des machines et du tumulte des affaires! Comme on doit bien se reposer de la vie dans les respectables maisons de ses rues aphones, où l'herbe pousse sans contrainte entre les pavés moussus ! Là tout semble caresser l'égoïsme, convier à l'oubli, préparer au néant. Des branches d'arbres, chaperonnant les murs gris et fendillés, annoncent des jardins, des parfums, l'ombre favorable aux siestes prolongées, et quand une fenêtre basse s'entr'ouvre, le luxe moelleux et discret des appartements se révèle au curieux qui passe. Bienheureuses paresses de la province auxquelles aspirent ceux qui n'ont plus de passions, c'est ici que l'on vous contemple et que l'on vous envie !...

Cette physionomie noble et somnolente vient à Chaumont de son ancienne aristocratie. Il fut de bonne heure un centre. Situé entre le Vallage et le Bassigny, dans une position forte, il réunissait dans les dangers communs, les nombreux et remuants seigneurs de ce pays de vignes, de forêts et de fertiles cultures, où, naturellement, ne manquaient ni châteaux ni monastères. C'est ainsi qu'en 911 tous ces féodaux, unis aux bourgeois, repoussèrent les Normands. Plus tard, ils s'y groupè-

VIADUC DE CHAUMONT

rent autour des comtes de Champagne, qui y résidaient souvent, et ensuite, autour des lieutenants ou des gouverneurs royaux. Il reste bien des habitations de ce passé; de nombreuses maisons des quatorzième et quinzième siècles, reconnaissables à leurs tourelles engagées, et des hôtels de l'époque Louis XIV et Louis XV, aux larges portes armoriées. Chaumont est proprement la ville des tourelles; nulle part, on n'en voit davantage, et la grosse tour Hautefeuille les domine toutes.

Approchez-vous de la terrasse où s'élève cette tour carrée, vous comprendrez son antique importance. Le terrain s'abaisse à vos pieds, des prairies inclinées s'étendent au delà, la Suize creuse son sillon au milieu d'elles ; puis, le sol se relève, se couvre d'opulentes plantations, et des montagnes aux formes lourdes, toutes bleues, ferment l'horizon.. Il y a de la force et de la grâce dans ce panorama subitement aperçu : on le retrouve plus singulier encore près de la gare du chemin de fer, à l'endroit où les anciennes murailles de la ville serrent de près un ravin encombré de maisons et de jardins échelonnés en désordre. La Suize coule au fond de ce ravin, qui s'élargit plus loin, à l'ouest, et que franchit un viaduc colossal, formé de trois rangs d'arcades superposées, enchaînant leurs courbes hardies sur six cents mètres de longueur.

Il y a peu d'édifices à Chaumont et point de complètement remarquables : ses maîtres du temps jadis, les comtes de Champagne, les d'Amboise, qui le gouvernèrent de Charles VIII à Louis XII, et leurs héritiers, les Guise, n'y ont pas laissé trace de leur munificence. Peut-être les premiers, grands chasseurs, ne s'y plaisaient-ils qu'à cause des bois giboyeux environnants, et les autres, que parce qu'ils pouvaient, de ce poste militaire excellent, surveiller la noblesse provinciale la plus indépendante et la plus querelleuse de France : les Vergy, les Choiseul, les Bauffremont, les Dampierre, les Joinville, toujours en luttes réciproques, ou contre leurs voisins des duchés de Bar et de Lorraine.

L'église Saint-Jean-Baptiste, construite du treizième au seizième siècle, n'est pourtant pas sans mérite : deux portails latéraux, à bas-reliefs très poussés, à rinceaux délicats, et un petit porche, d'un charmant dessin, la recommandent aux artistes. Au dedans on est frappé de la disposition des transsepts, dont les angles compriment des encorbellements sculptés, et dont les triforiums sont percés, comme les murailles gothiques de Narbonne, d'arcades en trèfles et de mâchicoulis à la sarrazine. La chaire à prêcher est décorée de gracieuses statuettes et de charmants panneaux, dus au correct ciseau d'Edme Bouchardon. Celui-ci, gloire artisque de la ville, y naquit le 29 mai 1693, ainsi qu'il est écrit sous son buste, placé au centre de Chaumont, devant la chapelle du lycée et dans le cadre d'une fontaine rococo.

Mais, après l'église métropolitaine, on nous reprocherait peut-être d'oublier la spacieuse et jolie promenade du Boulingrin ; la belle statue en bronze, élevée en 1883, « par les industries du gaz », à Joseph Lebon, inventeur du gaz d'éclairage, né à Chailly (Haute-Marne) en 1767, mort en 1804, avant le triomphe de son invention, splendide mine d'or ! — Désirez-vous savoir où l'empereur Alexandre de Russie et le roi Frédéric-Guillaume de Prusse logèrent le 25 janvier 1814, et présidèrent ensuite les conciliabules diplomatiques fatals à Napoléon ? Cherchez dans la rue de Bruxelles un hôtel désormais célèbre et d'ailleurs parfaitement banal. Le musée renferme un Christ d'Albert Dürer, et la haute image d'un héros : Cervolle, comte de Châteauvillain, lequel, de concert avec Guillaume de Poitiers, évêque de Langres, eut, pendant la guerre de Cent ans, le grand honneur de repousser l'insidieuse invasion des bandes germaines menées par un certain comte de Montbéliard ! Que ne s'est-il rencontré un aussi vaillant homme en 1870, pour protéger la même ville contre les mêmes ennemis !...

C'est tout. On quitte sans remords, sinon sans regret, une ville dont la quiétude pénétrante est contagieuse; c'est qu'il faut des jambes alertes pour gravir l'âpre plateau de Langres. Mais bientôt l'air vif qui souffle de ces hauteurs, à peu près en toute saison, vous fouette le sang, dilate vos poumons. Le climat est rude, salubre, bien propre à former des hommes énergiques, entiers, imaginatifs et penseurs. On aime à placer dans ce pays tourmenté, alternance de vallons noirs comme l'encre, et de collines trapues, jaunes à la base, chauves au sommet, hérissées aux flancs de forêts de sapins, le génie inégal et puissant, le tempérament passionné d'un Diderot.

Un môle isolé, lourd, écrasé, surmonté d'une coupole, c'est Langres, vu de la plaine où le train stationne à ses pieds. Il perche à 478 mètres d'altitude; vous n'y arriveriez pas en une heure de marche essoufflée par la route circulaire. Un chemin de fer à crémaillère vous épargne cette épreuve. Cric-crac ! Il part, il déroule en grondant sa chaîne, il rugit, il halète, il dévore la rampe ardue, presque perpendiculaire ; prés, vignes, fuient sous vos yeux, l'horizon s'élargit ; à droite miroite entre des bois, comme un lac, la pièce d'eau du canal ; à gauche, apparaît l'étrange Butte-des-Fourches, portant

LANGRES — TOUR DE NAVARRE

la chapelle de Notre-Dame de la Délivrance et le pieux *ex-voto* dressé aux nombreux soldats, mobiles et réguliers, victimes de l'hiver terrible de 1870-71 ; une ample vallée se développe, un cirque de tristes montagnes s'arrondit ;.... cric-crac ! débarquez.

Devant vous se groupent l'évêché, le séminaire, l'hospice, le collège autrefois dirigé par les jésuites, où commença l'éducation de Diderot, l'église cathédrale Saint-Mammès ; à vos côtés les remparts s'élèvent et vont ceindre de toutes parts le plateau : vous êtes dans une place forte de première classe et dans une cité jadis toute religieuse.

Langres est illustre dans les annales des Gaules : chef-lieu des *Lingones*, amis de Jules César, il était déjà renommé au temps des Vespasien. On y fabriquait les capotes en gros drap poilu, espèces de passe-montagnes que les légionnaires appelaient des caracallas, du nom de l'imperator qui les avait prescrites pour l'uniforme. On y voyait des temples, des arcs de triomphe, d'opulentes villas. Cependant le christianisme le domina très vite. Il eut des martyrs. Vers l'an 250, une invasion de barbares le menaçant, Didier, son évêque, s'en fut courageusement implorer la pitié du roi alaman ou vandale Chrocus. Celui-ci lui fit trancher la tête. Alors, ô miracle ! le saint décapité ramassa son chef sanglant, remonta à cheval et rentra dans la ville par une brèche ouverte instantanément et qui se ferma derrière lui. Doutez-vous de ce prodige ? Pour vous convaincre, on vous montrera, près de la tour Navarre, la fente, laissée comme une cicatrice, au rocher traversé par le saint, et les quatre empreintes frappées par les pieds de son cheval.

Effrayés, les barbares s'éloignèrent-ils ? la légende ne le dit pas. On sait du moins qu'un demi-siècle plus tard l'empereur Constance Chlore tua soixante mille

Germains devant les murs de la ville. Déjà le dévouement, les vertus des premiers évêques avaient consacré l'Église de Langres, si célèbre, si riche et puissante au moyen âge, lorsque les successeurs de saint Didier, comtes effectifs du territoire, battaient monnaie, témoin les *Lingones* frappées sous Charles le Chauve, et devenaient, l'an 1179, Messire Gauthier de Bory ayant donné son comté au roi Louis VII, ducs et pairs du royaume de France.

Les remparts qui protégeaient la cité gallo-romaine ont défendu la ville des seigneurs évêques; le seizième siècle les a réparés et augmentés; nous les avons transformés, flanqués de douze forts ou fortins avancés, de batteries et d'ouvrages de campagne; aujourd'hui Langres, assiégé vainement en 1870, est à l'est, non loin, hélas! de la frontière, sur la limite du bassin de la Saône et du bassin de la Seine, une sentinelle de premier ordre. Poste d'honneur, mais garnison pénible.

— Petit soldat, qui, ton fusil sur l'épaule, fais les cent pas de ta faction, en songeant aux douceurs du foyer absent, et les compares sans doute aux sévères devoirs du service, nous t'entendons : « La ville est morne, la campagne triste, la discipline exigeante : un froid cruel sévit pendant les longs hivers, on grelotte sous la neige pendant des mois, les étés, aigris par la bise, ne durent qu'un moment : ma patience et mon courage sont à dure épreuve. » — Certes, petit soldat, mais regarde vers les montagnes de l'est si tu ne vois rien venir, et pense à la patrie!

Deux portes sur quatre sont intéressantes : l'une est l'arc de triomphe gallo-romain, dont les arcades sont murées, mais les sculptures intactes; l'autre est la porte des Moulins, construite en 1647, et noblement décorée d'un haut écusson royal et de deux figures emblématiques de peuples ennemis, vaincus par nos armes. Près de la porte du Midi se profile, à 5 kilomètres de distance, le plateau où la Marne prend sa source, où naissent aussi la claire fontaine de la Marnotte, son premier affluent, la Suize, la Trace, et plus loin, beaucoup plus loin, l'Aube et l'Aubotte. Ces rivières cristallines rafraîchissant, verdissant des vallons invisibles, creusant des ravines profondes, s'engouffrant parfois en des failles, en des grottes, créent les rares sites, les seuls jolis paysages d'alentour. La Marne n'est pas ici le fleuve jaune que vous connaissez ; le ciel se réfléchit dans son eau pure, mais les déjections des usines, que son cours fait mouvoir, terniront promptement sa limpidité.

Comme au petit soldat, la ville nous découvre très vite ses attraits, ils sont faibles, ils ne nous retiendront pas longtemps. Saint-Mammès, Saint-Martin, grandes églises rigides, sans caractère, possèdent des peintures de Tassel; le cloître des chanoines de Saint-Mammès offre un beau spécimen, trop réparé, du style ogival à son début; le musée, installé dans une nef romane, vaut surtout par une abondante collection d'antiquités gallo-romaines : mosaïques, armes de toute sorte, statuettes, bas-reliefs, monnaies et médailles du temps des empereurs. Çà et là, en des rues droites,

PORTE ROMAINE A LANGRES

d'aspect glacial, seulement éclaircies, égayées par la promenade de Blanche-Fontaine, on distingue une maison de la Renaissance, et les fameuses coutelleries laissent voir les ateliers où se fabriquent, depuis des siècles, des ciseaux, des instruments de chirurgie, des couteaux fins et à la grosse. Et la coutellerie des

Diderot, de cette robuste famille d'artisans, qui, deux cents ans avant la naissance du philosophe Denis, exerçait ici même son état, l'avons-nous visitée ? Nullement. Nous ignorons où vivaient ces braves gens, dont l'honnêteté, aussi solidement trempée que l'acier qu'ils forgeaient, était proverbiale dans la province. Nous aurions pourtant bien voulu saluer au passage le foyer patriarcal si bien évoqué dans *l'Entretien d'un père avec ses enfants* : « C'était en hiver. Nous étions assis autour de lui, devant le feu, l'abbé, ma sœur et moi; il me disait, à la suite d'une conversation sur les inconvénients de la célébrité : « Mon fils, nous avons fait
« tous les deux du bruit dans le monde, avec cette dif-
« férence que le bruit que vous faisiez avec votre outil
« vous ôtait le repos, et que celui que je faisais avec le
« mien ôtait le repos aux autres. » Après cette plaisanterie bonne ou mauvaise du vieux forgeron... » Lisez la suite dans les œuvres de l'incomparable écrivain.

Lui, le maître excellent, est là, du moins ; nous nous sommes consolé de ne pouvoir connaître sa première demeure en contemplant sa loyale et bienveillante physionomie, si naturellement, si franchement exprimée dans la belle statue de bronze sculptée par Bartholdi : il est debout, sans pose aucune, il tient à la main des feuillets de l'Encyclopédie, il sourit avec bonté, il vit, il va parler, lancer une de ses tirades éloquentes, spirituelles, profondes, touchantes, qui prêtent à la vérité l'allure audacieuse du paradoxe et donnent au paradoxe la puissance irrésistible de la vérité...

Revenons sur Chaumont pour entrer, au delà, dans la région où la Marne et ses affluents, le Rognon, la Blaise, l'Ornain, lavent le minerai de fer et abreuvent les machines des forges. Contre leurs rives, souvent boisées, gracieuses, se presse une population robuste, laborieuse, moitié agricole, moitié ouvrière, parfois l'une et l'autre. Disséminées en cent endroits, les industries du fer l'occupent sans la concentrer, suppléant à la pauvreté fréquente du sol. La seule coutellerie emploie, à Langres et dans ses environs plus de 10,000 individus ; c'est à peine si le voyageur attentif peut s'en rendre compte. Le haut fourneau, l'usine métallurgique, la fabrique de quincaillerie se mêlent aux chaumières. Un panache de fumée sombre par-dessus des villages poudreux, négligés, maussades, en signale la présence. Ainsi dans la vallée de Rognon, Montot, Doulancourt, Roche, Bettincourt, Rimaucourt, Ecot, où l'on fabrique spécialement des chaînes en fonte ; ainsi, dans la vallée de la Marne, Bologne, réputé pour ses pointes à la mécanique, Vraincourt, Froncles, où l'on forge le fer et l'acier, Donjeux, Joinville, Valquevilly, Bussy, Chevillon, où sont des hauts fourneaux, des ateliers d'affinage ou de vastes magasins de vente ; le val d'Osne, si connu pour ses moulages, ses fontes artistiques, et d'où sortent tant de statues, de fontaines monumentales, qui décorent nos squares et nos jardins publics; puis Saint-Urbain, qui possède une tréfilerie, Marnaval qui fabrique des laminoirs..... Nous irons plus tard dans la vallée de la Blaise, non moins active à mettre en œuvre les milliers de tonnes de minerai de fer que l'on extrait annuellement des mines de la Haute-Marne, le second département français, sous ce rapport.

Bourgs, bourgades industriels sont assez déplaisants, mais leurs alentours, extrêmement boisés, cultivés avec amour, fleuris à profusion, sont quelquefois délicieux. La riche nature déploie ses trésors à l'écart des routes. Des vallons insoupçonnés, ensauvagés par les forêts immenses, recèlent des paysages exquis. Sous des massifs de chênes et de sapins, d'une admirable stature, s'entassent des roches énormes. Plusieurs sites, près du chemin que nous parcourons, sont célèbres par leur agreste beauté, et les peintres y ont trouvé de beaux sujets d'études. Descendez, par exemple, à Vignory, visitez son église du onzième siècle et les ruines de son château gothique; puis, marchant droit vers l'est, engagez-vous dans le défilé de la Vaux où se cache Viéville, obscur village avec des vestiges de constructions romaines. Ce vallon charmant rassemble, comme en un tableau, tous les traits du pittoresque indigène : eaux vives, arbres superbes, monstrueux rochers, tels que la Grotte de la Cuve de la Roche, la Roche Bernard, vantées à dix lieues à la ronde et vraiment fort curieuses. Gageons que, si vous nous en croyez, vous serez ravis de cette excursion en dehors des sentiers battus.

Nous en dirons autant du vallon de Joinville : Joinville, un grand nom dont la mémoire est pleine, mais un gros bourg dont la vue est aussitôt blessée, non moins que l'odorat. Par les rues sordides, le long des maisons basses, comme enfoncées dans le sol, le fumier traîne ; les cochons, les bœufs y fientent de compagnie avec les gens. Tout à l'entrée se dresse la statue du bon sénéchal, vieilli, vénérable, frileusement enveloppé dans son manteau fourré de vair et de petit gris, ayant à la main les immortels mémoires, qu'il vient d'écrire dans la retraite. Notre imagination animait cette effigie si juste de l'ami de Louis IX, et du geste, lui montrant son fief, nous lui demandions : « Messire, n'est-ce pas ainsi, orde et puant, que vous apparut jadis la capitale du saint roi ? Jusqu'aux fenêtres du Louvre même, de nauséabondes exhalaisons montaient ; les plus illustres prudhommes en étaient offensés. Périodiquement, la peste, comme une plaie d'Égypte, sévissait, fauchait sans distinction des milliers de créatures, nobles ou roturières, belles ou laides, jeunes ou vieilles, pieuses ou mécréantes.

« Mais rassurez-vous, bon Sénéchal, ce Joinville qui vous était si cher, pour lequel vous avez rédigé de si raisonnables conseils et judicieuses ordonnances, n'a pas à craindre les misères du Paris du treizième siècle auquel il ressemble encore, après six cents

8.

ans écoulés. Il est vrai qu'il a irrespectueusement démoli votre moult notable chastel, où, avant d'aller outre mer, aux Pasques de l'an de grâce 1248, vous mandâtes vos gens, et fûtes, toute la semaine « en festes et en quarolles », d'où, également, bientôt vous partîtes, « déchaux et en langes » pour aller demander l'écharpe et le bourdon du croisé au digne abbé de Chevenon, et vers lequel, revenant de faire vos dévotions, à Bléchecourt, à Saint-Urbain et autres « cors sains », vous n'osâtes onques plus retourner vos yeux « pour ce que li cueurs ne vous attendrisist dou biau chastel que vous lessoiez et vos dous enfans ». Mais s'il n'a pas gardé votre demeure seigneuriale, non plus que le château princier de vos puissants successeurs, les Guise, il possède les grands bois qui en dépendaient, et sur leur emplacement, au faîte et autour de la colline, il a planté des sapins, des peupliers, des vignes, d'innombrables jardins, dont les parfums salutaires assainissent le bourg. »

— Eh quoi, Joinville, le célèbre Joinville a complètement effacé les traces de son histoire? — Non point complètement. L'église Notre-Dame, bien que remise à neuf et surmontée d'une flèche haute et finement découpée, offre un élégant modèle de l'architecture du treizième siècle; l'hôpital Sainte-Croix, ingénieusement voûté et charpenté, justifie très bien le chiffre gravé sur sa façade : *Hospital*, 1567; une grande porte, décorée de vases de fleurs et de pots à feu, ouvre encore sur l'enclos du grand jardin où était la maison de plaisance des ducs de Guise, nommée le petit château; enfin, l'hôtel de ville a recueilli quelques débris du château disparu : tapisseries des Gobelins, boiseries du quinzième siècle, et deux statues en marbre blanc, sculptées par Dominique le Florentin.

Ces débris, dont plus d'un musée serait fier, donnent une assez grande idée des splendeurs artistiques déployées par les Guise dans leur résidence de Joinville. Hommes de goût et de magnificence, les Lorrains ambitieux, qui n'aspiraient à rien moins qu'à la couronne, ont dû, ici comme à Meudon, à Eu, s'entourer d'un luxe royal, amonceler les œuvres d'art, les raretés précieuses, les meubles somptueux. Il fallait à leurs projets ce cadre éblouissant. Joinville, ainsi embelli, put recevoir, en 1576, les partisans décidés de la maison de Lorraine, nobles et bourgeois, qui préparèrent la Ligue; et, en 1585, abriter les envoyés secrets du roi d'Espagne, Philippe II, qui s'engagèrent pour leur maître à porter au trône de France, en cas de mort de Henri III, l'octogénaire cardinal de Bourbon, sous le nom duquel Henri le Balafré eût exercé la régence — les fonctions royales — en attendant le titre de roi.

A la mort du dernier des Guise, en 1664, Joinville, principauté depuis 1551, passa, avec toutes ses richesses, à Mademoiselle de Montpensier, qui légua cette portion de ses biens au duc Philippe d'Orléans, frère de Louis XIV, dont les descendants le possédaient encore en 1790. Alors le château fut démoli, rasé, tout ce qu'il contenait détruit ou dispersé ; mais le titre de prince de Joinville appartient toujours à la famille d'Orléans, et sous Louis-Philippe Ier, le brillant marin qui ramena en France les cendres de Napoléon l'a de nouveau popularisé.

Depuis Claude de Lorraine dont, à Joinville même, le 12 avril 1550, un héraut d'armes proclamait le « très excellent enterrement, » la chapelle seigneuriale renfermait la dépouille mortelle de la plupart des princes et princesses de Guise. Les révolutionnaires ont transféré ces restes dans le cimetière de la commune, et Louis-Philippe les a réunis dans un monument commémoratif, presque enseveli maintenant sous les hautes herbes, les ronces et les toiles d'araignée.

Après Joinville, Chevillon. L'illustre sénéchal y avait aussi un manoir, un pied-à-terre, qui existe encore ; il en est parlé de manière inoubliable dans les Mémoires de l'ami de saint Louis. Vous vous rappelez ce passage, où le digne vieillard exprime si vivement son affection pour le maître défunt et ses regrets : le roi qu'il a bien aimé et servi, lui apparaît en songe, dans sa chapelle, et il lui dit : « Quand vous voudrez partir de ce château, si vous hébergeroi de bon cœur en ma maison de Chevillon. » — Mais le roi : « Je ne compte pas partir de sitôt, » répond-il. Et par ces simples mots, tous les deux, le suzerain puissant et le dévoué vassal, s'affirmant leur amitié survivante à la mort, vous pénètrent de leur propre émotion...

Au delà de Chevillon le pays affecte de plus en plus le caractère industriel. La Marne roule des flots aussi jaunes que ceux du Tibre, entre des rives saupoudrées de minerai et de charbon. Passons vite. Ancerville nous fait voir sa grotte des Sarrasins, aux vastes dimensions :

LE CANAL A SAINT-DIZIER

elle a 200 mètres de largeur et ses voûtes 20 mètres de hauteur. Non loin, à Lisle-en-Rigoult, le château de Jean d'Heures donné par Napoléon au maréchal Oudinot, duc de Reggio, offre aux curieux de vieilles et belles armures, quelques pièces inestimables de la collection lentement formée par le glorieux soldat et acquise en grande partie, après sa mort, par le musée de Saint-Étienne, où nous l'avons déjà visitée. (Voir le *premier volume des Fleuves de France : la Loire.*)

Si vous êtes commerçant, si vous voyagez pour « affaires », Saint-Dizier vous intéressera. C'est une ville plate, fumeuse, rectiligne, aux maisons grises, aux jardins gris, aux longs faubourgs pauvres, toute semblable, bien qu'ancienne, à une colonie industrielle née d'hier. Mais c'est également une ville grandissante, active, semée et entourée de forges, de fonderies, d'usines à boutons, étrilles, meubles de jardins, poids, serrures, fils de fer et clous, où quiconque achète, vend, négocie, trouve à qui parler. Mais nous, qui voyageons pour le service de l'Histoire et de l'Art, nous ne saurions regarder avec plaisir cette ébauche d'une cité future.

Nous regretterions plutôt celle que Charles-Quint a prise et saccagée en 1544, après une mémorable défense, et que les terribles combats livrés sous ses murs pendant la campagne de France, en 1814, ont achevé de détruire. Un jour viendra, nous aimons à le croire, où la minable population ouvrière dont les émigrants de l'Alsace-Lorraine ont singulièrement augmenté le nombre et, par la concurrence, le dénuement visible, aura plus juste part aux fruits de son travail, se bâtira de plus confortables demeures, transformera Saint-Dizier.

Il est facile, en partant de Saint-Dizier, de parcourir rapidement la vallée de la Blaise : le chemin de fer longeant, de son confluent à sa source, cette rivière utilisée surtout par l'industrie métallurgique, desservant les forges et les hauts fourneaux d'Eclaron, d'Allichamp, de Buisson, de Chatelier, de Bousseval, de Vaux-sur-Bois et de Doulevant-le-Château. L'excursion n'est pas sans attrait. Elle commence au laborieux Wassy, à jamais célèbre depuis le sinistre événement du 1er mars 1562, qui préluda aux guerres religieuses du seizième siècle. La tradition a noté l'endroit précis où, ce jour-là (un dimanche), les protestants assemblés au prêche, chantant des psaumes, sans défiance à cause des édits, brusquement furent troublés par l'arrivée du duc de Guise, insultés, provoqués, attaqués par les gens de son escorte. Les uns résistèrent, les autres s'enfuirent ; mais poursuivis, massacrés sans pitié, hommes, femmes, enfants, laissèrent par les routes sanglantes soixante morts et deux cents blessés. Après cet exploit, le noble duc ne manqua point, selon toute apparence, de passer triomphalement par la porte Notre-Dame et sous la tour de l'Horloge, avant d'aller chanter un *Te Deum* dans l'une des trois églises gothiques de la florissante petite ville du Vallage.

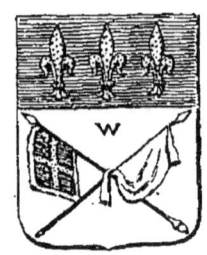

WASSY

Du théâtre de cette abomination au château de Cirey il n'y a pas loin ; et la pensée, rapprochant ces crimes de l'intolérance de leur terrible adversaire, s'y transporte plus vite que la vapeur. L'aristocratique domaine de la marquise du Châtelet, la studieuse et féconde retraite de Voltaire, pendant plusieurs années — espacées de 1733 à 1749 — de lutte, de gloire et d'ambition, est au fond de ce Vallage, si cruellement éprouvé au temps des Valois, et que la désastreuse révocation de l'édit de Nantes désola, dépeupla et ruina. L'écho de ces souffrances, alors si criantes, devait arriver aux oreilles de l'immortel écrivain, dont la fibre tressaillait à chaque anniversaire de la Saint-Barthélemy, et réchauffer sa

LA BLAISE A WASSY

haine pour le fanatisme, les maux innombrables qu'il engendre dans l'humanité.

Il faut descendre à Doulevant pour aller à Cirey : le village est situé sur les bords de la Blaise; son château s'ouvre aisément au visiteur. Il ne brille ni par le style, ni par la somptuosité, ni par ses reliques : c'est à l'extérieur un assez large et spacieux édifice construit au dix-septième siècle, et au dedans un simple logis moderne, où le « docte Uranie » ne retrouverait pas ses instruments de physique et d'astronomie. Cependant le concierge n'omettra de vous conduire à la chambre de Voltaire : vous gravirez derrière lui l'escalier tortueux du donjon carré, il vous montrera une petite pièce meublée d'un lit à ramages, d'un bureau et d'un fauteuil, et d'un ton pénétré, vous dira : « Voilà la chambre de Voltaire ! » Vous lirez, sans le secours de cet officieux importun, plus d'une inscription spirituelle : celle-ci sur la porte d'entrée :

> Ingens incepta est; fit parvula casa; sed aevum
> Degitur hic felix et bene, magna sata est.

Celle-là dans la bibliothèque :

> Doux repos, point d'inquiétude,
> Peu de livres, point d'ennuyeux,
> Un ami dans la solitude,
> Voilà mon sort, il est heureux.

Et devant la galerie :

> Asile des Beaux-Arts, solitude où mon cœur
> Est toujours occupé dans une paix profonde,
> C'est vous qui donnez le bonheur
> Que promettait en vain le monde.

Après cela, voulez-vous plaire à Cirey : lisez la correspondance de son hôte. Ce n'est que dans ces lettres incomparables que vous pourrez aimer « cette retraite de hiboux que les Grâces ont changé en un palais d'Alcine »; ce « petit paradis » où « habitaient la philosophie, les belles-lettres, la paix et la félicité », cet « endroit mille fois plus délicieux que l'ile de Calypso », et que le poète sous le joug de la « divine Émilie », de la « reine de Saba », de « Minerve », d'une marquise enfin « douée de toutes les vertus d'un grand homme et de toutes les grâces de son sexe », « préfère à la cour de tous les rois de la terre, et comme ami, et comme philosophe, et comme libre ». C'est ainsi que le qualifient, au début de leur liaison, Voltaire et Frédéric de Prusse ; le mieux pour nous est de l'imaginer tel quel.

Doulevant-le-Château, Sommevoire, Nully, ne participent pas à la renommée de Cirey qu'ils environnent ; ils ont pourtant d'antiques églises et des ruines remarquables que nous irons visiter. L'homme le plus occupé de son siècle, le plus pressé d'écrire et de penser, ne songeait guère à ces bagatelles ; mais nous avons d'autres goûts.

Puis, derechef, en route pour Bar-le-Duc !

CHAPITRE VI

LA CHAMPAGNE POUILLEUSE

Nous n'y sommes pas encore, mais nous l'entrevoyons de la rive gauche de l'Ornain, le pays blanc, le pays de la craie, naguère si complètement aride et désolé, que l'on ne cessera avant qu'il soit longtemps de l'appeler, par habitude, *Champagne pouilleuse*. Vilain surnom, mais trompeur. Là, comme en Sologne, l'industrie des hommes triomphe du sol rebelle. L'engrais fertilise la craie, l'amollit, la transforme en terre végétale. Les sapins, tenaces et vivaces, sobres et féconds, enfoncent en elle leurs racines, y grandissent, y prolifient, en absorbent les sels réfractaires et lui rendent des sucs nourriciers. Ces métamorphoses heureuses s'accomplissent sous nos yeux et les consolent. Si, devant nous, une vaste plaine se déroulant comme un suaire nous poursuit de sa mélancolique stérilité, bien près, toujours, un bois résineux plaque une tache sombre, et nous pensons : Ceci changera cela.

A Bar-le-Duc, ces tableaux affligeants semblent bien éloignés. La ville basse s'entoure d'une campagne fraîche et verte, et de la ville haute les regards plongent sur un horizon de collines bleues, de forêts épaisses et de gorges impénétrables. Ces deux villes ne se ressemblent pas, il n'en est guère de plus distinctes. Celle-ci groupée, vers le cinquième siècle, autour d'un castrum gallo-romain qui devint plus tard la forteresse des seigneurs, comtes ou ducs du pays de Bar, meurt de vieillesse, on dirait que l'esprit du Passé la possède jalousement. Celle-là, au contraire, avec ses innombrables maisons blanches aux toits rouges, ses boulevards, ses magasins, ses quais pittoresques, ses jardinets et ses brasseries à tonnelles, paraît toute jeune, guillerette et grandissante ; elle fabrique, elle commerce, elle vit; c'est vraiment une jolie cité lorraine, vaillante et de belle humeur.

ARMES DE BAR-LE-DUC

Mais nous allons d'abord où l'Histoire a vécu, vers les rues muettes, vers les demeures craquelées de la ville haute.

Seul débris de l'antique château-fort ruiné par Louis XIV, une tour où s'encadre une horloge nous montre le chemin : elle surplombe la terrasse, étagée par de grands murs, auxquels se rattache une porte ogivale. Voilà tout ce qui représente ici, aux yeux du voyageur, les annales touffues du Barrois, les luttes, la gloire militaire et la diplomatie habile de ce petit État que, pendant des siècles, ses maîtres, batailleurs, querelleurs, intrigants, ont su maintenir indépendant entre les convoitises de l'Allemagne et de la France. Combien de hauts faits obscurs se sont passés sur ce petit coin de terre maintenant si tranquille! Combien de grandes prises d'armes ignorées, combien de graves traités secrets, parfaitement oubliés! Combien aussi de sièges et de misères! En 1589, les reitres protestants du palatin Casimir l'ayant emporté d'assaut s'y comportèrent en furieux: Et, pendant la Fronde, ce fut, entre les effrayants Lorrains de Charles IV et les troupes mercenaires de Turenne, qui se le disputaient, une abominable rivalité de meurtres et d'exactions!

BAR-LE-DUC — TOUR DE L'HORLOGE

Il y eut cependant, dans la ville seigneuriale, des jours prospères, des jours brillants, si l'on en juge par les nombreuses demeures aux toits plats, aux fenêtres géminées, aux frises délicates, que la Renaissance lui a construits dans un style singulier, et qui semblent, closes et silencieuses, hantées par des fantômes d'aïeux armoriés. Parmi ces logis d'autrefois, comme un mausolée dans une nécropole, l'église Saint-Étienne renferme la sépulture des anciens seigneurs du Barrois, et l'étrange tombeau élevé « à René de Châlons, prince d'Orange, tué en 1544 au siège de Saint-Dizier, par son épouse Louise de Lorraine, sœur de François Ier, en mémoire et comme symbole de son amour ». Imaginez, debout sur un sarcophage de marbre noir, un squelette en marbre blanc dont les os accrochent et traînent des lambeaux de linceul ; cette carcasse hautaine s'adosse à un manteau d'hermine blasonné ; son casque et son armet sont à ses pieds, des attributs de mort et de chevalerie se mêlent autour de lui. Bien qu'à son ventre bâille un horrible trou rappelant la blessure mortelle reçue à Saint-Dizier, il lève la main droite dans un geste théâtral de commandement ou d'exhortation..... Ligier Richier, élève de Michel-Ange, *sculpsit*. — Les noms de Marie de Bourgogne, fille de Robert II, épouse d'Edouard Ier, petit-fils de saint Louis ; du comte Henri IV et de Yolande de Flandre ; du duc Antoine mort en 1544, sont gravés en or au-dessous de cette image fantastique et réaliste et disent où sont les cendres des seigneurs de Bar.

La ville morte, dont le squelette de Ligier Richier est comme l'emblème, n'avait-elle pas encore en 1789 une aristocratie exerçant des prérogatives oppressives, des privilèges humiliants pour le tiers état ? Nous le croirions volontiers, car la Révolution y fut accueillie avec un enthousiasme mémorable. Ce pays, qui n'était entièrement français que depuis 1766, mit à défendre la France un élan superbe. Deux volontaires de cette époque, Joseph-Isidore Exelmans, Charles-Nicolas Oudinot ont rempli de leur gloire la ville basse, la ville démocratique. Tous les deux sans doute lui sont chers, mais comment n'aurait-elle pas en vénération la mémoire d'Oudinot, qui lui a légué le jardin ombreux et parfumé où les foules entendent la musique militaire, où jouent les enfants et où se reposent les vieillards, en devisant des belles actions du héros? Aussi n'est-on pas surpris de voir au milieu de ses paisibles fabriques de bonneterie, de corsets sans couture, de teinture andrinople et de confitures de groseilles blanches, se dresser la statue de bronze, la statue martiale de l'humble enfant de Bar, maréchal de France, duc de Reggio!

Pour jouir plus longtemps des agréments d'une campagne accidentée, remontons le cours de l'Ornain; des bois coupés s'empilent le long de ses rives et contre la voie du chemin de fer : par delà, moutonnent, noires, les forêts d'où ils proviennent; des ruisseaux coulent en bruissant sous les feuillées, de brillantes chutes d'eau, pareilles à des cascatelles de lumière, animent des scieries, des moulins; de gentils villages rouges et blancs s'étalent dans la plaine vaste, ou se nichent à l'ombre des hêtres et des charmes; tout vous annonce la voisine région de la Meuse. Arrêtons presque à sa limite, à Ligny en Barrois, oh! un instant seulement, car la route que nous avons à parcourir ensemble est longue encore.

C'est une petite ville intéressante, florissante, ce Ligny; depuis nous ne savons plus quel millésime du moyen âge jusqu'en 1719, elle appartenait aux seigneurs suzerains du Luxembourg, qui la regardaient justement comme un des plus beaux fleurons de leur couronne princière. Une grosse tour ronde, et, dans l'église, le tombeau solennel de saint Pierre de Luxembourg rappellent cette domination que fit cesser à prix d'or le duc de Lorraine Léopold. Mais le château-fort des anciens maîtres, des Lusignan-Luxembourg, a disparu. Oui, disparu, en dépit de leur toute-puissante protectrice, la fée Mélusine, laquelle, nul ne l'ignore, étant de leur maison, habitait parmi eux et les protégeait, en toute occurrence, par ses occultes divinations et magies redoutables. Peut-être d'aveugles amants du merveilleux chercheront si elle ne se cache pas dans les ruines du mont Liban, d'où elle surveillait Ligny et ses lointains environs. Les gens positifs gagneront, à imiter ces rêveurs, le plaisir de revoir Bar-le-Duc distant de quatre lieues, et dans un pli de terrain, les forges de Naix, célèbres jadis; il y a des centaines d'années, quand il était une importante cité romaine appelée Nasium.

... Maintenant, résignons-nous; que le train nous conduise en Champagne Pouilleuse, qu'il dévore à toute vapeur les plaines mornes! Mais, non, qu'il marche plutôt lentement. N'allons pas sacrifier à la peur de l'ennui l'intérêt du voyage! Ce vieux pays si français a de quoi nous attacher et nous émouvoir; ce désert a des oasis.

D'ailleurs, l'indifférence à son égard, serait-ce pas de l'ingratitude? Si, en maints endroits, il nous apparaît si pauvre et dénué, sans liens visibles avec le Passé, sans aucune œuvre d'art, n'est-ce pas à son dévouement à la patrie qu'il doit ce malheur? N'est-il pas, depuis Attila, le champ de bataille de la France? Toutes

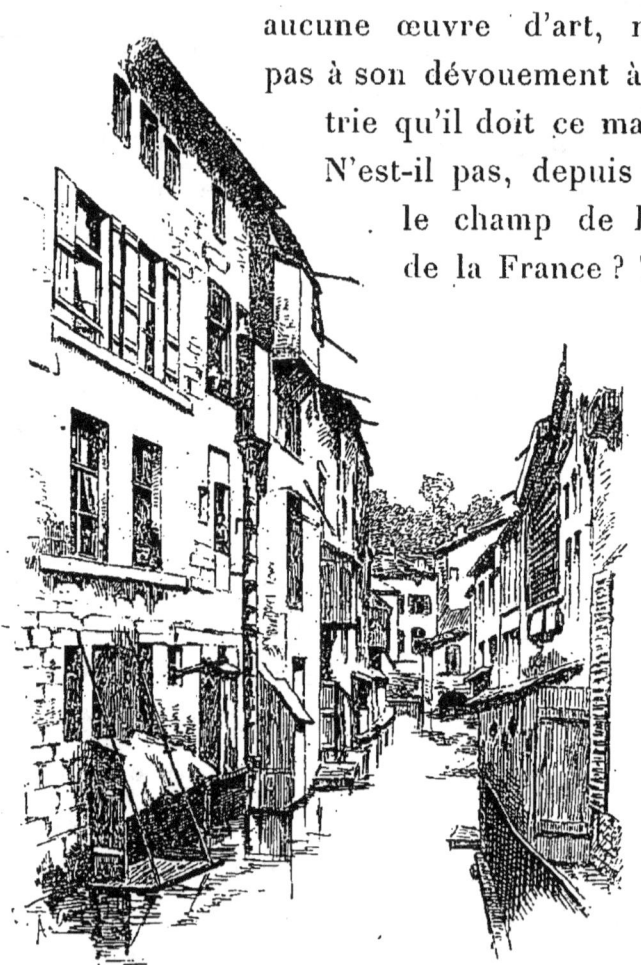

VILLE BASSE A BAR-LE-DUC

les armées de l'Europe ont rencontré les nôtres dans ses champs poudreux. Les envahisseurs germains, russes, autrichiens, anglais, ont pillé et brûlé ses villes, ses villages fidèles. Et, survivant à d'incroyables désastres, il est toujours prêt à nous défendre, prêt aux luttes suprêmes.

Voulez-vous deux preuves éloquentes de la vieille misère et de la vitalité permanente de la Champagne? Lisez d'abord cette phrase d'une belle ordonnance de Louis XIV, ou plutôt de Colbert, qui la dépeint « désolée par la longueur des guerres, les passages des troupes, le séjour des armées, les prises et reprises d'assaut des villes d'icelle et de la frontière, et autres désordres, qui, en causant la ruine des bâtiments de presque tous les villages, avaient fait déserter ceux-ci et laisser les terres en friches, sans culture ». Et ensuite ce passage de l'historien champenois Oudart-Coquereau, écrit après la Fronde : « Le peuple a vécu icy en grande seureté, et dans nostre province on porte partout la bourse à la main. Le villageois est en repos, excepté — effet des abus — que le seil est extrêmement cher et que le peuple est fort foulé dans les villages par la subsistance des soldats du quartier d'hiver. Quand ils sont paiez sans retard, ce bon ordre vient du bon intendant. » Hélas! peu d'années plus tard, au bout des conquêtes, des triomphes du grand roi, l'intendant Larcher de nouveau crie misère, note des signes évidents de colère et de révolte chez les paysans, et le nombre considérable et croissant des mendiants de grands chemins. Mêmes causes, mêmes effets!

...Vitry-le-François! Vitry-le-Brûlé! Ponthion!... Voilà

des témoins irrécusables de ces vicissitudes. Le premier, vu de la gare, se présente agréablement dans l'enlacement lumineux de la Marne, de l'Ornain, et du canal du Rhin à la Marne, au sein d'un buisson d'arbres que dépassent les deux tours de son église. Ce n'est pourtant pas une ville champêtre, idyllique; mais une cité forte, dans une enceinte flanquée de huit bastions et munie de quatre portes à pont-levis, par lesquelles il faut absolument passer, si l'on y veut entrer. En cas de guerre, ses bergers seraient des artilleurs, dont les houlettes seraient des boutefeux, et les pipeaux les admirables canons muselés luisant sous l'herbe des glacis.

Telle l'a voulue le royal fondateur qui lui a donné son nom, ses armes « *d'azur à deux F.F. couronnées d'or mises en chef, et une salamandre d'or sur un brazier, la tête tournée derrière, couronnée et flamboyante de gueules* », et sa devise : *Nutrisco et extinguo.*

On sait dans quelles circonstances étranges et palpitantes. C'était en 1541. Charles-Quint venait de réduire en cendres Vitry en Perthois, inutilement défendu par le comte de Brissac, et déjà brûlé deux ou trois fois. François Ier décida aussitôt de le rebâtir, mais, superstition ou sagesse, il veut que la ville nouvelle s'établisse à une lieue de la ville détruite, au village de Moncourt. Vainement les habitants désolés protestent contre ce caprice despotique ; ils tiennent à leurs ruines fumantes, à leurs champs ravagés : le roi est inflexible. Ils doivent obéir, transporter avec eux tout ce que la guerre leur a laissé, jusqu'aux pierres intactes de leurs maisons, qui deviennent les matériaux de Vitry-le-François. Au reste, le prince, ami des arts, fait bien les choses; par ses ordres, l'architecte bolonais Gerolamo Marini trace un plan de ville extrêmement correct, véritable symbole de la monarchie absolue : au centre est une place de quatre arpents, de cette place partent quatre rues principales qui limitent quatre quartiers dans lesquels on entre par quatre portes, secondées par quatre poternes. N'est-ce pas simple et grand ? Exécuté à la lettre, le plan de Jérôme Marini comprend toujours la ville moderne, et si Vitry-le-François diffère un peu du Vitry de François Ier, c'est par des fortifications plus compliquées, plus imposantes, de solides maisons de pierres substituées aux combustibles maisons de bois, et tous les avantages constitutionnels d'un chef-lieu d'arrondissement distingué : sous-préfecture, bibliothèque, musée... La statue du grand orateur libéral Royer-Collard, né aux environs, à Sompuis, décore la place de quatre arpents.

Cependant quelques centaines d'âmes paysannes continuent d'habiter l'ombre de Vitry en Perthois, Vitry-le-Brûlé, dont les destins sont accomplis. Ce qu'il fut, rien ou presque rien ne pourra vous le dire; il ne reste pas pierre sur pierre de la cité gallo-romaine, dont les fouilles ont mis à jour des tombeaux, des médailles et des inscriptions; pas pierre sur pierre du castrum de

Syagrius, où le fils naturel de Clovis, Médéric, fut égorgé par son oncle Thierry d'Austrasie ; pas pierre sur pierre, non plus, du château-fort des comtes de Champagne, assiégé et pris en 1144 par Louis VII, le dément, le sauvage incendiaire de l'église où, selon d'atroces récits, treize cents vieillards, femmes, enfants, qui s'y étaient réfugiés, fuyant l'ennemi et le feu, furent jusqu'au dernier consumés dans un immense brasier,

CATHÉDRALE DE CHALONS-SUR-MARNE

plein de prières suppliantes et de clameurs d'agonie.

Tout cela est effacé, ainsi que dans le voisinage le palais carlovingien de Ponthion, où Pépin le Bref reçut le pape Etienne II, où Louis le Germanique fut proclamé roi en 858, où les évêques réunis en conseil décernèrent en 866 la couronne à Charles le Chauve.

Trois siècles après l'effroyable événement de 1148 — dont s'épouvanta le cruel moyen âge — en 1420, les flammes de la guerre de Cent ans dévoraient encore la ville réédifiée... La vieille église gothique a vu ces désastres qui l'ont mutilée, et les a vus pareillement la croix de pierre sculptée de la place du bourg, dont toutes les faces portent les figures, jadis populaires, des rois, des comtes et des saints, protecteurs de Vitry. Cette croix, élevée au quatorzième siècle, commémore, dit-on, un étrange massacre des juifs. Beaucoup de ces nomades habitaient la ville ; on les accusa d'avoir tenté de corrompre les eaux en engageant les lépreux à s'y baigner, et la foule excitée en tua un grand nombre. Quarante seulement, réservés pour le bûcher, furent mis en prison ; là, ayant résolu de périr, ils se désignèrent par le sort au bourreau commun. Un vieillard fut chargé d'égorger ses frères en Israël ; il s'adjoignit un jeune homme, et mourut l'avant-dernier des mains de son compagnon. Mais celui-ci voulut vivre, espéra s'évader, dépouilla les cadavres de leur argent et de leurs bijoux, franchit une fenêtre, se laissa glisser contre les murs. Alourdi par son butin, il tomba, se cassa la jambe ; on accourut à ses cris, on le brûla publiquement... La croix singulière expiait-elle ces violences ? Était-ce un hommage aux stoïques victimes ? Était-ce l'opposé ? La chronique n'en dit mot.

... Châlons-sur-Marne nous semble moins éprouvé. Les invasions lamentables l'ont menacé sans l'atteindre. L'histoire se hasarde à placer dans ses environs les fameux champs de bataille où l'empereur gaulois Tétricus rencontra l'empereur romain Aurélius, et lui livra la victoire ; où deux siècles plus tard la Gaule guerrière, romaine, franque, burgonde, visigothe, unie sous Aétius pour le salut de l'Occident aryen contre la barbarie tourannienne, soutint bravement le choc des innombrables Huns d'Attila, les repoussa loin des Gaules. Pendant la guerre de Cent ans, les Anglais l'ont assiégé plusieurs fois et ne l'ont pas pris, et pendant les guerres du seizième siècle, étant catholique, mais point ligueux, sage, non passionné, il s'épargna toute mésaventure.

A cette preuve de finesse politique, plus d'un s'émerveillera, car ce n'est pas d'esprit précisément que l'on taxe la bonne ville. Plutôt est-ce, à dire de malins faiseurs de quolibets, farces et proverbes satyriques, un séjour élu de naïveté, crédulité, fadaise et jobarderie, où l'on fait accroire et gober toutes les bourdes, superstitions et inventions saugrenues. Sur quel point de France, hormis Brives ou Pontoise, s'est exercée davantage la verve des joyeux comiques ? Jadis, il n'y avait nulle part, même à Quimper-Corentin, plastron plus commode à brocards, facéties et goguenardises qu'un champenois de Châlons, prétexte à chansons, cible à nazardes, sujet de vaudeville ! Or, les plaisants se trompent, Châlons est ville avisée. Et la simplicité, qui n'est pas bêtise, mais souvent honnêteté, la naïveté qui n'est pas stupidité, mais quelquefois génie et fit jadis le charme exquis de nos poètes et conteurs, ce sont qualités généralement champenoises ainsi que l'avoue le vieux poète du cru Eustache Deschamps, en ce rondel d'une observation si juste :

> Veux-tu la congnoissance avoir
> Des champenois et leur nature ?
> Plaines gens sont, sans decepvoir
> Qui ayment justice et droicture.
> Nulz d'eulx grants estat ne procure
> Et ne peuvent souffrir dangier.
> S'ils ont à boire et à mangier
> Contents sont de vivre en franchise
> Et ne se sçavent avancier.
> Toutes gents n'ont pas ceste guise.
>
> Bien veulent faire leur devoir
> Envers chacune créature,
> Servir sans nellui decepvoir
> Tous ceulx qui ne leur font injure.
> Mais qui mal leur fait, je vous jure
> Qu'ils veulent leurs forfaicts vengier,
> Soient séculier ou d'église,
> Sans la riote commencier :
> Toutes gents n'ont pas ceste guise.

Ainsi, droiture, simplicité, fidélité, justice, courage, distinguent le caractère champenois ; ces qualités ne sont pas ridicules, elles ennoblissent la pauvreté, et cette parure morale est bien nécessaire à Châlons, qui n'en possède point d'autre.

C'est une plate et poudreuse cité, ou plutôt, ce n'est qu'une place forte, le chef-lieu de la 4ᵉ division militaire, un camp d'avant-garde, dédaigneux de plaire. En 1870 ce camp, étendu jusqu'aux immenses plaines de

Mourmelon, renfermait la dernière solide armée, l'espoir unanime de la patrie, que la journée de Sedan devait anéantir.

Un seul quartier offre quelque intérêt; celui qui rassemble les gothiques églises Notre-Dame et Saint-Alpin,

ÉCOLE DES ARTS ET MÉTIERS A CHALONS

le fastueux hôtel de ville, construit au dix-huitième siècle, et le marché aux basses galeries de bois, digne du moyen âge. De ce quartier central rayonnent vers l'enceinte gauloise, bordée de casernes et de bouges, des rues de faubourg, longues, droites, banales; l'une d'elles aboutit à la porte Sainte-Croix, monument gallo-romain daté de l'an 185 et réparé en 1770. La Marne qui, depuis 1770, coule à 200 mètres de l'enceinte, mais que traversent vingt-deux ponts, et le canal tracé dans l'ancien lit de la rivière, rafraîchissent la ville sèche; la promenade du Jard où saint Bernard, du haut d'une pierre de taille, prêcha la quatrième croisade, donne à ses fêtes patronales et civiques l'ombre de ses grands arbres et la douceur de ses pelouses.

Des vitraux des treizième et seizième siècles, des tableaux attribués aux maîtres : Le Bassan, Albert Dürer, le Primatice, Simon Vouet, Philippe de Champaigne, Louis Boullongne, décorent les cinq églises paroissiales : Saint-Jean, Saint-Loup, Saint-Alpin, Notre-Dame, Saint-Étienne. Ample vaisseau roman-ogival d'où s'élèvent deux tours puissantes surmontées de flèches hardies, Notre-Dame apparaît comme le plus vénérable sanctuaire de Châlons : de bien loin, aux plaines d'alentour, elle attire les regards, et les vieux graveurs d'estampes pressaient humblement la ville contre sa glorieuse stature. Néanmoins elle n'est pas cathédrale : les évêques de Châlons, héritiers des historiques prélats qui la gouvernèrent durant tant d'années, avec le titre de comtes, et qui, pairs de France, assistaient au sacre des rois dont ils portaient l'anneau, officient au somptueux Saint-Étienne. Mais les pieux affligés, quémandeurs de faveurs célestes, vont de préférence à la chapelle Sainte-Prudentienne où, chaque année, abondent les offrandes de cinquante mille pèlerins, et encore, dans les environs, à la belle église Notre-Dame-de-Lépine, célèbre depuis 1459.

Châlons compte plus de vingt-trois mille habitants ; sa population s'est accrue depuis la guerre. De nombreux ouvriers s'y emploient à l'industrie des vins de Champagne, qui loge trois millions de bouteilles dans six kilomètres de caves immenses ; dans les fonderies de fer et de cuivre; les anciennes verreries, les tanneries, les fabriques de papiers peints, de chaussures, de pompes, les carrières. Les trois cents élèves de l'École d'arts et métiers, que l'ordonnance royale du 23 septembre 1832 y a établie, ont de quoi s'y instruire d'exemple. Ces jeunes gens, boursiers ou pensionnaires, mettent trois ans d'études à devenir des ouvriers-modèles, de futurs chefs d'atelier-types ; ont-ils à se féliciter des résultats de cette éducation spéciale ? Leur carrière en est-elle meilleure et plus assurée ? Éloignés du prolétariat, se rapprochent-ils du patronat ? A ces questions nous voulons répondre un mot, sage peut-être, peut-être dénué d'égoïsme, que nous avons surpris sur les lèvres de plus d'un industriel de la région : « Nous n'avons pas besoin d'état-major ! » Et nous réfléchissions : Si les capacités sont ainsi récusées, déclarées superflues, encombrantes par ceux qui doivent s'en servir, est-ce que ceux qui les ont acquises à prix de travail et d'argent, qui en cherchent l'emploi et qui en attendent la rémunération, ne sont pas déjà lésés, déçus, jetés de vive force parmi les déclassés ?...

Reprenons notre chemin.

Des plaines, encore des plaines crayeuses, parsemées de jachères ou de verdures poussives, se déroulent à perte de vue au nord-est de Châlons, jusqu'à Sainte-Menehould. Çà et là des semis de pins de Norvège, des bois de baliveaux fraîchement plantés, engraisseront le sol rétif. En certains endroits, l'humus végétal déjà formé se prête à la culture des céréales, des betteraves. Moins de terres blanches que naguère réfractent les rayons du soleil. Mais l'ensemble dégage l'écrasante monotonie des pays plats et pauvres, où l'on a peur de rester.

L'armée, quelquefois, donne à ces mornes champs catalauniens le mouvement, le tumulte, la gaieté, l'intérêt des grandes manœuvres. Ils se couvrent alors de tentes, de baraquements, de cantines, de drapeaux. Leur immensité presque vide convient aux évolutions militaires, ils semblent prédestinés aux batailles réelles ou simulées. De faibles éminences se prêtent à l'installation des batteries, les tirailleurs s'embusquent à l'orée des bois frêles. Par milliers les fantassins et les cavaliers opèrent sans heurts dans l'espace sans obstacles les marches prescrites. Si les uns attaquent vivement, les autres défendent avec ardeur les villages désignés : Saint-Hilaire ou La Veuve, Souppes ou Sept-Saulx. On assiège et l'on prend Cuperly. La montagne de Reims abordée à la baïonnette riposte par des volées d'artillerie. Les pantalons rouges bivouaquent dans cette vaste plaine de Cheppe où les Huns, selon de savantes conjectures, avaient entouré leurs chariots, leurs familles, leur butin, de fossés qui subsistent sur trois côtés, profonds de 6 à 7 mètres, larges de 25... Des vivats saluent les assauts, des chants entraînent les marches. Le sentiment du devoir, l'instinct de l'avenir, allègent les fatigues, étouffent les plaintes. Beau spectacle, tant d'hommes alertes, multicolores, agiles comme des flammes, sous la rayonnante lumière, dans la poudre brillante des chemins, s'exerçant à la victoire! Oui, très beau, pour qui de loin et de haut

PYRAMIDE DE VALMY

le contemple. Mais bienheureux le troupier, vaincu ou vainqueur — cela ne dépend pas de lui, — dès qu'il se repose dans une auberge, une guinguette ou même un hôtel de Mourmelon-le-Grand. Là, ne manquent ni vins, ni bière, ni cafés, ni le reste. Mourmelon est un gros village, créé par le soldat, adopté par le civil, siège permanent d'exercices belliqueux, école et stand de tir, de gymnase, de vélocipède...

Plus on avance, plus s'accentue la tristesse du pays, mais les souvenirs qu'il évoque atténuent sa laideur; on le regarde avec les yeux de l'esprit. Entendrez-vous, sans émotion, le conducteur du train annoncer : Valmy! Valmy! L'entendrez-vous sans répéter cette parole de Gœthe, prononcée en ce lieu même le 20 septembre 1792 : « De ce lieu et de ce jour date une nouvelle ère dans l'histoire du monde! » Le village, fidèle à sa gloire, n'a point changé depuis ce jour mémorable. Une centaine de maisons de bois que domine à peine une vieille église, c'est lui. Deux collines à ses côtés s'élèvent, le mont d'Orbeval, le mont d'Yvon. L'armée de Dumouriez et de Kellermann s'appuyait à l'une d'elles, le dos tourné à la rivière de l'Aisne, face à la France qu'il fallait sauver, face également à l'ennemi, qu'il fallait vaincre. La défaite, c'est la retraite coupée, la route de Paris ouverte aux Prussiens, la Patrie soumise à la coalition étrangère, 1789 anéanti... « Un bruit singulier, qu'on dirait composé du bourdonnement de la toupie, du murmure des ondes et du sifflement des oiseaux », la canonnade ennemie sonne le combat. Et nos soldats, jeunes et vieux, réguliers et volontaires, s'ébranlent, courent aux vétérans de Brunswick, de Clairfayt, clament : Vive la Nation! vive la Liberté! Et ces hurrahs bizarres, cet élan imprévu, fiévreux, sacré, stupéfient le duc au Manifeste, et le lendemain, bien que la journée soit demeurée indécise, il conseille à son maître, le roi de Prusse... quoi?... de marcher en avant? Non, de reculer hâtivement vers ses États.

Une simple colonne marquant le cimetière où sont inhumés les héros de Valmy rappelle la première victoire de la Liberté !

Dumouriez campait à Sainte-Menehould, ville ouverte, mais ville guerrière. Oh! ne souriez pas! D'avoir inventé un plat cher aux gourmands, cela n'empêche pas d'être brave et patriote. Nous lisons, sur la devanture d'une hôtellerie appétissante : « A la renommée des pieds de cochon! », mais aux angles des rues les noms consolants : Austerlitz, Chanzy, Wagram, Valmy. On a du cœur au ventre à Sainte-Menehould!... Demandez aux Allemands! C'est tout près, à Passavant, qu'affolés par la résistance légitime des paysans unis aux francs-tireurs, aux mobiles, ils massacrèrent des blessés recueillis par humanité, les femmes hospitalières à ces malheureux, des vieillards, des enfants...

La ville est fort ancienne. On l'appelait jadis Château-sur-Aisne ; son nom de Sainte-Menehould lui vient, suivant une légende très vraisemblable, de « très haute et bienfaisante dame » Munehilde, qui le secourut pendant une épidémie de fièvres paludéennes. Cela se passait dans le haut moyen âge. Depuis, elle eut à subir d'affreuses calamités : cinq assauts livrés par les réformés à ses murailles en 1562, les luttes égoïstes des princes soulevés en 1610, en 1652... Il paraît surprenant que de si grandes et si fréquentes misères ne l'aient pas détruite, mais sans cesse avivé par le danger, présent ou menaçant le courage des villes frontières n'est que plus énergique. Elles vivent dans le feu, sous le feu, comme dans leur élément naturel. En 1719, un incendie fit ce que la guerre n'avait pas fait : le vieux Sainte-Menehould brûla, à l'exception de quelques masures en bois, encore éparses sur la colline, et dont l'excessive fragilité explique le sinistre. On l'a rebâti spacieusement, son hôtel de ville presque monumental porte la couronne royale et la date 1730. Remarquez, dans la rue de la Gare, une grosse maison d'où les mots : *Maison de poste*, ne sont pas effacés ; la gendarmerie l'occupe à cause des écuries. Le maître de cette maison de poste était, le 16 juin 1791, M. Drouet, le futur conventionnel, dont la perspicacité fut si redoutable à Louis XVI.

... Sainte-Menehould, Clermont-en-Argonne, Varennes, autant d'étapes du triste voyage de 1791, autant de stations sur le funèbre chemin de croix que la famille royale, hormis la future duchesse d'Angoulême, devait suivre jusqu'au bout, jusqu'au martyre.

Cette lamentable odyssée n'est pas oubliée : des paysans vous la raconteront dans ses moindres détails. Ils vous diront, d'après les traditions du village, les propos des veillées, comment, par quel enchaînement d'infinis et merveilleux incidents, de contre-temps étranges, d'imprudences inévitables et futiles, sans trahison, sans fautes graves et malgré toutes les sages prévisions, les projets du roi avortèrent misérablement. Et vous croirez, en les écoutant, voir sur la route de Clermont à Varennes l'ornière creusée dans la glaise par la lourde berline que l'invisible Fatalité conduisait, et dont chaque tour de roue rapprochait les fugitifs de la prison du Temple, de l'échafaud de la Place de la Révolution.

Cette route, frayée à travers les montagnes de l'Argonne, s'impose encore au touriste. Il passe au célèbre défilé des Islettes, comme il passera, bientôt, dans les autres « Thermopyles de la France », à Grandpré, à la Croix-aux-Bois, au Chêne-Populeux. Il franchit l'Aisne à Sainte-Menehould, l'Aire à Clermont, et il remonte cette rivière, sinuant à pleins bords dans une vallée étroite, jadis assombrie par des forêts demi-sauvages, aujourd'hui moins boisée et plus triste, chauve. Le paysage qui se déploie devant lui est d'une mélancolie pénétrante. Sous le pâle rideau des bouleaux trapus et des saules nains des marais

CROIX A RETHEL

évaporent des miasmes pernicieux. Au loin, des deux côtés, s'ouvrent les profondeurs bleues des gorges. Villages, hameaux, adossent aux collines où étalent dans la plaine des maisons en planches, toutes noires, pareilles à des baraquements nomades, à des cabanes de pêcheurs des rives du Volga.

Varennes est double : l'Aire le partage en ville haute et ville basse. La chaussée, que prolongent une voûte, puis un pont, joint la première à la seconde. C'est sous la voûte que la berline royale fut arrêtée par Drouet, que les chevaux se cabrèrent sous la pointe des fourches paysannes, que l'épicier procureur Sausse projeta sa lanterne soupçonneuse sur le visage de Louis XVI, qu'un roi, une reine de France, personnages augustes, presque divins, entendirent un des plus obscurs sujets de leur royaume, l'épicier démagogue Sausse, érigé « en procureur de sa commune », les sommer de descendre et d'entrer chez lui, Sausse, et de s'y asseoir, entre des caisses de chandelles et des barils de pruneaux, et de s'y exposer aux viles familiarités, aux curiosités salissantes, aux lâches menaces que la foule réserve à ses maîtres déchus. L'épicerie de M. et madame Sausse existe encore, précieux monument de l'Égalité, inestimable témoin des « justes retours des choses d'ici bas ».

.... Grandpré, Menthois, Vouziers, Attigny... Les monts de l'Ardenne ont succédé à ceux de l'Argonne. Plus vaste, plus riche se développe la campagne. Où le sol est marécageux, les oseraies avides d'humidité étendent leurs claires feuillées, frissonnantes à la caresse des brises. Les senteurs aromales des forêts descendent vers les champs, les parfument. Des rapaces planent sur les collines brunes, d'où les fauves, leurs frères, ne sont pas complètement exilés. Aux cabanes en lattis se mêlent les solides maisons de pierres dont les toits en tuiles semblent, au milieu des jardins, des coquelicots épanouis. Le travail répand l'aisance dans ces demeures. A Vouziers, on forge le fer, on tisse le lin, on tresse avec l'osier les multiples articles de la vannerie.

Dans Attigny, on fabrique les biscuits de Reims, et c'est l'unique curiosité de l'illustre Attiniacum, où résidèrent les mérovingiens de Neustrie, ces grands chasseurs de l'Ardenne, où le Saxon Witikind fut baptisé, en 786, en présence même de Charlemagne, où, aussi, en 822, un concile d'évêques osa infliger à l'empereur Louis le Débonnaire une pénitence publique. Palais de rois, palais d'empereur, tout a disparu. Quoi d'étonnant ? ces constructions souveraines, on le sait, étaient de bois, comme aujourd'hui les cabanes des paysans.

Mais, si l'antiquaire perdrait son temps et sa science à chercher les traces de ce passé dramatique, peut-être l'observateur, à ne considérer que l'immobile décor des choses et que les descendants des générations éteintes, en évoquerait-il facilement l'image. Le peuple des Ardennes conserve, à peine altéré, le pur type frank. Rappelez-vous les personnages représentés aux portails, aux vitraux des églises, dans les miniatures des missels, les tableaux de Luminais ou les figures de Bénédict-Masson. Les voici devant vous, en chair et en os : les hommes de haute taille, blonds, aux longues moustaches pendantes, aux yeux bleus; les femmes, plus expressives encore, grandes aussi, le visage osseux, le front bombé, les pommettes saillantes, la bouche grande, les yeux ombrés d'épais sourcils volontaires, le teint blanc sous la chevelure blond-filasse. N'est-ce pas ainsi que nous nous figurons les Clotilde, les Frédégonde?

Rethel, dans l'histoire de ce peuple, joua un rôle prépondérant. Le *castrum retectium*, bâti sur la hauteur où sont encore ses plus anciennes habitations, mais où conduit maintenant une élégante avenue, la défendait du troisième au sixième siècle contre les invasions barbares. Clovis en confia la garde à l'un de ses leudes; seigneurie indépendante, à dater du treizième siècle, il passa tour à tour dans les maisons de Flandre, de Bourgogne, de Clèves, de Gonzague. En 1581, un Charles de Gonzague, déjà duc de Nevers, devint également duc de Rethel. Et c'est pourquoi, Mazarin ayant acheté leurs fiefs français aux Gonzague italiens, Rethel prit, en 1659, le nom de Rethel-Mazarin, qu'il a gardé jusqu'à la Révolution. Il n'appartenait pas encore au cardinal détesté, quand la Fronde des princes le vint désoler, et ce n'est pas en haine du premier ministre que

Turenne s'y battit contre les troupes royales de Duplessis-Praslin, en 1650, et Condé en 1652 et en 1655.

De nos jours, plus de châteaux-forts, plus d'enceinte militaire à Rethel, mais des fabriques florissantes de tissus de mérinos, de cachemires, de flanelles, de napolitaines. L'Aisne et le canal latéral en favorisent l'industrie. Un long et large parc traverse, assainit les quartiers ouvriers, qui ne paraissent pas malheureux. En la ville haute, toute bourgeoise, de vénérables et curieuses maisons, flanquées de tours, ou singulièrement chevronnées, portant à leur façade deux étages d'encorbellements aux figures grimaçantes, survivent à la vieille cité aristocratique. Dernier écho d'antan : on lit, à l'entrée de l'église, gravé en lettres d'or sur marbre blanc : « Icy, le 24 août 1659, le roi Louis XIV et la reine Anne d'Autriche sa mère, ont tenu sur les fonts baptismaux, Louis, fils de Jacques de Metayer, et de Charlotte Watelet. »

A deux lieues de Rethel, l'Aisne creuse l'île où s'encadre Château-Porcien, également ville noble jadis, voire principauté. Une grosse tour, quelques pans de murailles, entés sur roc, en prouvent l'importance féodale. Mais le bourg moderne appartient au groupe manufacturier, dont Reims est la cité maîtresse, la métropole séculaire. Des filatures de laine, des fabriques de serges, d'étamines, de casimirs y font depuis belle lurette oublier les comtes d'autrefois.

Là doit finir notre excursion dans les Ardennes. Le train nous ramène vers l'ouest; de nouveau les plaines s'espacent, indéfinies, tachetées de végétations naines, clair-semées de sapinières. De l'horizon se dégage peu à peu, en blancheur de plus en plus ferme, la craie féconde de la montagne de Reims, aux vins joyeux !

CHAPITRE VII

AU PAYS DES VINS JOYEUX

> Je suis Rheims, don les fondements
> Ont pris leurs vrays commencements
> Quand Ilion fut mise en proye ;
> Et Reims me donna son nom,
> Au temps que la ville de Troye,
> Perdit son lustre et son renom.

Ainsi rime, au-dessous d'une expressive estampe du seizième siècle : « *Le Pourtraict de la ville, cité et université de Reims* », messire René de la Chèze, rémois. Pour expliquer l'origine de sa ville natale, le brave homme adopte tout simplement la fabuleuse étymologie, inventée par nos trouvères, chantée par Ronsard, d'après laquelle la « nation françoise » aurait pour fondateur le prince troyen Francus, fils d'Hector. Qui ne connaît cette légende inspirée de l'Énéide, célébrée, commentée si souvent par les artistes du moyen âge, dans leurs sculptures, leurs enluminures, leurs tapisseries : Francus venu en Gaule avec les fugitifs troyens, y

ARMES DE REIMS

épousa la fille du roi Remus, et son oncle et compagnon d'aventures Pâris, le beau et fatal Pâris, également fit un brillant mariage, et tout naturellement fonda... Paris!

Mais Remus rappelle Rome, René de la Chèze y songe, et il ajoute avec un amusant orgueil :

> Si Rome entre ses vanités
> Vante un nombre d'antiquitez
> Dans moy l'huile antique j'enserre
> De qui l'urne pour oindre nos Roys
> Fut envoyé du ciel en terre
> Au plus sainct prélat des François.

C'est dire que la ville éternelle doit s'incliner devant la ville champenoise, car, avec tous ses avantages, elle ne possède pas la sainte ampoule, ce baume incomparable qui n'éprouva jamais aucune altération ni diminution, étant de nature divine, expressément apporté du ciel par le Saint-Esprit, sous la forme d'une colombe, ou par un ange, afin de servir au sacre des rois de France.

Fantaisie à part, Reims est cité ancienne, illustre, riche et florissante ; les Rémois modernes sont aussi fiers de lui appartenir que l'était leur aïeul, René de la Chèze, mais ils connaissent mieux son passé. Ils savent qu'elle fut, d'où son nom séculaire, la métropole des Belges-Rèmes, la Durocortorum estimée de Jules César pour son importance politique : désignée aux faveurs impériales, elle grandit, prospéra sous les Auguste, les Flaviens, les Antonins, de superbes monuments l'ornèrent; sept voies romaines s'y croisaient. Déjà elle commerçait grandement des vins récoltés sur son territoire : mais un malheur en advint : Domitien, craignant que la culture des vignes ne fît négliger les autres, celle du blé surtout, ordonna de les arracher entièrement. Tous les coteaux d'alentour restèrent dé-

REIMS — ARC DE TRIOMPHE ROMAIN

pouillés pendant près de deux cents ans, jusqu'au règne heureux et rapide de Probus, qui permit de les replanter. Louange à Probus : c'est grâce à lui, peut-être, que nous buvons encore quelquefois du vin joyeux, du vin de Champagne !

Est-ce une belle ville? sans doute, encore faut-il l'aborder de la bonne manière pour être séduit. Elle a double visage, l'un souriant, l'autre affligeant, des quartiers d'une réelle élégance, des faubourgs d'une affreuse misère. L'industrie lui crée des centaines de grosses fortunes et des milliers de détresses. Nombreux y sont les millionnaires, innombrables les pauvres. Ceux-ci ne vont-ils pas toujours où donne le travail, chercher la subsistance : papillons humains attirés, et brûlés par la flamme des machines ? L'assistance publique, la charité privée s'efforcent de pallier, calmer des souffrances que la difficulté des échanges, la concurrence étrangère, une invention brusquement appliquée, aigrissent parfois terriblement. Voilà l'ombre du glorieux Reims, la goutte d'amertume tombée au fond de sa coupe pétillante et dorée !

Mais les premiers regards du voyageur n'en découvrent que les beautés. Le parc, l'avenue de la Gare, les larges et longues rues suivantes ne lui laissent soupçonner aucune verrue. Il salue tout d'abord la statue de bronze élevée au plus célèbre, au plus typique des Rémois : Colbert, le parfait, l'inimitable ministre d'affaires, l'homme d'État marchand, négociant, manufacturier et financier, le bourgeois prudent, économe, intéressé et grave, le bureaucrate puissant et ponctuel, qui, propre aux petites comme aux grandes choses, traita celles-ci avec le même sérieux, le même amour des détails, la même patience victorieuse. Ces qualités si utiles, plus d'un industriel rémois les exerce dans la monarchie absolue de sa fabrique, de son usine, et leur doit sa fortune : elles caractérisent la race...

— Bonjour, Colbert!

Ce salut familier ne s'adressait pas, comme bien vous pensez, judicieux lecteur, au surintendant de Sa Majesté Louis quatorzième, mais à l'un de nos amis, citadin de Reims, venu au-devant de nous, et nous coudoyant sans nous voir. Commerçant par nécessité, érudit par goût, écrivain à ses heures, il nous avait offert de nous promener à travers la ville ; nous ne pouvions souhaiter un meilleur guide.

Après les premiers compliments :

— Si vous voulez, nous dit-il, nous procéderons par ordre didactique. Nous irons tout doucement des œuvres d'hier à celles d'aujourd'hui, de ce qui a été à ce qui est. Reims est pour vous un gros morceau, vous ne l'avaleriez pas d'une bouchée sans risquer une indigestion : j'entends vous le découper en friandes petites tranches, saupoudrées d'anecdotes, glacées d'aperçus, et vous le faire digérer aussi facilement qu'un de nos biscuits, trempé dans une flûte de la veuve Cliquot.

— Très bien.

— Vous acceptez ?

— Si j'accepte !

— Alors prenez mon bras. Et ne craignez pas que je vous récite un in-folio de bénédictin. L'histoire de Reims pourrait alimenter aisément, durant plusieurs mois, ou plusieurs années, le cours d'un professeur spécial ; on l'écrirait en dix volumes comme en un seul.

— Oui, on écouterait avec plaisir parler ces ouvrages, mais on ne les lirait guère.

— Vous avez raison. M. Renan l'a prédit : « On voit poindre un âge où l'homme n'attachera plus beaucoup d'intérêt à son passé. »

— Néanmoins le philosophe Renan continue de composer des livres d'éxégèse.

— Illogisme ordinaire aux esprits sentencieux. N'importe, croyez-vous que dans chaque cité ancienne et considérable une chaire d'histoire locale ne serait pas utile ?

— Peut-être.

— Qu'elle n'aviverait pas en nous tous l'amour du pays natal, l'intelligence de sa destinée, la reconnaissance due aux êtres qui l'ont habitée avant nous, pour leurs travaux et leur courage, dont nous recueillons les fruits ?

— Sans doute.

— Et qu'ainsi même, la Patrie, formée de tous ces pays divers, symbole de leur union indissoluble, expression de leurs communes espérances, ne serait mieux comprise et plus justement chérie ? C'est un grand mot, la patrie, un mot palpitant, mais le sens, chez plus d'un, en est encore un peu vague, obscur; bien défini, le sentiment qu'il remue en nous, serait-il pas plus sûr et plus puissant ?... Mais je prêche un converti. Bon, là, tournez à gauche, nous y sommes : voilà Reims antique, Reims aimé des empereurs Probus et Julien.

Nous étions devant la porte romaine de Mars. Huit colonnes d'un beau style découpent sur quatre faces de hautes arcades et supportent une archivolte fort majestueuse, bien qu'entamée par le temps. Trois arcades sont décorées de bas-reliefs, finement exécutés : la louve romaine allaitant Remus et Romulus ; Faustulus

REIMS — PORTAIL DE L'ÉGLISE SAINT-RÉMI

et Acca Laurentia ; Leda couchée et sur laquelle Eros descend du ciel, certaines figures emblématiques des mois.

A quatre cents pas de la porte de Mars quelques

fragments de gradins indiquent l'emplacement d'une arène... Il ne reste rien de plus de la ville gallo-romaine; préservée des barbares par l'habile résistance de Julien et du consul Jovinus, elle s'ouvrit enfin aux dévastations sucessives des Vandales, des Suèves, des Alains, des Burgondes, des Francs. Vainement les évêques, défenseurs de la cité, essayèrent d'arrêter les envahisseurs; l'un d'eux, Nicaise, fut massacré sur le seuil même de son église par ceux qu'il implorait. Plus heureux, saint Remi obtint de Clovis la restitution du vase précieux dérobé à sa basilique, et baptisa le « fier Sicambre ». De ce grand homme, dont l'épiscopat dura soixante-quatorze ans, date la suprématie de l'église de Reims; à l'importante cité romaine succéda l'influente cité religieuse et bourgeoise du moyen âge.

L'église Saint-Remi est ici le plus vieux monument du moyen âge : ses fondations sont probablement romaines, elle fut reconstruite du onzième au douzième siècle, mais en partie avec les pierres de la basilique où fut sacré Louis le Débonnaire. Encore aujourd'hui, au centre du vaste faubourg triste, qui s'étend de la porte Dieu-Lumière — quel nom ! — à la rue du Barbâtre, elle évoque étrangement ce temps si lointain de naïveté, de barbarie et de misère. L'imagination y recompose, dans les rues, jonchées de fleurs et de palmes, les équestres cortèges souverains, puis les processions prosternées et geigneuses de pauvres, d'estropiés, de malingreux, implorant l'aumône royale, d'écrouelleux espérant de l'oint du Seigneur la guérison promise, tous criant : Noël! Noël! aux libéralités du prince. Des tables chargées de viandes sont dressées dans la vaste enceinte de l'abbaye et sur les places publiques; des fontaines, à côté, laissent couler le vin ou la cervoise; en ces jours bénis le peuple boit et mange à satiété. Il s'amuse aussi : à la lueur des torches de résine, des bateleurs font pour lui plaire des sauts et des tours ; des musiciens lui jouent des airs de danse et des chansons. On dirait que les haillonneux, les va-nu-pieds du faubourg attendent encore pareille aubaine : leurs ancêtres n'avaient pas assurément l'air plus minable, et ne logeaient pas en réduits plus humides, plus dénués et plus sombres.

Immense, nue, trouée, gercée, emplie d'une aigre odeur d'abandon, mais extrêmement curieuse, Saint-Remi est comme un ample reliquaire, où noircissent des reliques désormais sans vertu. Entre ces reliques figurent des parcelles du baume inépuisable et inaltérable contenu dans la sainte ampoule, laquelle fut, comme on sait, brisée publiquement le 15 avril 1792 par le député Ruhl, sur la place Royale et sur les propres marches de la statue de Louis XV, abattue le même jour. L'abbaye avait le privilège de garder la sainte ampoule; et son grand prieur celui de l'apporter à la cérémonie du sacre dans le plus magnifique appareil : « En chappe d'étoffe d'or, monté sur un cheval blanc de l'écurie du roi, couvert d'une housse d'argent richement brodée, conduit par les rênes que tenaient deux maîtres palefreniers de la grande écurie », il s'avançait, « sous un dais de pareille étoffe, porté par quatre barons, dits chevaliers de la Sainte-Ampoule, vêtus de satin blanc, d'un manteau de soie noire et d'une écharpe de velours blanc, garnie de franges d'argent et, escorté aux quatre coins du dais, de seigneurs à cheval, nommés pour otages de la sainte ampoule, et qui étaient précédés chacun de leur écuyer portant un guidon chargé d'un côté des armes de France et de Navarre, et de l'autre de leur morion ». Le grand prieur confiait son dépôt à l'archevêque de Reims, qui le recevait au nom des pairs du royaume et promettait, foi de prélat, de le rendre aussitôt le sacre accompli.

Dans le chœur de l'église s'élève le tombeau monumental de saint Remi; l'évêque, étendu sur un sarcophage de marbre noir, repose; autour de lui, debout, sculptées par l'excellent artiste Champenois, Pierre-Jacques, dans l'attitude prescrite par les rites, sont les statues, en marbre blanc, des douze pairs du royaume, qui devaient assister à la solennité du couronnement : à droite, l'archevêque duc de Reims, l'évêque duc de Laon, l'évêque duc de Langres, l'évêque comte de Beauvais, l'évêque comte de Châlons et l'évêque comte de Noyon, représentant les pairs ecclésiastiques; à gauche, les pairs laïques, représentés par le duc de Normandie, le duc de Bourgogne, le duc d'Aquitaine ou de Guienne, le comte de Flandre, le comte de Cham-

CATHÉDRALE DE REIMS

pagne et le comte de Toulouse. Sans être un chef-d'œuvre de haut goût, ce tombeau, plus d'une fois refait et réparé, ne manque pas de caractère : il symbolise la grandeur morte de la monarchie de la même façon que les pyramides rappellent la puissance des Pharaons.

Quelques châsses, des tapisseries, des émaux signés Landin, le maître de Limoges, un beau saint sépulcre du seizième siècle, un excellent tryptique de la même époque : le baptême de Clovis, les mausolées du savant bénédictin Don Ruinart, et de René de Thuis, sénéchal de Reims en 1230 ; voilà tout ce que Saint-Rémi a gardé des richesses qui l'encombraient autrefois ; cela suffit pour y amener les archéologues et les artistes.

... Que le tramway nous conduise de la porte Dieu-Lumière à la cathédrale : le faubourg populeux s'enfuit, on pénètre dans le discret quartier des chanoines. Au milieu de ce quartier, sur une grande place sans ombrages, ordinairement déserte, le glorieux édifice apparaît en pleine clarté, austère, grandiose, développant un hardi vaisseau de 149 mètres de longueur sur 83 mètres de hauteur, dont l'on ne se lasserait pas de contempler la miraculeuse architecture. La façade occidentale est le chef-d'œuvre de ce chef-d'œuvre : on ne la verra jamais, avec indifférence, surgir, ambitieuse et superbe, du sol banal, qu'elle ennoblit, et monter vers le ciel, comme un poème extatique, chargé des prières et des espérances des hommes. Jamais, si dédaigneux de l'inaccessible *infini*, de l'indémontrable *au delà* que la science puisse nous rendre, nous ne verrons sans être ému ce muet témoin, si éloquent, des vaines aspirations de la jeune humanité vers la vie immortelle, la justice éternelle, l'absolu idéal !

Tout un peuple de statues, expressives et colossales, habite ce prodigieux portail ; dans les trois porches que surmontent des gables pyramidaux, dentelés à jour, des guirlandes de fleurs les enchaînent, innombrables, sous les voussures des arcades ; elles se dressent contre les piliers, elles se nichent dans les plus fines galeries, elles animent les tours ciselées, pareilles à de lourds joyaux découpés à l'emporte-pièce. Notre-Dame, patronne de l'église, du milieu de la porte principale, domine ce monde surnaturel d'archanges et de démons, de patriarches, de guerriers bibliques et de rois chrétiens. Son couronnement céleste, les scènes de la Passion, le jugement dernier, le combat de David et de Goliath, le baptême de Clovis, relief d'une grandeur épique, ici et là s'encadrent, avec un art consommé. Des animaux fabuleux assistent à ces mystères, des bœufs gigantesques, — on devait cet honneur au doux témoin de la naissance de Jésus — en écoutent le bruit du haut des plates-formes. Regardez, sous un rayon de soleil, les drames religieux, qui ont passionné tant de générations : ils revivront pour vous ; les personnages de pierre s'agiteront entre les immobiles spectateurs, vous serez quelques instants, par la magie de l'art et des souvenirs, l'homme simple, crédule et fervent d'un autre âge.

La première pierre de cette merveilleuse Notre-Dame fut posée en 1212 par l'archevêque Albéric de Humbert; plusieurs architectes en dessinèrent les plans, mais le plus célèbre d'entre eux, Robert de Coucy, paraît avoir eu la meilleure part à sa construction. C'est lui, dont l'audacieux génie a dressé au-dessus du chœur la svelte flèche en plomb que soutiennent huit statues colossales. On lui doit l'ordonnance de la nef, des toitures, les galeries aux balustrades ogivales ornementées de fleurs de lys, le portail et les élégantes portes du croisillon nord, où sont les belles statues que bénit le *Beau-Dieu*.

Notre-Dame remplaça Saint-Rémi; la plupart de nos rois y furent sacrés. Alors, la nef immense, où nous entrons, et qui, malgré ses statues, ses tableaux, ses vitraux, ses rares tapisseries, semble bien vide, suffisait à peine à contenir la foule impressionnée et curieuse : ce devait être, en effet, un attrayant spectacle, et le symbole en action de la monarchie héréditaire ne se pouvait passer dans un décor plus imposant. Lamartine, présent à la dernière solennité de ce genre, en a dépeint les splendeurs :

> Mille flambeaux semant la route triomphale
> De colonne en colonne et d'arceaux en arceaux
> Étendent sur la nef leurs lumineux réseaux,
> Et se réfléchissant sur le bronze ou la pierre

> Font serpenter au loin des ruisseaux de lumière.
> De soie et de velours les parvis sont tendus;
> Les écussons royaux aux piliers suspendus,
> Flottant par intervalle au souffle de la brise
> Font de soixante rois ondoyer la devise.
> L'autel est ombragé d'armes et d'étendards;... —

Et la cérémonie commence. L'évêque duc de Laon et l'évêque comte de Beauvais vont en procession chercher le roi, qui les attend, couché sur un lit de parade, dans un salon de l'archevêché; ils l'éveillent, suivant les formules antiques, ils l'amènent par les bras. En brillant costume sacerdotal, vêtu « d'une longue camisole cramoisie, garnie de galons d'or, et ouverte ainsi que la chemise aux endroits où Sa Majesté doit recevoir les onctions, et par-dessus cette camisole, portant une longue robe d'étoffe d'argent, et sur la tête une toque de velours noir garnie d'un cordon de diamants, d'une plume et d'une double aigrette blanche », le monarque prête le serment d'usage : il empêchera les personnes de tout rang de commettre des rapines et des iniquités, il exterminera les hérétiques. Alors, en mémoire de l'ancienne élection populaire, deux pairs ecclésiastiques le présentant à l'assemblée, demandent si elle l'agrée pour roi. Ensuite il reçoit l'épée de Charlemagne; agenouillé devant l'archevêque neuf onctions lui sont faites; successivement on le revêt de la tunique, de la dalmatique et du manteau royal fourré et bordé d'hermine. On lui met au quatrième doigt de la main droite l'anneau de la toute-puissance, dans la main droite le sceptre royal, dans la gauche la main de justice, enfin on lui pose sur la tête la couronne de Charlemagne, que soutiennent de la main tous les pairs ecclésiastiques et laïques. Les portes de l'église sont ouvertes, le peuple s'y précipite, et des oiseleurs lâchent dans la nef une multitude d'oiseaux « qui, par le recouvrement de leur liberté signifient l'effusion des grâces du monarque sur le peuple; et que jamais les hommes ne sont plus véritablement libres que sous le règne d'un prince éclairé, juste et bienfaisant ».

Parmi ces fêtes officielles, il y en eut de vraiment nationales, de profondément émouvantes ; une surtout demeure inoubliable. En 1429, les 16 et 17 juillet, le cœur de la France battait à Reims, elle y était tout entière avec Jeanne d'Arc et Charles VII. Le père et la mère de l'héroïne, logés et défrayés par le conseil de ville, habitaient, en face la cathédrale, l'hôtellerie devenue l'hôtel de la Maison-Rouge. Elle-même était vénérée, priée, saluée comme une sainte. De quels regards attendris, mouillés des larmes de la reconnaissance, le peuple suivait son cortège; elle amenait peut-être la fin des maux épouvantables déchaînés par la guerre de Cent Ans; on allait peut-être voir refleurir la fertile contrée dont le poète anglais peint si énergiquement la désolation : « ... Toutes les végétations s'y corrompent par leur fécondité même. La vigne, ce gai cordial du cœur, y meurt non émondée,... dans les prairies en jachère l'ivraie, la ciguë et le fumeterre grossier prennent racine, tandis que se rouille le soc qui devrait déraciner cette sauvagerie. Le champ même, qu'embaumaient la primevère tachetée, le trèfle verdoyant, et la pimprenelle, devenu paresseux, ne produit plus rien que d'irrégulier et de nauséabond ; il n'engendre que l'odieuse patience, le chardon épineux, la zizanie, le glouteron, et perd à la fois beauté et utilité... Et de même que nos vignobles, nos prairies, nos champs et nos bois s'altèrent (c'est un Français qui parle), de même nos familles, nos enfants et nous-mêmes nous avons perdu, faute de temps pour les apprendre, les sciences qui devaient être l'ornement de notre contrée ; nous croissons en sauvagerie comme des soldats qui n'ont d'autre pensée que le sang... »

Mais ces calamités vont cesser, ces plaies se cicatriser, se guérir, un autre tableau se lève et nous console, tracé par l'humain Schiller : « Les armes reposent, les orages de la guerre se taisent, aux batailles sanglantes succèdent le chant et la danse ; dans toutes les rues retentit la ronde joyeuse. L'église et l'autel brillent d'un éclat de fête, des arcs s'élèvent, parmi de verts rameaux, et autour des colonnes s'enlacent des guirlandes ; la vaste enceinte de Reims ne peut contenir les hôtes qui accourent à grands flots à la fête nationale. Et un même sentiment de joie éclate et domine, et une même pensée fait battre tous les cœurs Ceux que naguère encore séparait une haine sanglante goûtent ensemble avec ravissement l'allégresse commune. Quiconque appartient à la race de France se sent aujourd'hui plus fier de son nom... »

Les dons affluaient à l'Église privilégiée et son trésor était des plus riches : elle en a conservé de très beaux restes : des orfèvreries, des étoffes, une horloge astronomique en bois peint et sculpté, peuplée de personnages lilliputiens marquant les heures ; la belle grille du chœur, ouvrage du quinzième siècle, des tableaux attribués au Titien, au Tintoret, à Mutiano, à Zuccharo, au Poussin, et de fameuses tapisseries formant plusieurs collections inestimables : quatorze légendes rimées données en 1530 par l'archevêque Robert de Lénoncourt ; le vaste sujet du *Fort roi Clovis*, donné en 1570 par le cardinal de Lorraine ; les Pepersæcke, au nombre de douze grandes et de sept petites, données par l'archevêque Henri de Lorraine en 1640 ; les *Cantiques* et deux gobelins, du plus suave coloris, d'après des cartons de Raphaël.

Ainsi que la cathédrale, le palais des archevêques, extrêmement somptueux avant la révolution, convenait aux héritiers des plus puissants prélats du moyen âge ; les Turpin, les Ebbon, les Hincmar, les Adalberon, les Gerbert, les Arnulf, tous immortalisés par la légende ou par l'histoire. On n'y voit plus maintenant que la grande salle voûtée du Festin Royal, pauvrement restaurée dans le style troubadour à l'occasion du sacre de Charles X, les pièces peu ou prou meublées de l'exappartement du roi, et une assez jolie chapelle du treizième siècle.

Ces grands archevêques-ducs de Reims, pairs du royaume, furent les souverains maîtres de la ville jusque sous Louis VII; les derniers Carlovingiens, les premiers Capétiens eurent souvent maille à partir avec

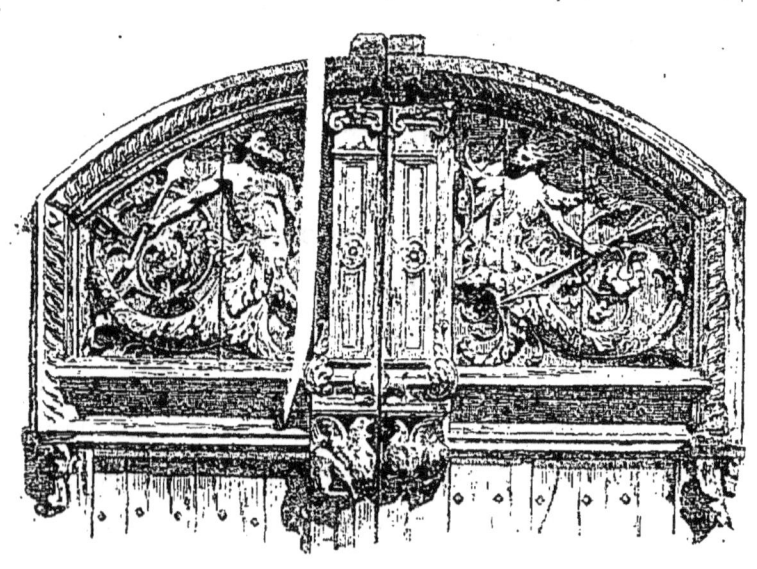

REIMS — PORTE DE LA COUR DU CHAPITRE

eux, car ils commandaient volontiers leurs vassaux armés en guerre et frappaient en personne d'estoc et de taille, tout comme le preux Turpin dans la Chanson de Roland. Mais les bourgeois enrichis par le commerce des vins, des biscuits, des pâtisseries au miel et des lainages, secouèrent le joug, obtinrent, avec le secours du comte-poète Thibaut IV, une charte communnale, et depuis n'ont cessé de gérer plus ou moins librement les affaires de leur cité. D'ailleurs, les rois, les comtes, qu'ils aidaient de leur argent, les remboursaient en faveurs ; jaloux de leurs prérogatives, ils avaient pour les défendre une milice nombreuse, et qui se battait, parfois même attaquait les petites villes voisines. On retrouve chez leurs descendants cet amour de l'indépendance, cette fière conscience du moi que la devise des compagnons de l'arquebuse exprimait plaisamment :

> Autant les braves Rémois
> Sont mangeurs de pain d'épice,
> Autant ont-il tout à la fois
> Et faim et soif de justice.

L'hôtel de ville répond à l'opulence de cette vieille bourgeoisie. C'est un vaste édifice commencé en 1627, repris en 1825, dont la façade noble et régulière porte, au fronton, la statue équestre, en bronze, de Louis XIII avec cette inscription légèrement emphatique : « *Ludovico Justo. — Pio Victori-Clementi. — Qui Gallorum Amor, hostium terror. — Orbis deliciæ — Æterne trophæum: S.P.Q.R.—Anno MDCXXXVI.* Le dedans n'est pas inférieur au dehors. Larges escaliers à rampe de bronze et de marbre, statues et peintures de choix, luxueux salons de réception, huissiers et garçons de bureau en culotte courte et livrée aux armes de Reims : un rameau chargé de feuilles avec la devise : *Dieu en soit garde*, tout vous avertit que vous êtes chez les véritables seigneurs de la Champagne. La bibliothèque composée de 80,000 volumes, et administrée aujourd'hui par l'excellent M. Courmeaux, le Musée, assez riche en antiquités romaines, sont confortablement installés.

Il faut chercher aux alentours de l'hôtel de ville, en des rues étroites, sur de spacieuses places encore bordées d'arcades, les maisons anciennes. Deux ou trois, rehaussées d'amusants grotesques, sont originales; une, la Maison des Musiciens, rue des Tambours, est à la fois originale et très jolie. Ce bijou de l'art du quatorzième siècle, complété par la Renaissance, conserve, à l'intérieur, une belle cheminée, un plafond à solives peintes et un pavage en briques émaillées, aussi rare que remarquable. Les hôtels de Joyeuse et de Chevreuse, l'Hôtel-Dieu, le Lycée méritent quelque attention.

La place Royale est comme une modeste réduction de la place Vendôme : la statue de Louis XIV décorait celle-ci, la statue de Louis XV décore celle-là. Malgré son légitime orgueil, Reims a toujours été bon ami des rois. Un de ses échevins disait avec une touchante franchise à Louis le Grand : « Sire, nous vous offrons notre vin, nos poires, nos pains d'épice, nos biscuits et nos cœurs, » et le majestueux maître s'avouait charmé d'une harangue, qu'il savait parfaitement sincère. Mais l'hommage rendu à son successeur outrepasse un peu les bornes de la flatterie permise. Debout, vêtu par Cartellier d'un costume grotesque d'empereur romain, le trop galant prince est entouré de belles figures allégoriques sculptées par Pigalle : la France retient par la crinière un lion impatient de carnage, le Commerce, fatigué de sa tâche, se repose sur des ballots de marchandises, et Mercure, alerte, son caducée à la main, prend son essor : on lit au-dessous de ce groupe faiblement harmonieux ces louanges improbables :

> De l'amour des Français éternel monument.
> Instruisez à jamais la terre
> Que Louis dans nos murs jura d'être leur père
> Et fut fidèle à son serment.

Il est vrai que Louis XV soupait beaucoup, que ses courtisans l'imitaient, et qu'il n'y a pas de soupers sans vins de Champagne... A ce titre...

Les comptoirs des fabricants de vins de Champagne sont au centre de Reims ; mais ce n'est pas là qu'il faut aller pour visiter leur industrie. Leurs ateliers et le vestibule de leurs caves, dont les multiples allées se ramifient sous la ville, occupent les faubourgs, où ils présentent parfois l'aspect de châteaux véritables. Là, sur un terrain crayeux, vague, morne, traversé d'avenues inachevées, s'espacent les établissements de la veuve Cliquot, de Rœderer, de Mümm, de Saint-Marceau. Entre tous, celui que possède Mme veuve Pomery se fait remarquer par ses dehors élégants et pittoresques ; construit sur une légère éminence, encadré de tourelles à créneaux, il apparaît de loin, de la tour de la cathédrale, par exemple, comme un manoir féodal. Ses ateliers sont vastes, ses caves immenses ; des femmes, des ouvriers nombreux s'y emploient avec un ordre parfait à la fabrication des vins mousseux, que le très honoré dom Pierre Pérignon de Sainte-Menehould inventa naguère.

Rien de plus intéressant à suivre que ces multiples opérations infiniment délicates : les premiers soutirages, la première mise en bouteilles, le bouchage au

MAISON DES MUSICIENS A REIMS

moyen d'ingénieuses machines, l'enlèvement des dépôts ou masques, ferments étendus comme une taie à l'orifice des bouteilles, la mise sur pointes, le dégorgement ; le deuxième soutirage et la mise en bouteilles définitive. Des millions de bouteilles ainsi préparées s'accumulent en des caves spacieuses, profondes, que décorent ici même de beaux reliefs de Navlet : une bacchanale, sujet de circonstance s'il en fut jamais, le triomphe de Silène, un souper de la Régence et la fête de Bacchus, larges tableaux auxquels le clair-obscur du lieu prête une vie fantastique.

Les autres industries de Reims, filatures, usines métallurgiques, teintureries, se répandent aussi presque *extra muros*, dans un rayon éloigné. Ce n'est pas d'aujourd'hui que la ville royale fabrique les draps, et ses échevins, comme le chairman de la Chambre des lords, auraient pu jadis s'asseoir *on the woollen sack*. De grandes maisons s'y consacrent, la maison Grandjean, la maison Collet et Meunier : celle-ci nous a paru utiliser avec succès les procédés les plus récents. Elle possède chez elle tout ce qui lui est utile ; ses ateliers d'ébénisterie, de menuiserie, de construction, de réparation, ses prises d'eau, ses moteurs avec pièces de rechange. Les opérations successives du tissage des laines sur les peaux, du cardage, du peignage — obtenir « un beau peigné », c'est-à-dire des fils purs de toute matière étrangère, constitue un idéal — les mises en bobine des chaînes et des trames, la réunion des chaînes et des trames dans les machines à tisser, d'où sort la pièce de drap définitive, s'y accomplissent avec un ordre parfait ; elle emploie six cents ouvriers convenablement rémunérés.

Dans un autre genre, la teinturerie Mortier peut passer pour un modèle.

... Situés dans le massif des collines appelées Montagne de Reims, Ay, Épernay, appartiennent encore au pays des vins joyeux. Épernay même, si Reims en est la métropole, en est un peu la capitale. Ses caves pratiquées à vif dans le roc crayeux surpassent les caves rémoises en étendue. Les fabricants renommés Perrier, Mercier, Moët et Chandon, Chausson, Chaurey, Carteron, Fournier, Pol Royer... y sont établis : ville amusante à voir, elle a l'air heureuse, florissante, pétillante ; le champagne provoque à la bonne humeur, s'il ne donne pas de l'esprit.

De riches habitations comme le château Perrier s'y entourent de jardins opulents et le parc public semble voué à des fêtes continuelles. Il n'en fut pas toujours ainsi : Épernay a été une citadelle ; on l'a assiégé en 1432, incendié en 1545 ; Biron l'a pris pour le compte d'Henri IV en 1592 et les importants du parti de Condé l'ont tenu en 1615 et en 1619, très fâcheusement pour lui. Qui s'en douterait ?

Maintenant, quand nous aurons visité le chef-lieu du petit pays du Dormois, Dormans, aux grottes et au dolmen singuliers, nous n'aurons plus guère sous les yeux que les vastes plaines, les marécages mornes, presque infertiles, qui prolongent jusque dans la Brie la Champagne pouilleuse.

Il y a pourtant, dans ces plaines, çà et là, d'agréables résidences. Aux alentours de Vertus, les châteaux de Montmort, de Broye, d'Étoges, sont curieux et somptueux : Montmort, édifice gothique de hautaine allure entouré de fossés, encadré de tours et dont l'intérieur

ÉGLISE D'ÉPERNAY

offre une cheminée de Jean Goujon, un cabinet où a travaillé Sully, de curieuses cuisines voûtées, le tombeau de la duchesse d'Angoulême; Etoges qui date du dix-septième siècle; Broye qui remonte au dix-huitième. Des ruines religieuses avoisinent ces châteaux; le prieuré de Montarmé, l'abbaye cistercienne de la Charmoye, l'abbatiale d'Orbay. Plus loin, à l'ouest, Champaubert, Vauchamp, rappellent les glorieux combats de 1814 et, dans le premier de ces villages, une ferme conserve, précieusement incrusté dans ses murs, un boulet remémorant que Napoléon y a passé la nuit. Au midi, à l'extrême limite de notre excursion, Fère-Champenoise s'honore aussi d'une héroïque bataille de la campagne de France livrée le 25 mars 1814.

L'ILE-DE-FRANCE

CHAPITRE VIII

L'AISNE

Que le lecteur veuille bien, pour la clarté de ces voyages, revenir avec nous à Reims, d'où le chemin de fer nous conduira dans la vallée de l'Aisne... Le train suit les rives de la Vesle ; il franchit les ramifications de la montagne de Reims, mi-plantée d'arbres verts et de vignobles ; il dessert Fismes prospère aujourd'hui par le commerce et l'industrie; déjà considérable sous les Carlovingiens, puisque deux conciles y furent tenus au neuvième et au dixième siècle ; il passe à Braisne, où les Mérovingiens possédaient une villa, à Basoches, entouré de fortifications gothiques, et nous descend aux faubourgs de l'antique oppidum des Suessiones.

C'était un vaillant peuple, ces Suessiones, un des plus redoutables, par la richesse et par le nombre, de la Gallia Belgica qui résista longtemps à Jules César. Extrêmement civilisé par la conquête romaine, ce territoire formait encore au cinquième siècle, sous la domination à peu près indépendante d'un patrice du faible empire, la plus désirable province des Gaules septentrionales. Les Francs l'enviaient ; Clovis, pour commencer son règne, le leur donna ; ce fut l'affaire d'une seule bataille livrée ici même ; soumis au peuple frank, placé sous l'autorité militaire des leudes, il conserva ses villes, ses églises, sa bourgeoisie, ses curiales, et, bien que féodalisé, son esprit d'indépendance. On le vit bien au onzième siècle, dans le grand mouvement d'émancipation communale qui le remua si profondément.

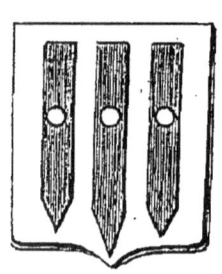

ARMES DE SOISSONS

Les patrices résidaient à Soissons ; après Clovis, il devint capitale d'un royaume mérovingien, et plus tard, grande ville de la Neustrie. Sa physionomie effacée jure avec ces souvenirs. Il est tout simple, bourgeois, paisible, comme endormi ; l'académie, qui y florissait au dernier siècle, y pouvait tenir sans aucune distraction ses doctes séances. Cependant, au bout de la longue avenue de la Gare, on voit une chose singulière : le squelette d'une église gothique, si blanche qu'on la dirait non pas en ruines, mais inachevée ; son portail élégant est flanqué de deux clochers sveltes. Ses hautes fenêtres en ogive sont ouvertes sur le vide; le ciel leur fait comme un vitrail d'azur ou de ouate. Cette ruine, d'une étrange couleur, fut l'abbaye de Saint-Jean des Vignes, une des plus puissantes du moyen âge, retraite pendant neuf ans du grand prélat du douzième siècle, Thomas Becket.

La ville s'étend à droite. Mais avant d'errer, par une curiosité vaine, dans un dédale de rues sans intérêt, donnez-vous le plaisir d'aller admirer l'autre façade de Saint-Jean des Vignes ; elle en vaut la peine. Les trois portes que la flamme a roussies n'ont plus que des statues mutilées ; mais au centre du portail, une rose, du dessin le plus exquis, s'enguirlande de pampres et de raisins, armes parlantes de l'abbaye, sculptées également avec une extrême délicatesse, aux chapiteaux et aux pendentifs des arcades. De belles statues de guerriers, de moines, de saintes femmes, occupent encore les niches pratiquées aux quatre étages des tours ; une de ces figures, la Madone, est un chef-d'œuvre de l'art primitif : rien de plus chaste et de plus doux.

Il faut gravir les tours pour admirer en connaissance de cause la grâce de l'édifice, la légèreté des arceaux, la finesse et l'invention des sculptures ; une galerie, entre autres, merveille de clarté et d'imagination. De leur sommet, la ville se déroule, indifférente. Qu'y chercher ? La fameuse abbaye de Saint-Médard où l'empereur Louis le Débonnaire se laissa mettre en pénitence par ses vassaux mitrés ? Une crypte en est le reste douteux. Le château-fort ? Il a été démoli de nos jours. Tout ce que la ville avait de vénérable, les Anglais, les jacques, les calvinistes l'ont détruit ; en 1870, la guerre franco-allemande la menaça d'un nouveau désastre. Soissons voulut se défendre ; naguère place forte, comme en témoigne son enceinte déclassée, il avait joué

SOISSONS — CLOITRE DE SAINT-JEAN-DES-VIGNES

un grand rôle militaire pendant l'invasion de 1814. Cette fois encore il se laissa stoïquement assiéger, bombarder, du 12 au 16 octobre 1870. Saint-Jean des

Vignes fut atteint, le vieil Hôtel-Dieu brûlé, des maisons s'effondrèrent.

Le portail de la cathédrale rappelle celui de Notre-Dame de Paris; mais il est beaucoup moins fleuri, presque dénué de statues et d'une sévérité sèche. A l'entrée deux nobles statues d'abbesses, provenant de l'abbaye de Notre-Dame, s'agenouillent dévotement; elles représentent Henriette de Lorraine d'Elbœuf et Gabrielle-Marie de la Rochefoucaud, qui vécurent au dix-septième siècle.

... De Soissons à Laon la distance est courte; nous n'irons cependant pas tout d'une traite; la grandiose ruine du château-fort des sires de Coucy nous attire à mi-chemin; l'embranchement qui passe devant le beau château moderne d'Anizy y mène bien vite.

Ces ruines dressées au sommet d'un plateau isolé présentent une façade énorme de murailles déchiquetées, éventrées, dentelées, de tours écimées et zébrées de cicatrices béantes; on dirait qu'attaquée et défendue par des géants, la forteresse a été transpercée de coups d'épée formidables et trouée par des quartiers de roches lancés en manière de projectiles. Des buissons touffus en cachent les assises, et le lierre les revêt capricieusement de son manteau toujours vert. Le donjon, rétabli dans son intégrité, domine l'ensemble de sa puissante stature. Cela étonne et cela émeut, la force, la grandeur des débris justifient la devise d'Enguerrand : « *Roi ne suis, ne prince, ne duc, ne comte aussi; je suis le sire de Coucy.* »

Classé parmi les monuments historiques, le Château, car on l'appelle ainsi, appartient à l'État; un concierge en a la garde, l'accès en est libre; on y entre par une porte ogivale, et il vous révèle de suite son extraordinaire étendue. Qu'on imagine une surface de 10,000 mètres carrés; une enceinte de 3 mètres d'épaisseur l'emprisonne et plonge dans une plaine illimitée, complètement soumise. Aux angles de l'enceinte, quatre tours cylindriques, plus ou moins intactes, montent à 35 mètres de hauteur; au centre, le donjon circulaire, large de 30 mètres, s'élève à 55 mètres. Dans les vastes cours, les décombres des logis occupés par les gendarmes, les arbalétriers, les archers, les serviteurs, s'amoncellent, recouverts de végétations sauvages qui en interdisent l'approche. Des escaliers, à demi brisés, enroulent leurs spirales dans les tours béantes; des meneaux encadrent les fenêtres rompues; une clef de voûte sculptée, d'élégantes nervures s'attachent à des moitiés de plafonds; un carré de pierres indique la chapelle seigneuriale abattue. C'est tout ce que l'artillerie et les mines, employées par les ordres de Mazarin pour détruire la vieille forteresse, devenue un repaire de mauvais compagnons et gentilshommes de grand chemin, ont laissé du chastel construit de 1225 à 1230, par le plus puissant des sires de Coucy, Enguerrand III, celui-là même qui commanda la ligue des féodaux contre Blanche de Castille. Au quinzième siècle, le duc Louis d'Orléans, qui releva aussi Pierrefond, l'avait remanié ; il réalisait la perfection de l'architecture féodale, et ses maîtres y devaient mener une large et luxueuse existence, à preuve le donjon restauré par Viollet-le-Duc. Nul édifice plus solide, plus hardi, mieux conçu. A sa porte, un bas-relief représentant un chevalier armé de toutes pièces, défiant

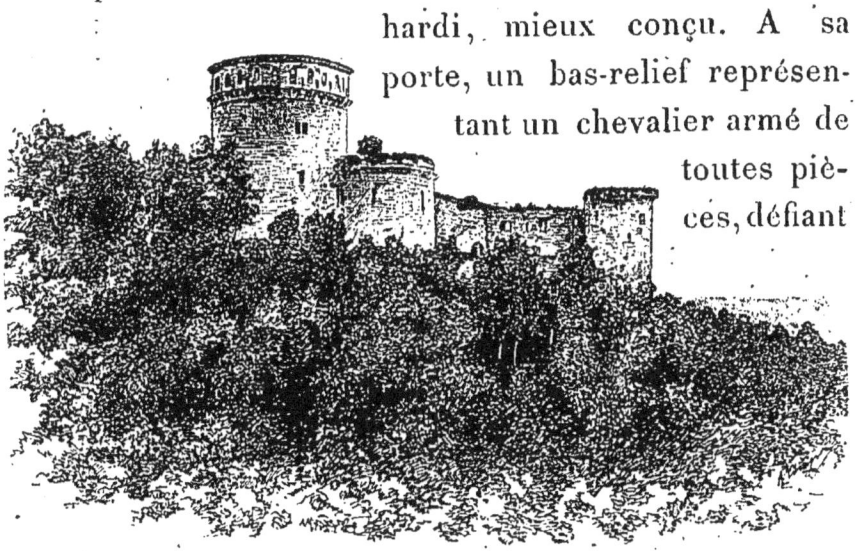

COUCY

un lion, rappelle la légende de la maison de Coucy. Le dedans, vaste rotondité parfaitement nue, où s'embouchent des puits très profonds, est divisé par des superpositions d'arcades en quatre étages, que séparent encore des galeries voûtées avec élégance. Les murs, épais de 7 mètres à la base, vont en s'amincissant jusqu'au faîte ; les communications sont faciles, les escaliers distincts. Un grand nombre d'hommes y pouvaient loger sans se gêner, à l'abri des intempéries, et s'y plaire aux longues veillées passées sous l'ample manteau des cheminées, en joyeux devis et propos chevaleresques.

A l'origine, le village devait être une humble dépendance du château ; il s'est augmenté de ses débris ; les paysans ont bâti nombre de leurs maisons avec ses pierres. L'église paroissiale, deux belles

LAON — PORTE ROYER

portes gothiques, un beffroi, datent de son époque. Deux ou trois hôtelleries reçoivent les touristes ; l'*Hôtel des Ruines* leur offre bon repas, bon gîte, des voitures pour explorer la forêt et pousser jusqu'à la ci-devant abbaye des Prémontrés, où le savant Mabillon écrivit les *Gesta Dei per Francos*.

Vous vous attendez bien que Laon, célèbre au temps

même où florissait Coucy, ne doit pas non plus manquer de caractère. La ville est en effet des plus intéressantes ; mais on n'y parvient pas sans fatigue. Elle perche littéralement comme un nid d'aigle, sur un roc, à 181 mètres d'altitude ; un petit affluent de l'Aisne, l'Ardon, trace autour un cordon sinueux. Tout un faubourg populeux d'ouvriers et d'horticulteurs la sépare du chemin de fer et pour lui amener les voyageurs, elle n'a pas, comme Langres, de railway à crémaillère ; une série d'escaliers taillés à pic ou de rampes ardues mènent aux promenades ombragées de ses remparts.

Mais d'abord regardez-la d'en bas. Voyez-vous à gauche une masse imposante de constructions grises, de clochers et de tours occupant presque la moitié du tableau ? C'est la cathédrale et c'est l'ancien palais épiscopal : ils inspirent la plus haute idée de l'ancienne puissance des seigneurs évêques-comtes de Laon, héréditairement pairs de France, guerriers autant que prêtres, et redoutables à leurs vassaux comme à leurs suzerains. A gauche des bâtiments ecclésiastiques la citadelle s'accuse par des talus rectilignes. Sur les flancs de la colline, quantité de petits jardins entremêlent leurs carrés de légumes, leurs bosquets et leurs charmilles : verte et fraîche parure des rudesses du moyen âge.

Circonscrite par l'aire du roc, la ville se renferme encore dans son cadre primitif ; toutes ses rues convergent vers la cathédrale et l'évêché. Il est ainsi facile de recomposer les scènes violentes qui marquèrent au douzième siècle ses luttes communales. On voit très bien les bourgeois se porter d'un élan, tous ensemble, vers la forteresse ecclésiastique, assiéger l'étrange évêque exacteur Gaudry, massacrer ses officiers, le poursuivre lui-même jusque dans son cellier, incendier, tuer à plaisir. Tout le théâtre de l'émouvante histoire, racontée par Augustin Thierry, est demeuré le même ; il n'y manque que les édifices détruits par les jacques dans l'effroyable révolte de 1358.

La cathédrale, achevée du douzième au treizième siècle, est un monstre d'architecture, énorme et superbe. Elle affecte la forme cruciale; des neuf clochers qui la surmontaient jadis, deux à chacune de ses quatre façades, un au milieu, cinq s'élèvent encore, dont celui du milieu, à demi tronqué, tout noir. De nombreuses figures, d'une originalité saisissante et d'un style large, décorent le portail. Les archivoltes sont entièrement garnies de personnages aux reliefs vigoureux ; des masques d'hommes austères, graves, moqueurs, vertueux, paillards ou paternes, des physionomies exquises de femmes pieuses et sages, s'épanouissent aux pendentifs, — inoubliables types de notre race. Des gnômes, des goules, des nains, des corps démoniaques se tordent comme des clowns aux gueules des gargouilles: êtres de rêve et de réalité, infernaux et terrestres, unis à d'angéliques figures pour animer cette page étonnante. Enfin, symbole bizarre, hommage rendu aux témoins de la naissance du Christ ou aux patients serviteurs du paysan, des statues colossales de bœufs s'ac-

LAON — PORTE DE CHENIZELLES

croupissent majestueusement au troisième étage. A l'intérieur, de charmantes clôtures de la Renaissance ferment les chapelles des bas-côtés ; quelques peintures ne sont pas sans mérite, et la salle capitulaire, celles du trésor et de la sacristie, ajoutées à la nef, sont tout à fait dignes d'attention. Derrière la cathédrale, l'ancien palais des évêques a conservé de belles fenêtres arquées, des tourelles dégagées, d'expressifs mascarons ; la chapelle particulière des prélats, composée de deux étages, est un fort joli spécimen de style roman.

En quel lieu était situé le château-fort, où résidèrent les derniers Carlovingiens, où l'un d'eux, Louis d'Outre-Mer, mourut prisonnier de son vassal Hugues de France ?

LAON — ÉGLISE SAINT-MARTIN

Probablement à la place où s'élève aujourd'hui la citadelle. Mais ne prenez pas l'inutile soin d'en chercher les vestiges. Allez plutôt voir, dans une propriété voisine, les débris charmants d'une chapelle des templiers, construite au douzième siècle. Prenez le temps d'admirer au musée deux chefs-d'œuvre des frères Lenain, excellents peintres réalistes, natifs de Laon, dont M. Champfleury, leur compatriote, a décrit l'œuvre et conté la vie. En achevant votre tour de ville, il vous arrivera de rencontrer les basses portes Royer et de Chenizelles, pittoresques débris de l'enceinte féodale. N'oubliez pas, tout à l'extrémité, d'entrer dans la vieille église Saint-Martin, qui renferme l'énorme sarcophage de granit sur lequel un sire de Coucy, rude guerrier, roide étendu, mains jointes, est sculpté. Enfin, descendez dans les caves qui sont immenses et de construction probablement romaine.

NOTRE-DAME DE LIESSE
PRÈS LAON

Les âmes dévotes ne voudront pas s'éloigner de Laon, avant d'avoir été en pèlerinage au célèbre sanctuaire voisin Notre-Dame de Liesse, tout plein de joaillerie religieuse, d'ex-voto reconnaissants. Au delà, vers le nord-est, le pays change; on entre dans la singulière contrée nommée Thiérache. Sans accidents très vifs, mais toujours ondulé, comme si de torrentielles inondations, sévissant par saccades, l'avaient jadis envahi, le sol offre de toutes parts des bois taillis, des buissons épineux, des haies limitant des champs de betteraves ; il a l'air rechigné, hirsute, comme son nom. Déjà c'est le nord, la contrée du charbon, l'habitation nette et froide, la chambre carrelée, propre sans agrément, les meubles luisants et carrés, le frileux poêle, de fonte ou de faïence, âme du logis, installé au milieu, allumé de bonne heure en automne, éteint bien tard au printemps.

Groupes de maisons aux toits rouges, que dominent de lourds clochers arrondis et de hautes cheminées fumeuses, les villes sont industrielles. Des fabriques de toile, de bonneterie, de chaussons, de produits chimiques, des tuileries, des établissements métallurgiques, des sucreries, peuplent et font vivre Marle, fief, jadis, des sires de Coucy ; Vervins, qui fut un marquisat, une ville forte, et dans lequel, le 2 mai 1598, les envoyés d'Henri IV et de Philippe II signèrent la paix entre la France et l'Espagne ; puis Hirson, Guise. Les longues guerres du dix-septième siècle, la Fronde, les invasions de 1814 et de 1815, ont à peu près dépouillé ces vieilles cités de tout ce qu'elles avaient d'artistique et de rare. Elles paraissent pauvres, tristes et résignées ; mais à les voir, en passant vite, toutes roses, comme de belles filles, dans l'enveloppement de leurs jardins, sous l'or du soleil, on les croirait volontiers gaies et heureuses.

Guise, au nom illustre, est l'ancienne capitale de la Thiérache. Fondée au onzième siècle, au treizième elle passa dans la maison de Lorraine et fut, en 1538, érigée en duché pour Claude de Lorraine, courtisan et favori de François Ier, chef de cette lignée d'ambitieux et brillants seigneurs qui joua, jusqu'à Henri IV, les premiers rôles dans notre histoire. Il est probable qu'ils négligeaient complètement leur fief héréditaire ; en tous cas, on n'y découvre aucune trace de leur munificence. Leur château a disparu, plutôt s'est changé en une citadelle, que protègent encore des bastions et des tours du seizième siècle. Ce qui fait l'intérêt de la ville, ce n'est donc pas son passé ; mais son industrie, ses fonderies de cuivre, de bronze, de laiton, surtout la vaste usine d'appareils de chauffage, dont dépend le célèbre familistère de Guise.

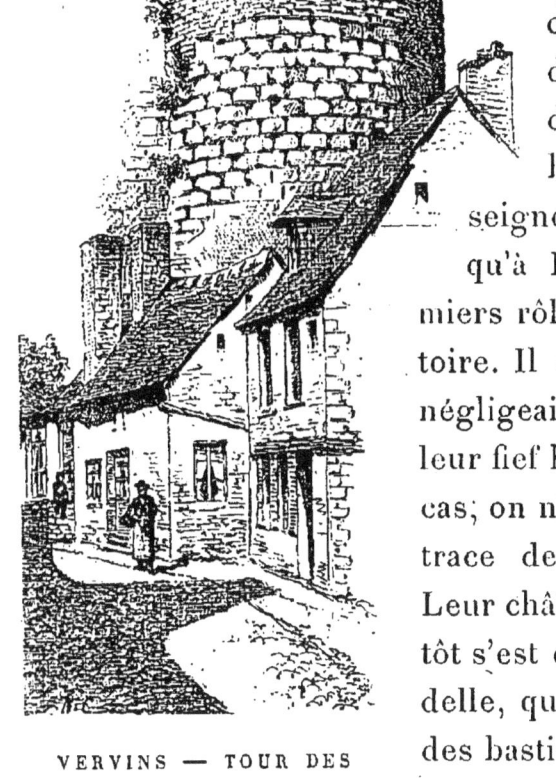

VERVINS — TOUR DES FORTIFICATIONS

On se rend à Guise par un chemin de fer spécial à

travers le territoire le plus arrosé, le plus laborieux, le plus actif de la Thiérache, et desservant de nombreux villages exclusivement industriels, des fabriques sises au milieu de parcs, et de jardins fleuris, encore assainies par le souffle des bois. La population ouvrière, en apparence sérieuse, pensive, attachée au sol, à ses habitudes, satisfaite aisément de sa destinée, est peut-

CITADELLE DE GUISE

être celle qui convenait le mieux à l'heureuse expérience de M. Godin.

Le Familistère est à 200 mètres de la gare. On laisse à droite la bourgeoise petite ville, que rehausse sa vieille tour féodale et la jeune statue de l'enthousiaste Camille Desmoulins. Dans un quartier distinct, symétriquement, en damier, s'alignent les vastes immeubles en briques rouges, couverts en tuiles, où demeurent, indépendants les uns des autres, les *associés du Travail et du Capital*. Si l'on regarde au delà des portes, on entrevoit de vastes cours protégées contre la chaleur par un vitrage, égayées par des pelouses, rafraîchies par un jet d'eau. Ces bâtiments sont divisés en chambres et en logements de deux ou trois pièces, louées à des ouvriers isolés ou à des ménages. Des femmes, rétribuées pour cela, se chargent de les tenir propres; l'administrateur y surveille les mœurs, interdit les querelles, les abus, fait respecter la liberté commune. Au pourtour de chaque étage, des balcons, formant galerie, facilitent les allées et venues, les services utiles à tous. L'incessant rapprochement de tant d'individus, rassemblés par une éducation pareille et des intérêts équivalents, ne semble pas avoir pour eux les hideuses conséquences de la promiscuité, mais les amener au contraire à des sentiments affectueux les uns pour les autres, à la fraternité possible.

Au delà de ces bâtiments d'architecture semblable, froids, réguliers, vraies casernes du travail, s'étendent les ateliers, merveilleusement agencés. Entre eux, au centre du Familistère, se dresse la statue en bronze élevée à J.-B.-A. Godin, mort le 15 janvier 1888, après une existence vraiment intelligente et utile. Il est debout, en longue redingote; la physionomie énergique est celle d'un ouvrier et d'un penseur.

Le Familistère remonte à 1859. M. Godin, parvenu de simple ouvrier au rang de patron, dirigeait déjà d'importants ateliers, où l'on fabriquait, d'après ses modèles, des instruments de chauffage en tout genre. Il voulut alors, en développant ses affaires, réaliser, dans un établissement original, ce que les conceptions humanitaires de Fourier, de Richard Owen et de Victor Considérant lui paraissaient avoir de pratique. Il appela ses ouvriers et ses employés au travail en commun, à la vie commune ; pour les rendre dociles à ses idées, pour les attacher à son industrie, il les admit à participer à ses bénéfices. Les adhérents ne lui manquèrent pas ; les commandes affluèrent, les ateliers s'accrurent ; on éleva bientôt de nouveaux bâtiments, des annexes : bains, buanderie, pouponnats, nourriceries, salles d'asile, école élémentaire d'apprentissage pour les enfants des deux sexes, hospice, théâtre même : dépendances de la cité laborieuse conçue par les innovateurs socialistes. Enfin, des sociétés de secours mutuels, des caisses de retraite et de rente viagère, des assurances contre les accidents et sur la vie, des associations coopératives de consommation, suppléèrent, dans l'intérêt général, à l'insuffisance des salaires et des bénéfices promis.

L'habile philanthrope Godin a été généreusement récompensé de ses efforts ; il est mort comblé d'honneurs, décoré, député, possesseur d'une fortune de plusieurs millions, dont il a laissé une partie à ses collaborateurs. Sous sa direction, l'usine de Guise, devenue l'une des premières du monde, s'est augmentée d'une succursale située en Belgique, à Laeken, et l'on a fondé d'autres familistères à Landrecies et à Cambrai. Le capital social se chiffre à près de 9 millions ; les épargnes réalisées sur les salaires et les profits figurent dans ce chiffre pour 3 millions de francs, constituant pour les ouvriers une réserve économique. Plus de onze cents personnes sont fixées au Familistère. Le salaire des ouvriers oscille en moyenne entre 4^{fr},50 et 5^{fr},50 ; celui des femmes entre 3 et 2 francs. Est-ce là une création socialiste, selon l'idéal des réformateurs ? Il ne nous le semble pas. Mais c'est une industrie prospère, durable, assurant à de nombreux travailleurs la vie matérielle et des avantages réels susceptibles d'une amélioration indéfinie.

LES BORDS DE L'OISE A LA FÈRE

« Êtes-vous heureux ? demandions-nous à l'un des anciens ouvriers du Familistère. Sa réponse fut : Oui. — Satisfait ? — Oui. — A l'abri du chômage ? — Oui. — Rassuré sur votre avenir ? — Oui. — » Que pourrions-nous objecter à ces rares aveux? Certes les fêtes du Travail et de l'Enfance, prescrites par les statuts de l'association, ne doivent manquer, sur cette triste terre, ni de sincérité ni d'allégresse.

... L'Oise arrose Guise ; nous entrons dans la vallée de ce grand affluent de la Seine, dont la source est en Belgique et que double le canal de la Sambre ; nous

PORTE DE LAON A LA FÈRE

traversons avec elle le bourg manufacturier de Ribemont, la ville forte de la Fère, toute hérissée d'artillerie, tout animée par des fabriques d'engins de destruction. Voilà Chauny, où se fait le polissage des superbes glaces fabriquées à Saint-Gobain, Folembray, autrefois résidence royale et verrerie de premier ordre aujourd'hui. Chauny, Saint-Gobain composent un groupe intéressant de cités laborieuses, vouées depuis des siècles à une industrie si périlleuse et si difficile, que ceux qui s'y adonnaient avaient titre de gentilhommes et droit de porter l'épée.

C'est dans la première moitié du seizième siècle que la princesse Marie de Luxembourg fonda, près de l'abbaye de Saint-Nicolas au Bois, la première verrerie de la région. Favorisé par l'exploitation de vastes forêts et de carrières de sable, le nouvel établissement déclinait pourtant, lorsqu'il fut, en 1692, loué avec le terrain voisin, pour la somme de 24 livres, au représentant *des manufactures royales des grandes glaces*, installées quatre années auparavant à Paris, et en 1665, par Colbert, à Tourlaville, près de Cherbourg.

En 1695, Saint-Gobain passa à la société Thévard (Abraham Thévard venait d'inventer le procédé du coulage) qui siégeait rue de Reuilly : elle acquit dès lors la réputation qu'elle a su garder. Elle est encore aujourd'hui la plus importante et la mieux organisée de l'Europe. Sur tous les points du monde où le grand luxe est répandu, elle expédie des glaces de dimension extraordinaire et du plus beau fini.

Comme tous les districts industriels, le pays de Saint-Gobain est moins agréable qu'utile, et la campagne offre de médiocres délassements aux mille travailleurs de la manufacture. On en doit excepter le joli paysage de Saint-Nicolas au Bois, dans lequel subsistent les ruines, antérieures au onzième siècle, de l'ancienne abbaye : une tour ronde, le donjon, le logis de l'abbé, une tour carrée à oubliettes. On peut se plaire aussi un instant à Chauny, vieille petite ville, moitié laborieuse, moitié bourgeoise, présentant, d'un côté du chemin de fer, un faubourg de maisons noires et de fabriques ; de l'autre, un ensemble de rues larges et d'ombreuses avenues, que termine un délicieux parc légué à sa ville natale par un généreux abbé.

CHAPITRE IX

LA BRIE

« Voulez-vous nous indiquer la maison de M. Quénescourt ?

— L'ex-maire de Sézanne ?

— Lui-même.

— Montez cette rue ; la maison est au bout de la côte. »

Nous montâmes et nous vîmes un homme heureux, un déserteur de la rue Montmartre, enchanté de posséder, loin du fracas de Paris, une maisonnette où il se sent vivre et s'écoute penser, partageant ses heures toujours trop courtes entre la sculpture, la peinture, la lecture, ses espaliers, sa vigne et sa famille. C'est le citoyen de Sézanne qui sait le mieux l'histoire de sa petite ville ; nous en causâmes :

— Comme elle est rustique, simple ! Qu'a-t-elle de curieux ? — Rien du tout, et je l'aime pour cela ; elle n'attire pas les touristes. Malgré l'apparence, elle est très ancienne ; les comtes de Champagne et le duc d'Orléans y avaient un château, et avant 1789, on entrait dans son enceinte par quatre portes et deux poternes.

— Elle a souffert de l'invasion en 1814 ? — Et de bien

d'autres. Pendant la guerre de Cent Ans, un certain comte anglais de Salisbury l'ayant prise, l'abandonna au pillage. Ce fut affreux : on tua les femmes, les enfants sans aucune pitié. Et devinez pourquoi? Parce qu'un loustic, parmi les assiégés, avait jeté dans le camp de l'Anglais un mouton crevé, roulé dans l'ordure, avec ce jeu de mots : « *Voilà votre général Salebrebis* ». « En 1632, les ruines de Sézanne étaient réparées, lorsque, le 20 mai, un effrayant incendie, allumé par

ARCIS-SUR-AUBE

un charbon incandescent tombé de la pelle d'une servante, consuma ses deux cent cinquante maisons ;

cet événement émut la France, la consterna : un prédicateur de Paris attribua le sinistre à la Providence qui nous punissait de nos péchés. Voyez plutôt sa brochure : *Le déplorable embrasement et incendie de Césanne en Brie, avec la désolation universelle des habitants d'icelle. En vente à Paris chez Mathieu Colombier, demeurant à la Rue Neufve Sainct-Loys, près du Palès, à la Colombe.* Le vertueux prêtre, ayant raconté l'incendie, termine par cette phrase : « Ny la largeur des rues, ny le secours et effets des passages ne peuvent empêcher le feu de suivre la route qui lui a esté donnée d'en haut. »

Et depuis ce désastre ? — Sézanne a été rebâtie plus solidement, mais il eut encore à supporter de cruelles épreuves. Après la Fronde — c'était là jeux de prince, — notre curé suppliait Vincent de Paul en faveur « d'une population souffrant la faim, le froid, la maladie; car ils n'ont pas un grain de blé à se mettre sous la dent, et à peine leur a-t-on laissé la chemise »; et les missionnaires du saint homme envoyés chez nous lui écrivaient : « Nous ne voyons partout que malades des fièvres chaudes et dyssenteries, couchés sur la terre dans des maisons à demi démolies et découvertes, les vivants avec les morts... toute la moisson emportée ; les terres sans labour et sans semences ; la famine et la mortalité presque universelles, les corps sans sépulture et exposés pour la plupart à servir de curée aux loups. ».

— Ah ! je vous promets que la triste histoire du bonhomme

Misère, que publiait alors le libraire Oudot, à Troyes, enseigne du Chapon-d'Or Couronné, trouvait ici son application. Vous connaissez cette légende du pauvre hère qui, n'ayant pour tout bien qu'un poirier, offrit néanmoins aux apôtres Pierre et Jean, très fatigués et repoussés de chacun, l'hospitalité de sa couche de paille. En récompense, il obtint que son poirier aurait le pouvoir de retenir dans ses branches quiconque s'en approcherait pour en dérober les fruits. La mort gourmande y fut prise : grimpée sur le poirier, elle y resta. Et si le bonhomme Misère lui rendit la liberté, ce fut seulement quand la camarde lui eut donné sa parole de désoler la terre jusqu'à la fin du monde, avant de le frapper lui, le pauvre vieux-éternel !

Puis vous avez eu l'invasion ? — Oui ; mais comme le disait déjà le vieil historien de la Champagne, Claude Haton, des reitres venus en France sous prétexte de religion « tous ne s'en retournèrent pas dire des nouvelles aux gens de leur pays ; il en demeura beaucoup pour engraisser le terrain et pour nourrir le poisson des rivières ; car autant qu'on en trouvait aux écarts, autant on en tuait » ! Aujourd'hui, nous vivotons ; il n'y a presque pas de malheureux dans la commune. On récolte des grains, on fait du vin ; les bonnes années compensent les mauvaises. Venez ce soir, au bal de l'assemblée, voir danser nos gars, nos filles, leurs papas et leurs mamans ; leur entrain vous prouvera si je dis vrai.

Nous y allâmes, non sans avoir, de la côte, que nous avions gravie, embrassé l'immense étendue des plaines de la Brie, où le chemin de fer devait nous conduire, en zigzags, par Arcis-sur-Aube, Méry, Nogent-sur-Seine, Provins, Brie-Comte-Robert, Coulommiers, Château-Thierry, Meaux, Lagny... Le voyage, dit-on, n'est pas des plus récréatifs ; mais nous partions sous d'heureux auspices.

... Arcis-sur-Aube, Méry-sur-Seine. La bonneterie occupe ces paisibles petites villes ; elles ont depuis longtemps effacé les traces des héroïques batailles de 1814, livrées à leurs portes, et jusque dans leurs rues, alors dévorées par l'incendie, pleines de morts, de mourants, de canons sans affûts, de chariots démontés. Terrible et grand, comme ces souvenirs d'invasion, Danton domine Arcis

ÉGLISE DE NOGENT-SUR-SEINE

de sa haute renommée. On a dressé une statue, non au politique éclaboussé du sang des massacres de septembre, mais au tribun-patriote dont la fougueuse éloquence, l'intrépide énergie, imprimèrent à la France, envahie par l'étranger, le superbe et victorieux élan de Valmy et de Jemmapes !

Peut-être les admirateurs de Gustave Flaubert chercheront à Nogent-sur-Seine la maison où vécut le héros si humainement banal de l'Éducation sentimentale, et des archéologues crédules, les ruines du Paraclet, fondé aux alentours, sur les bords de l'Ardusson : soins superflus ! Le frais vallon où le fugitif Abélard condamné, proscrit par les conciles « pro quadam novitate verborum et sensuum » se réfugia avec la permission de l'évêque de Troyes, n'a rien retenu de sa présence. L'herbe a poussé sur les fondations de l'abbaye que les disciples du hardi philosophe, venus en foule « pour se nourrir de sa parole » et « pourvoir à ses besoins » édifièrent si vite, et qu'après eux gouverna son amante quintessenciée, la savante Héloïse. L'écho a perdu le souvenir de son éloquente parole et la terre a dévoré ses ossements ensevelis, suivant le chroniqueur de Nangis, ici même sous cette épitaphe :

> « Est satis in titulo : Petrus hic jacet Abelardus.
> Cui soli patuit scibile quidquid erat. »

... Le train s'éloigne de la Seine et s'arrête aux rives de la Voulzie :

> ... Est-ce un fleuve aux grandes îles ? Non.
> Mais, avec un murmure aussi doux que son nom,
> Un tout petit ruisseau coulant visible à peine;
> Un géant altéré le boirait d'une haleine,
> Le nain vert Oberon jouant aux bords des flots
> Sauterait par-dessus sans mouiller ses grelots.

Si la Voulzie n'est pas tout à fait la charmante rivière entourée de « bois noirs de mûres » et coulant « dans un nid de fleurs », que chanta l'infortuné poète Hégésippe Moreau,

> Bluet éclos parmi les roses de Provins,

elle mène qui en suit les bords à la plus intéressante petite ville de la Brie. Provins, longtemps capitale riche et forte des comtes de Champagne et où l'on frappait les *deniers* ou *oboles* si recherchés encore des numismates, garde en partie, après de nombreux sièges, sa physionomie du moyen âge. Il s'enferme encore dans une enceinte continue de 5 kilomètres de murs étrécis, de tours écimées et de larges fossés, jardins, où luisent, flammes odorantes, les roses issues des roses de Jéricho, que le comte Thibaut rapporta de la Palestine.

On distingue deux villes dans Provins : la ville haute, la ville basse. La première et la plus ancienne se presse dans un étroit périmètre contre un étrange donjon nommé indifféremment grosse Tour, Tour de César, ou Tour aux Prisonniers, et la bizarre église Saint-Quiriace. L'autre, au pied de ces constructions noires et massives, s'étend, commerçante et bourgeoise. La gothique église Sainte-Ayoul en est le seul édifice ; elle offre des portes ouvragées et, au dedans, d'assez bonnes sculptures sur bois, d'un artiste local, Nicolas Blasset. Mais la ville haute, toute en petite rues obscures, exiguës, mal pavées, encombrées de plâtras, ne manque pas de caractère. C'est bien du moyen âge assurément que datent ses maisons chenues, enfoncées dans la terre, et dont les portes basses, en bois vermoulu, sont encore ornées de pointes de diamant, de dents de scie, parfois surmontées d'écussons. Voici de pauvres demeures d'artisans du douzième et du treizième siècle, de plus grands logis de clercs ou d'officiers, l'hôtel méfiant d'un prévôt ou d'un trésorier. La Tour de César, curieux ouvrage militaire du douzième siècle, compliqué au quatorzième par l'Anglais, maître de Provins, est carrée à la base, octogonale ensuite, ceinte d'une chemise flanquée de quatre tourelles, qui se rattachent au centre par des arcs-boutants, et assise sur une plate-forme dont les débris jonchent le sol. On a fait de cette rareté archéologique le clocher de Saint-Quiriace ; et la maison du sonneur s'adosse prosaïquement à ses murailles rébarbatives.

À côté de Saint-Quiriace, coiffé d'une abominable coupole en ardoise, comme d'une énorme casquette de jockey, on reconnaît, insérés dans le collège, les restes du palais des comtes de Champagne : la chapelle, de sveltes arceaux, des souterrains.

Un habitant de Provins, si vous invoquez sa complaisance, vous indiquerait d'autres précieux vestiges : le cube de grès de la place du Châtelet, qui servait de bil-

PORTE SAINT-JEAN A PROVINS

lot dans les exécutions capitales; les neuf portes, plus ou moins intactes, de l'enceinte, la double salle voûtée, mi-souterraine, appelée Grange aux Dîmes, l'élégante façade de l'hôtel Vauluisant, et celle d'une riche demeure du treizième siècle; le cloître et la salle capitulaire d'un couvent de clarisses, que l'hôpital général a remplacé. Sans nul doute, il n'oublierait pas non plus de vous promener autour des remparts changés en promenades, d'où la ville et le paysage se montrent sous divers et charmants aspects, ni de vous vanter les vertus curatives des sources ferrugineuses éprouvées des malades de la contrée... Bien près

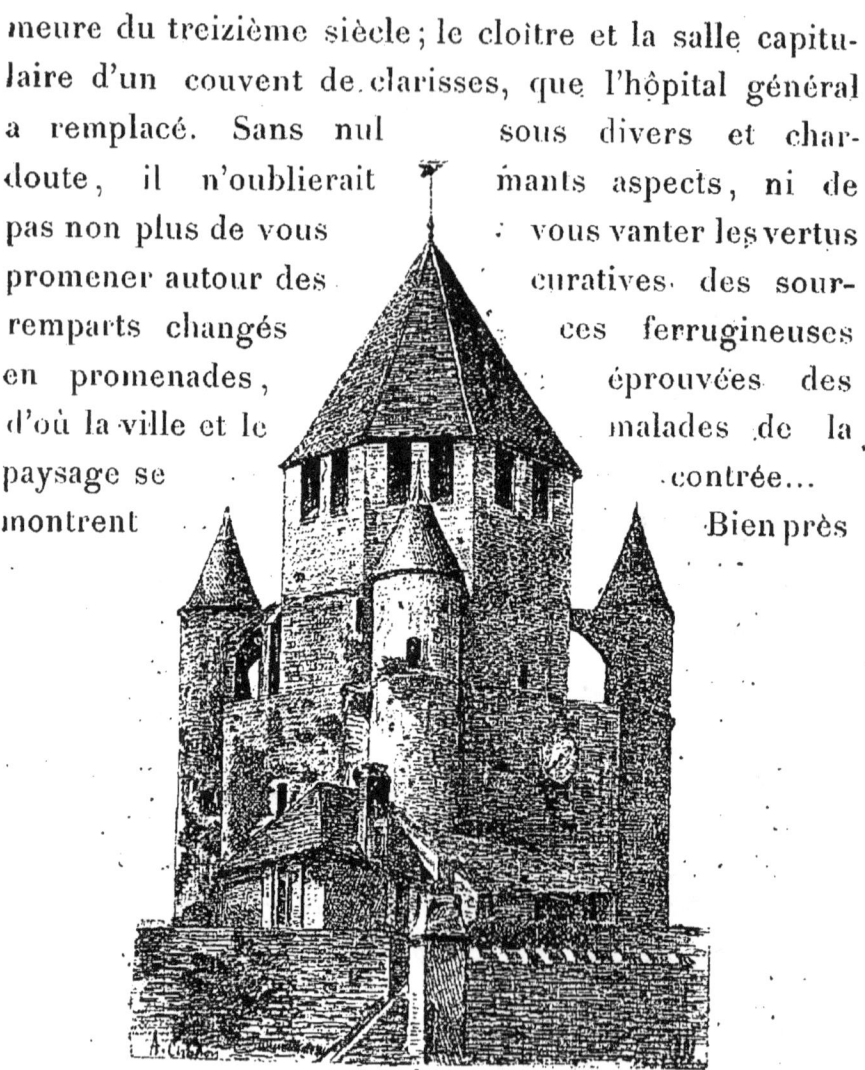

TOUR DE CÉSAR A PROVINS

de Provins, à Saint-Loup de Naud, s'élève la singulière église d'un monastère aboli; mi-romane et gothique, ingénieuse et compliquée, elle est décorée de peintures murales du douzième siècle : le Christ bénisseur, auréolé d'une amande d'or et tenant ouvert un livre sur lequel on lit : *salus populi ego sum*, y préside une cour d'apôtres et d'évangélistes.

Et la plaine s'étend devant nous, sans bornes, sans ombre, plantée de céréales, de betteraves, tachetée par hasard d'un bouquet de bois. On traverse Nangis, patrie du chroniqueur; Champeaux, où naquit Guillaume le scoliaste; Rozoy, agricole bourgade. Les deux châteaux d'Armainvillers, l'un au duc de la Rochefoucauld-Doudeauville, l'autre à M. Pereire, et la splendide résidence de Ferrières au baron Alphonse de Rothschild, brillent, dans ces plates campagnes, au milieu de parcs immenses et de jardins entretenus à grands frais. Plus d'un voyageur éprouvera le désir de visiter ce château de Ferrières, que l'imagination remplit volontiers des merveilles de l'art et du luxe. Ce désir n'est point irréalisable ; le richissime maître du logis n'en refuse pas l'accès, et son majordome en fait complaisamment les honneurs.

Au fond d'un bois taillis, peuplé de gibier réservé pour les chasses, le château même, construit par l'architecte anglais Paxton, dans un style un peu sec, mais original, plus conforme au goût de son pays qu'à celui de la Renaissance, développe quatre façades blanches, à hautes fenêtres cintrées encadrées de pilastres doriques. Il se compose d'un avant-corps et de deux ailes, ayant chacune deux étages, élevés sur un soubassement utilisé pour le domestique et les communs. Aux angles montent des tourelles dont l'ordonnance est celle de l'édifice, et que surmontent d'élégantes coupoles à campaniles. Une terrasse à l'italienne borde les toits plats ; à l'avant-corps s'adosse un porche à larges baies, terminé en terrasse et présentant, entre des frises et dans les mains de petits génies, des écussons armoriés aux lettres J.R. : James Rothschild, auteur du moderne Ferrières.

Franchissez avec nous la porte du péristyle, décoré d'un plafond de Tiepolo ; un large escalier à rampe dorée va nous conduire du vestibule en de vastes salons d'apparat constellés, pour ainsi dire, des chefs-d'œuvre de l'art et du travail, empruntés à toutes les époques : tableaux, ferrures, boiseries, horloges, bronzes, coffres, bahuts, bibelots, sortis parfaits des mains habiles et patientes des vieux maîtres. N'est-ce pas ainsi que notre âge, dénué de style propre, conçoit la somptueuse habitation moderne ? L'industrie paraissant avoir tué le goût, nous demandons au passé les jouissances délicates que ses artistes et ses artisans savaient lui donner. Jamais les choses antiques n'ont eu plus de prix à nos yeux ni plus de valeur vénale ; le baron James de Rothschild les aimait et pouvait aisément les choisir et les grouper.

C'est pour cela que vous admirez dans la *Salle à manger*, à côté d'un beau portrait de Frans Hals, des landiers massifs, des bas-reliefs de bronze et des boiseries chantournées du dix-septième siècle ; dans un *salon Louis XVI*, sous un plafond d'Henry Lévy et près d'une jolie peinture de Leprince, un clavecin ayant appartenu à Marie-Antoinette ; dans le *salon de famille*, une superbe tenture en cuir de Cordoue du quinzième siècle représentant, avec un éclatant coloris, le triomphe symbolique de Mardochée. Plus loin, dans le *salon des tapisseries*, voici de charmants gobelins du dix-huitième siècle, où se jouent les Saisons de Boucher ; un fauteuil Louis XVI, une horloge qui fut à la reine Marie-Thérèse, des tables en marqueterie, de Boule ou de ses élèves. La petite chambre suivante se nomme *la chambre d'honneur* : notre ennemi, notre vainqueur d'autrefois, le prince de Bismark y demeura au mois de septembre de l'année terrible, dans ces jours inoubliables où, vous vous le rappelez ? eut lieu à Ferrières, entre lui et Jules Favre, l'entretien qui arracha des pleurs au délégué de la France. Que ce navrant souvenir ne vous empêche pas d'apprécier, comme elle le mérite, une étonnante

TOUR DU CLOITRE A PROVINS

beauté florentine, peinte par Léonard de Vinci, proche parente de la Joconde ; un sémillant portrait du comte d'Artois, de Toché, et les galantes fantaisies de Pater et de Lancret. Ensuite, une *chambre à coucher vénitienne*, discrète et sombre alcôve, semble calquée sur les purs modèles d'un palais du Rialto. Sur les murs d'un fumoir voisin, Eugène Lamy a jeté une fresque circulaire, enlevée comme une pochade, soignée comme un tableau de chevalet, mêlant, avec une spirituelle fantaisie, des contemporains familiers, des Parisiens du boulevard et du foyer de l'Opéra de 1850, masqués et travestis, dans les danses et les jeux d'un carnaval de Venise.

Là, s'il vous plaît, arrêtez-vous ; venez au balcon de la terrasse ; laissez vos regards errer dans le parc, digne de l'Angleterre. Des massifs contrastants de cèdres, d'ifs, de hêtres pourprés, de bouleaux, s'interposent entre des buissons de fleurs, des charmilles odorantes, les rives d'une vaste pièce d'eau, les pelouses sans cesse avivées par un léger arrosage, et se prolongeant comme à Piccadilly, à Hyde Park, en lointaines et vaporeuses perspectives.

Vous rentrez pour parcourir un grand nombre d'autres pièces richement meublées, chambres réservées à des princes, à des ambassadeurs, à des invités de marque et à des amis. Elles offrent de précieuses peintures : marines de Joseph Vernet, superbes portraits de Goya, de Vanloo, animaux et fruits de Snyders, une Sainte Famille d'Andréa del Sarto ; la mémoire en oublie sans doute et des meilleurs.

Inséré au centre de l'édifice, dans toutes ses dimensions, le *salon d'honneur*, le hall, auquel un plafond vitré tamise une abondante lumière, réunit, comme un écrin, les chefs-d'œuvre du palais. Une galerie, bordée d'une balustrade en noyer sculpté, et où l'on monte par un escalier de pierres, à rampe d'ébène, orné de peintures de Snyders, partage ce musée en deux étages. En bas, sur un fond de tenture vert, traversé de boiseries luisantes à filets d'or, s'appuient des tableaux de Van Dyk, de Velasquez, du Guide, de Reynolds, de Rubens, de Largillière, de Van Cuyp, un fier officier de Rembrandt, le portrait de la Palatine par Rigaud, et celui de la baronne James de Rothschild par Ingres, chef-d'œuvre de grâce et de sentiment.

Parmi ces excellentes peintures, dans les angles du salon, au milieu, pêle mêle, dans un désordre savant, posées sur des gaines de marbre, sur des guéridons en malachite, étalés sur des chevalets, ou suspendus à la muraille, étincellent cent raretés exquises : les bustes en bronze de Louis XIV, de Condé, patinés par les Keller; celui de Pierre le Grand et son hausse-col de cuivre, où des Russes et des Suédois, gravés au burin avec une finesse extrême, se livrent une bataille acharnée; un petit miroir, monté en biscuit, conseiller des grâces de la marquise de Pompadour; un cabinet italien incrusté d'ivoire; un brûle-parfums et des vases provenant du Palais d'Eté; des cariatides du dix-septième siècle; un cabinet sculpté où la reine Henriette d'Angleterre serrait ses lettres et ses bijoux.

A la tribune, de superbes tapisseries des Gobelins déploient, en plusieurs pages magistrales, les triomphes d'Alexandre, de Neptune, de la Paix, du Christianisme à Tolbiac; entre des vases, des faïences, des majoliques, des coupes, des aiguières, des gouaches, des émaux, on remarque d'extraordinaires reliques : la poire à poudre et le bouclier de l'empereur Charles-Quint, daté de 1535, sur lequel sont groupés avec une étonnante précision les combats de l'expédition barbaresque.

En allant du château au village — que vous recommande une coquette église paroissiale édifiée dans le plus pur style du treizième siècle, — vous rencontrerez les écuries fort joliment construites dans un style renaissance de fantaisie, et aussi soignées, vernies, lustrées, que l'exige une époque de sport hippique, où les gentlemen-riders logent leurs chevaux de race dans des lambris de marbre et des stalles d'acajou massif, et pour un peu leur offriraient gravement, comme l'empereur Caligula, de l'orge dorée dans des vases d'onyx. La nature achève la décoration du parc; les serres apparaissent comme de véritables bois de plantes exotiques, avec des arcades de feuillages et de roses enguirlandées, et des lampes fleuries; le lierre étoilé enlace même une charmante broderie aux fûts des becs de gaz.

... Revenons un peu sur nos pas; que le chemin de

fer, repris à Gretz, nous mène dans le val accidenté du Grand-Morin. Au bord de cette rivière, les ruines de l'abbaye de la Celle subsistent, fort pittoresques et toutes chevelues, à côté d'un pont construit par les moines de Faremoutiers. Plus loin, à Faremoutiers, vécut une autre abbaye, celle que sainte Fare, fille d'un leude de Théodebert d'Austrasie, avait fondée pour les femmes, au septième siècle. Coulommiers, d'origine aussi antique — Colombarius dans les chartes du neuvième siècle, est moderne et indifférent. Les informes débris du château bâti au dix-septième siècle, pour Catherine de Gonzague, et que ses contemporaines, Mlle de Scudéry, Mme de la Fayette, à louaient l'envi, s'émiettent au milieu d'un parc morcelé, abandonné.

Des forêts de chênes et de hêtres brunissant l'horizon environnent Montmirail, où naquit le cardinal de Retz, où le somptueux château du duc de la Rochefoucauld-Doudeauville est moins célèbre, moins regardé que l'humble ferme de la Haute-Epine, immortelle depuis que Napoléon y coucha après la victoire du 11 février 1814.

... Château-Thierry... Si vous ne saviez que La Fontaine fut son glorieux fils, vous l'apprendriez dès vos premiers pas. Une rue porte son nom; vous traversez la Marne qui la partage en deux villes, et sa statue en bronze se dresse devant vous, au bout du pont. Gravissez la colline ardue que haussent les ruines d'un château-fort et les ombrages d'un parc, son buste vous y sourira. Descendez la même colline par un autre versant et vous apercevrez sa maison même, pieusement entretenue, solide, et présentant une façade du seizième siècle à pilastres ouvragés, très élégante encore. On lit sur la porte : *La Fontaine est né dans cette maison en 1621.*

CHATEAU-THIERRY — RUINES DU CHATEAU

Vous franchissez cette porte, le cœur ému, car vous aimez La Fontaine — qui pourrait ne pas l'aimer? — et ne vous semble-t-il pas que vous allez surprendre dans la vieille demeure du poète le secret de son génie?

Mais on ne vous fait voir qu'un petit musée, ses portraits, ceux de ses protecteurs, les ducs de Bouillon, seigneurs de Château-Thierry, et celui de la duchesse, à laquelle il dédia le premier recueil de ses contes. Seulement, dans le jardin, dessiné comme autrefois, on vous dit : « Voici l'acacia qu'il a planté, l'allée des tilleuls où il se promenait. » Vous en croyez ce qu'il vous plaît. Le fils du maître des eaux et forêts de Château-Thierry, bien qu'investi de la même charge, ne séjourna guère, passé la première jeunesse, dans sa ville natale; il s'y maria; il y eut un enfant; mais ni sa femme ni son fils ne fixèrent son humeur vagabonde. Il leur préférait le plaisir, les amours faciles, le rêve, la méditation et les beaux vers. Nul ne fut moins soumis à la coutume et davantage à son démon.

Les sentiers menant au château sont peut-être encore ceux que suivait le fabuliste, lorsqu'il allait faire sa cour à l'aimable et jolie nièce de Mazarin, duchesse de Bouillon, qui, la première, distingua son talent, son esprit, son cœur, se l'adjoignit pour animer les fêtes brillantes qu'elle organisait, le lança dans le grand monde et lui en donna le goût. Mais il était accueilli dans une résidence très peu gothique, dont nous ne retrouvons plus les traces. Il faut nous contenter d'admirer deux belles portes et une puissante enceinte du moyen âge, entre lesquelles se répand sans contrainte, un jardin public, frais et touffu; La Fontaine en aurait aimé la charmante négligence.

Les souvenirs du dix-septième siècle abondent sur notre chemin. Meaux a peu changé depuis la mort de Bossuet. Effet des sièges subis aux quinzième et seizième siècles, il est, bien que des plus antiques, banal et sans caractère. La déroute des Jacques surtout lui fut terrible. Le maire, de Soulas, ami d'Etienne Marcel, les avait amenés, avec les miliciens de Paris; tous y périrent; lui-même perdit la tête sur l'échafaud, et la ville fut brûlée. Non content, dit la chronique, d'abattre « ainsi que bestes » les jacques et les citadins révoltés, et de les faire « saillir en la rivière de Marne », les impitoyables chevaliers de Gaston Phœbus, comte de Foix, et de Jean de Grailly, captal de Buch, pillèrent la cathédrale, incendièrent le château, les maisons des bourgeois, des chanoines. « Briévement ils en tuèrent et mirent à fin plus de sept mille, ils boutèrent le feu dans la désordonnée ville de Meaux et l'ardirent toute et tous les vilains du bourg qu'ils purent dedans enclore. » Quinze jours après le carnage, les flammes n'étaient pas éteintes.

Assez bel édifice gothique, flamboyant, la cathédrale Saint-Étienne a perdu ses statues; ses bas-reliefs sont mutilés. Mais son portail ne manque pas de grandeur, les trois portes en sont élégantes, les gables finement sculptés, la rose gracieuse. Bossuet repose sous la nef, à côté de ses grands vicaires et, dans le chœur, s'élève la statue qui le représente assis, revêtu de ses habits pontificaux, la main droite étendue, « nourrissant son troupeau de la parole de vie ».

Le palais épiscopal n'est en apparence qu'un solennel hôtel du dix-septième siècle. Mais par un singulier corridor qui, tenant lieu d'escalier, monte doucement jusqu'au sommet de l'édifice, facilitant de la sorte aux prélats chargés d'ans et de travaux, comme le fut Bossuet, une ascension fatigante, pénétrez dans cet hôtel; vos regards découvrent de basses salles voûtées en

ESCALIER DU CHAPITRE A MEAUX

ogive et, aux façades intérieures, de fines arcades fâcheusement murées... Ce sont les restes de l'ancien palais du moyen âge et de la Renaissance, résidence de prélats fastueux, entre autres de Guillaume Briçonnet, digne contemporain de Rabelais et d'Érasme.

Combien d'admirateurs de l'Aigle de Meaux sont ensuite allés voir, à l'extrémité du jardin, le pavillon isolé où, selon la tradition, l'illustre évêque s'enfermait pour méditer et travailler pendant des semaines entières!

Un observateur instruit reconnaîtrait bien encore, sur plus d'un point, des vestiges du vieux Meaux; gageons que les Melliens n'ont cure de ces vanités. Le commerce immense et fructueux des grains et des fromages de

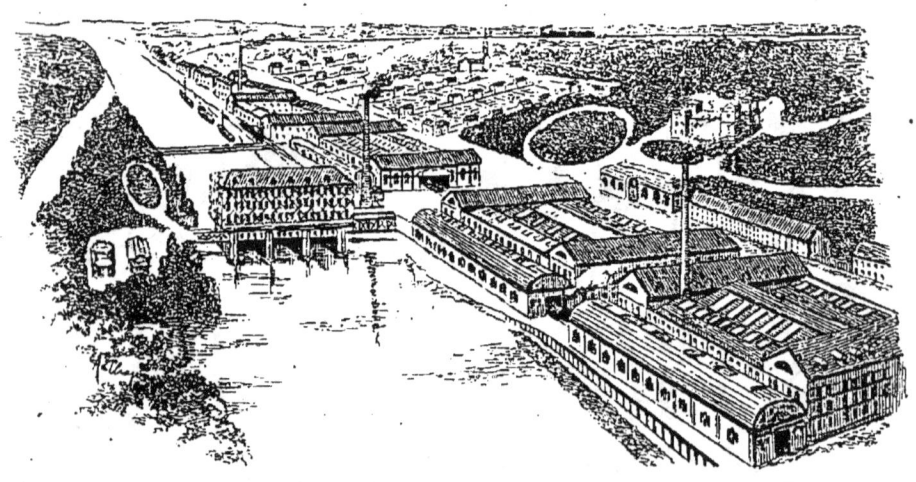

USINES DE NOISIEL

Brie, dont leur marché est tous les samedis le centre bruyant, les passionne davantage. Ce qui caractérise surtout la cité moderne, n'est-ce pas ses grandes meuneries, élevant au beau milieu de la Marne, sur des barrages sonores, plusieurs étages de pittoresques charpentes, blanches comme farine?

Est-ce à dire que l'histoire de Meaux, si mouvementée, si palpitante, y soit complètement oubliée? Non point, et nous y avons vu, pour notre part, des cavalcades commératives des fastes urbains, composées avec un remarquable souci et une entente réelle de la vérité rétrospective.

... Lagny, Pomponne, Chelles... nous sommes dans la banlieue de Paris. La Marne multiplie ses courbes capricieuses avant de rejoindre la Seine, décrit les amples presqu'îles de Nogent-sur-Marne, de Joinville, de Saint-Maur, si connues, si fréquentées des Parisiens. Entre Pomponne et Chelles, sur la rive gauche, Noisiel est l'attrait du voyage. Qu'est-ce que Noisiel? Une usine et un village industriel, inséparables l'un de l'autre : l'usine, parfaitement agencée pour la fabrication des chocolats de MM. Menier; le village, parfaitement construit pour loger les ouvriers de l'usine ; à vol d'oiseau, une nuée de maisonnettes aux toits rouges, aux façades bleuâtres, de type uniforme, mais égayées par des jardinets.

Au bord de la Marne, et en face d'un vieux moulin, d'une élégance toute neuve, l'usine offre le spectacle d'un travail bien divisé, bien ordonné, servi par des machines perfectionnées, dont les fontes, les aciers, luisent comme argent massif. Au delà, jusque vers les territoires d'Emerainville, Champs, Torcy, s'étendent de vastes exploitations agricoles, propriétés de MM. Menier où l'on expérimente les procédés les plus récents. D'Emerainville à Noisiel un embranchement spécial amène à la fabrique les matières premières, en rapporte les produits, complète une organisation modèle; par la méthode rigoureuse, la ponctualité de ses opérations, Noisiel est un type de grande industrie.

... Chelles n'a plus son illustre abbaye, ni Gournay son prieuré. La Ville-Évrard est un asile d'aliénés, au sein d'une campagne verte comme l'émeraude. Au-delà vers le nord, la Brie se limite à la forêt de Bondy, de réputation picaresque : Livry, défunte abbaye de l'abbé de Coulanges et de Mme de Sévigné, Montfermeil, le Raincy, Clichy-sous-Bois, gentilles bourgades où les Parisiens iraient bien davantage s'ils ne craignaient les émanations du dépotoir, s'encadrent dans ses futaies morcelées par la villégiature, Le Bourget, Drancy sont toujours pour nous des champs de bataille où les combattants de 1870 vont quelquefois chercher de poignantes émotions et déposer des couronnes, sur des tombeaux anonymes. Plus à l'est, dans une banlieue maussade, pelée, galeuse, empuantie, se groupent les petites villes et villages jadis charmants, rieurs et fleuris de lilas, si l'on en croit Mercier et Paul de Kock, qui s'adossent à l'enceinte orientale de Paris : Pantin, les Prés-Saint-Gervais, Romainville, Bagnolet, Montreuil-aux-Pêches.

Vincennes, dans la même zone, possède encore le donjon, édifié sous Charles V, célèbre prison d'État jusqu'en 1789, dont la haute plateforme domine le joli bois populaire où les ouvriers des faubourgs vont respirer le dimanche et dîner sur l'herbe, où les noces plébéiennes dansent et folâtrent. Il n'y a pas de bois plus touffu et plus gai ; les bosquets ingénieux des-

CHAPELLE DU CHATEAU DE VINCENNES

sinés par M. Alphand y semblent venus tout seuls ; on

ne songe pas, en parcourant ses allées sinueuses, ses multiples sentiers, ses pelouses et ses bords de lacs,

LA MARNE A CHAMPIGNY

que l'art, dans cette décoration agreste, est le rival de la nature.

... Le train, qui nous conduit à Brie-Comte-Robert, nous découvre le lumineux champ de course du bois; l'étincelant point de vue de la butte de Gravelle; le petit port de Joinville, si joyeux, si vivant, les dimanches, de la vie et de la joie des canotiers. Puis il circule à travers une forêt de villas et de maisons de plaisance microscopiques, délices des bourgeois. On laisse à droite

JOINVILLE-LE-PONT

Champigny, Villiers, théâtre de combats héroïques; à l'ouest, Charenton, Maisons-Alfort et Créteil. Les ravissantes campagnes de Bonneuil, de Boissy-Saint-Léger, de Villecresnes, le château de La Grange et son parc, le château de Gros-Bois et ses bois, princières habitations, vous apparaissent... Brie-Comte-Robert, au point terminus de cette ligne, achève nos excursions dans la Brie. Très ancien, il n'a cependant que peu d'antiquités à nous montrer : les ruines de son château du douzième siècle, une porte et des arcatures de son Hostel-Dieu, et, dans son église, un vitrail superbe. Mais si vous aimez les fleurs — pourrait-il en être autrement ? — vous trouverez chez ses horticulteurs, artistes accomplis, toutes les variétés de roses, car vous êtes dans le canton des roses, et à cinq lieues à la ronde, il n'est point de jardin qui n'en soit embrasé.

CHAPITRE X

LA FORÊT DE FONTAINEBLEAU.

Entre la Champagne, la Brie et la Beauce, plaines arides, cultures monotones, la forêt de Fontainebleau est l'oasis; on dirait qu'un poète a présidé au jeu des forces diluviennes, qui l'ont insérée parmi ces plates régions, comme un poème délicieux entre des chapitres de prose.

... Laissons la Seine, dont les nonchalantes sinuosités, effrangeant la lisière de la forêt, arrosent les coteaux où mûrit le chasselas, et ces heureux villages : Saint-Mammès, où le Loing la grossit de ses eaux transparentes, By, où demeure la charmante peintresse Rosa Bonheur, Champagne, Thomery, Samoreau, plein de villas et de treilles dorées; seulement, au petit port de Valvins, que le Primatice encombra des antiques et des moulages envoyés d'Italie pour François Ier, et que recommandent aujourd'hui ses tonnelles et ses matelottes, prenons à gauche la route de terre. Au bout de cette route, spacieuse avenue embaumée, la ville, le palais apparaissent, entourés de la forêt, laquelle enclôt pareillement le faubourg élégant des Basses-Loges, et les hameaux rustiques : Changis au beau viaduc, et

Avon, dont la vieille église, longtemps paroisse de Fontainebleau, a reçu la dépouille mortelle de plus d'un artiste de la Renaissance et garde encore — unique memento d'une tragédie atroce — la sépulture de Monaldeschi.

Le palais, œuvre diverse, étonne d'abord, plus qu'il ne séduit, par son immensité, son irrégularité, le contraste et le mélange des styles employés dans sa construction, sa décoration. C'est un groupe de palais, qui semblent n'avoir de commun que leur rapprochement. Mais le lien indestructible de l'histoire unit ces bâtiments distincts. Ils sont comme de grandes pages de nos annales, représentant les goûts artistiques, rappelant les mœurs, la politique, les fastes, les fêtes de grands ou de longs règnes. Celui-ci nous parle de François Ier, de Henri II, de Charles IX; celui-là de Henri IV et de Louis XIII; cet autre de Louis XIV et de Louis XV. A l'angle d'une cour moussue un donjon étouffé, quelques pierres noircies, nous entretiennent de saint Louis, l'aïeul vénéré de tous ces rois. Et nous reportant presque à l'origine de Fontainebleau, une chapelle souterraine, sous le vocable de saint Saturnin, évoque le nom du grand évêque du moyen âge, Thomas Becket, lequel la consacra l'an 1169, sous le règne de Louis VII.

Le chastel des Capétiens et des premiers Valois paraît avoir occupé l'emplacement de la cour Ovale; ce n'était sans doute qu'une maison de plaisance, fortifiée, d'où les princes pouvaient aller en sûreté « à l'esbattement de la chasse », dans leur giboyeuse *forêt de Bière*. Charles V ornac et « hostel » de tout le luxe de son époque, et fit si bien que la voluptueuse reine Isabeau de Bavière, qui le reçut en douaire de Charles VII, s'y plut infiniment. Mais François Ier n'était pas homme à se contenter d'une habitation gothique; il transforma le Fontainebleau de ses ancêtres, comme leur Louvre et leur Saint-Germain. En 1528, commencèrent les travaux, d'après les plans de plus d'un maître, Gilles le Breton, Bastianet Serlio, sous la direction supérieure de Messire Philibert Delorme, abbé d'Ivry, architecte ordinaire du Roy. L'édifice construit, aussitôt les peintres, les sculpteurs, les stucateurs, les tapissiers, les mosaïstes, étrangers et français, y répandirent sans compter les belles et gracieuses imaginations de la Renaissance; leurs travaux, qui se prolongèrent au delà d'un demi-siècle, ont servi puissamment le progrès des arts dans notre patrie, et justement immortalisé l'école de Fontainebleau. Aux chefs illustres de cette école : Le Rosso, le Primatice, Benvenuto Cellini, Nicolo dell'Abbate, succédèrent, sous Henri IV, les maîtres inférieurs, Fréminet, Ambroise Dubois, Toussaint Dubreuil, Francarville, Jacquet de Grenoble, qui décorèrent de nouveaux bâtiments. Si Louis XIV changea peu de chose au Palais, en revanche il permit à Le Nostre d'en refaire les jardins. Enfin Louis XV osa, barbarie insigne, substituer à l'aile Renaissance, qui renfermait l'admirable *galerie d'Ulysse*, chef-d'œuvre des Italiens, le lourd et ennuyeux corps de logis, où, chaque année, en automne, séjourne le président de la République.

Au fond d'un morne espace, toujours nommé *cour du Cheval Blanc*, bien que depuis Louis XIII on n'y voie plus, dressée au milieu, sur un socle, le modèle en plâtre du cheval de Marc-Aurèle, s'élève une longue façade, composée de cinq pavillons, en pierre de grès, surmontés des énormes toitures en ardoises, à la mode au seizième siècle. En maints endroits s'entrelacent les chiffres F.F., et la salamandre incombustible coiffée de la couronne royale se tord dans les flammes. Au bas du pavillon central, l'escalier de Jacques Lemercier s'inscrit dans les doubles courbes d'un fer à cheval, et ses deux larges rampes montent au vestibule, où s'ouvre la *galerie de François Ier*.

Gravissons cet escalier. Que les massives portes sculptées du vestibule nous livrent passage à travers les splendeurs de la Renaissance. Mais quoi? Est-ce bien elles que nous avons sous les yeux? Ces boiseries mates, ces ors éclatants, ces stucs immaculés, ces fraîches incrustations, ces peintures, d'un coloris si égal ou si vif, sont-ils aussi vieux que cela? Non, il est vrai. Déjà retouchées sous Henri IV par Dubreuil, sous Louis XV par les Vanloo, les fresques du Rosso, du Primatice, de Nicolo se perdaient entièrement, lorsque, par ordre de Louis-Philippe, incomparable restaurateur de palais abandonnés, des artistes de mérite, Alaux, Abel de Pujol, Couderc, à force d'ingénieux procédés, de précautions minutieuses, leur rendirent la couleur, le mouvement, la vie. Maintenant, un sang pâle circule dans les veines, une faible chaleur anime les figures plus héroïques ou plus gracieuses que nature de la galerie de François Ier et de la Salle de Bal ; femmes d'une sveltesse démesurée, blondes déesses, tendres et flexibles, sirènes enlaçantes, dieux et demi-dieux aux muscles d'athlètes, personnages poétiques de mythologies quintessenciées ou de savantes allégories, pures créations d'un siècle épris d'antiquité, de galanterie et d'idéal.

La Renaissance n'a rien laissé à Fontainebleau d'aussi complet que la galerie de François Ier et la Salle de Bal, encore voit-on de belles fresques, de caractère, sinon de coloris authentique, dans le vestibule de la Porte Dorée et dans l'ample Escalier du Roi, qui fut jadis la chambre de la duchesse d'Etampes : en celui-ci, sur de larges panneaux que les nymphes de Jean Goujon encadrent de leurs blanches nudités, divinement légères, élégantes et mignonnes, se déploient les amours et les générosités d'Alexandre Macédonien, allusions hyperboliques du Primatice aux galanteries et aux munificences du vainqueur de Marignan.

Diminuées ou agrandies par les héritiers des Valois, les pièces suivantes offrent à la fois d'inestimables débris de leur splendeur première et tout le luxe disparate des époques suivantes. Les salles de Saint-Louis, pratiquées dans le vieux Donjon, et dont les murs ont 3 mètres d'épaisseur, ne sont, comme la salle des Gardes,

FONTAINEBLEAU — COUR DU CHEVAL-BLANC

que de chatoyantes restaurations de Louis-Philippe, mais le *salon de Louis XIII*, le *salon de François* Ier, le *salon des Tapisseries*, exposent — véritables musées, — à côté des cheminées monumentales, peintes et sculptées, du seizième siècle, le mobilier solide et hautain, les lourdes étoffes, les peintures classiques, et les parfaits Gobelins du temps de Henri IV, de Louis XIII et de Louis XIV. On se demande comment il est resté si peu de chose de l'œuvre considérable de l'école de Fontainebleau, des tableaux, des bronzes, des marbres achetés en Italie par le Primatice? Les graves Bourbons, méconnaissant la valeur de ces richesses, les ont anéanties ou dispersées, et l'on sait à ne s'en pouvoir consoler, que de prudes reines, vertueuses à la façon d'Arsinoé, ont effacé ou détruit, comme licencieuses, la plupart des fresques et des toiles (entre autres La Léda de Michel Ange), dont le libre génie de la Renaissance avait orné à profusion le palais des Valois.

En revanche le dix-huitième siècle, non moins gracieux que la Renaissance, et plus vif, plus sémillant, surtout plus français, a mis ici plus d'un chef-d'œuvre. Passons du salon des Tapisseries dans le salon des Dames d'honneur, de celui-ci dans le salon de Musique, puis successivement dans la chambre à coucher des Reines, dans le boudoir de Marie-Antoinette, auquel attient, perle sur perle, le joli boudoir turc, et enfin de la salle du Trône, splendeur féerique du temps de Louis XIII et de Louis XIV, dans la salle du Conseil, joyau d'un écrin sans rival.

Sous les plafonds, dédoublés en compartiments ingénieux, répartis encore en caissons et en rosaces, reposent, inutiles, les nids voluptueux, les salons brillants où l'imagination appelle aussitôt les ombres spirituelles, frivoles et charmantes d'une société disparue, car elles seules n'y seraient pas déplacées. Entre des lambris aux nuances tendres, mouchetés d'or jaune ou vert, des soieries lunaires brodées de fleurettes, des sièges douillets mollement cambrés pour le facile plaisir ou la causerie légère, qui font, sinon des taches, nos vêtements lugubres ? Mais les ombres ne se dérangeront pas, les seules âmes de ces logis déserts et merveilleux seront toujours les pastorales de Barthélemy, les grisailles de Sauvage, les bergeries et mythologies galantes de François Boucher et d'Antoine Vanloo, ces derniers, véritables maîtres de céans, par le génie et l'invention. On ne verra jamais, sans doute, dans l'olympienne salle du Conseil, conseillers plus graves et plus éloquents que les êtres divins qu'ils y ont placés, en camaïeux ravissants : dieux roses à la barbe frisée, déesses blondes, en robes flottantes et diaphanes, êtres de rêve dont les chairs roses, vertes, bleues, safranées, lilas ou ponceau, trônent avec une si gracieuse majesté, un si captivant abandon, sur des nues d'azur et d'aurore, pareilles aux moelleuses ottomanes d'un sérail Louis XV... Un sourire, un désir, émanés de ces délicieuses chimères, distrairaient les plus hommes d'état des idées politiques.

Après ses admirables décorations, que citer encore? Hormis la splendide chapelle de la Trinité et les fresques épiques de Fréminet, le reste paraît bien pâle. On visite, par acquit de conscience, la longue *galerie de Diane*, revêtue des glaciales peintures à la mode sous Louis XVIII; la *galerie des Assiettes*, bizarre conception de Louis-Philippe, présentant des vues de résidences royales et même des caricatures, peintes sur des assiettes en porcelaine de Sèvres; et si l'on n'était curieux de voir la place où fut navré le pauvre Monaldeschi, presque sous les yeux de son amante et souveraine Christine de Suède, on se dispenserait volontiers de visiter la *Galerie des Cerfs*.

Revenons aux dehors du palais, puis à ses jardins, à son parc. Ayant peu changé depuis deux siècles, ils reflètent très bien la poésie du passé. À part le jardin de l'Orangerie ou de Diane, si charmant avec ses capricieuses charmilles, voilant comme une dentelle les façades roses et grises, et qu'emplissent du matin au soir les jeux des enfants, tous semblent ensevelis dans un éternel silence.

Entre tous, la Cour Ovale produit une étrange impression: moussue, verdâtre, entourée d'arcades comme un palazzo d'Italie, décorée du portique attribué à Serlio et de la fameuse porte Dauphine, elle représente, à elle seule, toute la Renaissance des Valois, cristallisée dans le grès jauni, mordu par les pluies. Que de fêtes bruyantes se sont passées sous les yeux vides des masques sculptés

GALERIE HENRI II A FONTAINEBLEAU

aux chapiteaux effrités! Un jour, Henri II et Diane de Poitiers, accoudés à la balustrade du portique, ont vu la cour, la ville et les ambassadeurs défiler, extasiés, devant plusieurs buffets et dressoirs, posés au milieu de la cour, et tout chargés des trésors à jamais perdus, que huit siècles de monarchie avaient accumulés dans les châteaux des rois de France : armes, vaisselle, vases, coupes, hanaps, aiguières, orfèvreries de tout genre, miracles de travail et de richesse. Un autre jour, le 20 mars 1564, la sombre Catherine de Médicis assista, de la même place, aux carrousels, passes d'armes courtoises, jeux de barrière et courses de bagues auxquels, — déguisés en princes grecs et troyens, — se livrèrent très vaillamment ses fils Charles IX et Henri d'Anjou, Henri de Condé et Henri de Guise ses cousins, et autres seigneurs de moindre importance, sous les regards charmés des dames et aux applaudissements rythmés en vers français par Ronsard, très excellent poète.

A gauche du château s'étend, va gagner Avon, la douce solitude du Parc ; la *Treille du Roi* où le soleil mûrit par milliers de livres le chasselas doré, festonne un mur de 2,400 mètres de longueur ; parallèlement dorment les eaux placides du canal bordé de grands arbres et de talus fleuris ; çà et là, des pêcheurs jettent l'amorce aux poissons ; des bancs rustiques invitent aux rêveuses paresses ; de la Faisanderie, tapie à l'écart, derrière une grille dorée, s'échappent des abois et des cris rauques, grossis par l'écho de la forêt.

Le parterre, arrangé en damier selon l'art de Le Nostre, s'étend devant la belle façade de la galerie de Henri II, et s'arrête au gracieux pavillon nommé *Porte Dorée*, dont la voûte est peinte à fresque par le Primatice. A cette porte aboutit l'avenue Royale, par laquelle, en 1535, l'empereur Charles-Quint, ayant cheminé à travers la forêt, vint au-devant de son hospitalier et fastueux rival, qui l'attendait à l'entrée de son palais luisant neuf.

Devant la cour de la Fontaine, l'étang limpide aux carpes centenaires, dont les ouïes portaient des anneaux d'or, répand sa fraîcheur, et, tous les jours, des badauds s'accordent le plaisir de jeter aux successeurs de ces poissons historiques, — hélas! mangés par les Cosaques en 1814, — des miches de pain de seigle. Mais nous, nous admirerons les harmonieuses architectures de la galerie de François Ier, du pavillon des Reines-Mères, et surtout de l'aile au double escalier, qui contenait jadis la mignonne salle de spectacle pratiquée, par les ordres de la Pompadour, dans la salle de la Belle Cheminée. Les comédiens de Louis XV y ont représenté les tragédies de Voltaire, avant que Jelyote n'y vînt chanter le *Devin du Village* en présence de l'orgueilleux, timide et ravi Jean-Jacques Rousseau. On y déclama aussi des vers de Piron, devant lui, et, le plaisant le plus original, le plus drôle de corps du siècle, a tracé de son séjour à la cour un tableautin qu'il faut regarder ici même comme un album de Gavarni au foyer de l'Opéra. Il semble écrire (à un abbé) de la galerie de Henri II :

« Je m'ennuierais beaucoup à la cour, sans une encoignure de fenêtre dans la galerie où je me poste quelques heures, la lorgnette à la main, et Dieu sait le plaisir que j'ai de voir les allans et les venans. Ah! les masques! Si vous voyiez comme les gens de votre robe ont l'air édifiant! Comme les gens de cour l'ont important! Comme les autres l'ont altéré de crainte et d'espoir, et

GALERIE FRANÇOIS 1er A FONTAINEBLEAU

surtout comme tous ces airs-là, pour la plupart, sont faux à des yeux clairvoyants! C'est une merveille! Je n'y vois rien de vrai que la physionomie des Suisses, ce sont les seuls philosophes de la cour; avec leur hallebarde sur l'épaule, leur grosse moustache, leur air tranquille, on dirait qu'ils regardent tous les affamés de fortune comme des gens qui courent après ce qu'eux,

ÉTANG ET COUR DE LA FONTAINE

pauvres Suisses qu'ils sont, ont attrapé depuis longtemps… »

Les buissons de roses, les bosquets de clématites, de lilas, de chèvrefeuille, les allées sinueuses, les ruisselets, les ponceaux et les kiosques du Jardin anglais ont remplacé, devant l'aile neuve de Louis XV, le Jardin des Pins, planté sous François Ier, impénétrable rideau cachant aux indiscrets les bains de la duchesse d'Étampes, l'impudique Grotte des Pins. A l'extrémité du jardin, d'énormes cariatides de grès, moroses et grimaçantes comme des faunes captifs, se dressent encore emprisonnées dans les murs de la grotte.

Des jardins du château à la forêt, le passage est facile et nous n'avons aucune transition à ménager. La lisière de l'une est la limite des autres et les parterres symétriques de Le Nostre rejoignent insensiblement les végétations libres et fougueuses des roches. À mille mètres de l'avenue de Maintenon, le sol blanc et sableux s'enfonce déjà sous les pieds, forcés de glisser sur les myriades d'aiguilles vertes tombées des pins. Sous les massifs des résineux, la solitude s'approfondit ; les grès, recouverts de lichens et de mousse, s'accroupissent, rampent et se heurtent par masses confuses, dans l'ombre des taillis ; des fougères les éventent ; on entend comme le prélude des grandes symphonies prochaines.

Le rocher d'Avon en est l'une des belles phrases. Il entasse longuement, en ligne continue, de l'ouest à l'est, des blocs gigantesques, revêtant toutes les formes, toutes les attitudes, pêle-mêle droits, obliques, ronds, carrés, triangulaires, piqués sur leurs pointes, comme des cônes renversés, ou plantés sur leurs bases comme des pyramides, dessinant ici d'improbables menhirs, là de fantastiques dolmens, excavés en grottes ou rapprochés en défilés, rangés en cercles ou contournés en spirales, partout si étrangement équilibrés qu'ils semblent défier les lois de la pesanteur et vous menacer de leur chute subite. Mais les cimes des pins étendent leur épaisse ramée sur ces blocs; par endroits seulement, leurs blancheurs micacées transparaissent et, de loin, on dirait les formidables sépulcres d'une race anéantie, épars sous les arbres funéraires d'un cimetière abandonné.

Au sommet de la pente nommée le Mail de Henri IV, sous un cèdre, reposez-vous un instant; le Palais, derrière vous, n'est plus qu'une façade blanche et rose, criblée de lueurs sintillantes : tous ses disparates se sont fondus dans une harmonie parfaite. Plus d'une fois vous retrouverez sur votre chemin cette vision magique, rappel de l'art au milieu des sauvages tableaux de la nature.

Franchissez le fossé poudreux du polygone d'artillerie, dernière tranchée creusée par les utilitaires au seuil de la forêt. Au delà, le rocher de Boutigny, le mont Merle, le rocher Fourreau vous opposent successivement, dressés, amoncelés en murailles parallèles, leurs grès livides, pareils à d'énormes ossements cuits au soleil, et les uns sur les autres haussés, bordant des ravins au fond desquels s'étalent des pelouses semées de touffes de bruyères et croissent de maigres bouleaux mélancoliques.

Près de ces scènes de mort, d'une si émouvante tristesse, les opulentes futaies de la Gorge-aux-Loups s'élèvent comme un chant de victoire. Chênes et hêtres centenaires entrelacent joyeusement leurs branches ; leurs tiges puissantes montent orgueilleusement vers le ciel et, par-dessus les allées silencieuses, se courbent et se joignent en voûtes triomphales. Ils sont comme les glorieux vainqueurs d'une bataille surnaturelle, comme les survivants d'un cataclysme sans nom, célébrant, après les destructions accomplies, le bonheur d'être dans la santé et dans la force. A l'abri de leurs rameaux, vastes ombrelles, la flore sylvestre serpente ou s'élance, et foisonne : les fougères nouvelles balancent leurs palmes sur l'amas jauni des fougères mortes ; les ronces, le lierre et les lianes enchaînent leurs vrilles tenaces en réseaux infinis, les champignons monstrueux portent sur leurs corps menus leurs lourdes têtes chargées de poisons; les clochettes bleues des liserons, les boutons d'or des pâquerettes, les corolles d'argent des marguerites, étincellent comme de très humbles bijoux, parmi les végétations folles et vigoureuses, et leurs souffles légers se mêlent à d'enivrantes senteurs.

Entre ces futaies qui les dérobent aux regards, des

collines isolées dominent la forêt; on embrasse de leurs cimes l'immense étendue des ondes vertes, et aussi, vers le sud, la plaine, les champs de céréales que sillonne le Loing, que parcourt le chemin de fer, et les

FORÊT DE FONTAINEBLEAU

jolis villages de Bouron, de Montigny, d'Épisy, le hameau renommé de Marlotte.

Marlotte! il y a longtemps, bien longtemps, car c'était avant le Pessimisme et le Naturalisme, qu'il fut découvert, ainsi qu'une île inconnue, adopté et colonisé par une société de peintres cherchant des sites ignorés, et de poètes rêvant de simplicité campagnarde et d'émotions champêtres! Les quelques maisonnettes du hameau d'alors, l'auberge rustaude de Nana, existent, mais dans les seuls poèmes et récits d'Henry Murger. Depuis le pauvre historien de la Bohême, des villas de parvenus et des hôtels très comme-il-faut ont pris la place des tonnelles où Musette arrosait de vin clair son insouciante chanson. Et les « artistes » de ces parages, gentlemen corrects, ne vont plus qu'en cérémonial costume et suivis de domestiques portant chevalet, pinchard et cartons, visiter la Mare-aux-Fées, dont les grenouilles et les orvets seraient évidemment choqués, si ces messieurs manquaient aux convenances!

Les sites que le poète a vantés, le vulgaire veut les admirer après lui; il y transporte ses pénates, ses habitudes et ses goûts, et les voilà civilisés, gâtés! Puisses tu ne jamais les revoir, imprudent rêveur, qui n'as pas su garder le secret de tes intimes jouissances! C'est ta faute, c'est la faute de tes vers, de tes livres, si ce qui était beau hier ne l'est plus aujourd'hui, si d'insipides « maisons de plaisance » aux toits vernis ont chassé de la franche campagne les maisonnettes tapissées de vignes et les chaumes veloutés, si l'auberge avenante et simple s'est changée en prétentieux hôtel, et le bon paysan de jadis, qui te recevait la main ouverte, en avide bourgeois pressé d'exploiter « ton amour de la nature ». Tu l'as voulu! On a pillé ton trésor et changé tes purs diamants en méprisables cailloux !

Ainsi Franchart, où nous allons, — mais en prenant soin de passer par la gorge des Houx, aux étranges fondrières, — s'est civilisé. Il y avait jadis à Franchart, près de la Roche qui Pleure, bloc de grès d'où s'épanche continuellement un mince filet d'eau, un Ermitage, dont la chapelle ogivale n'a pas disparu. A côté de cette chapelle, un hôtel à la parisienne s'ouvre maintenant aux noces et parties fines, attire dans la forêt le high-life de la nature et des cabinets particuliers. Comme il faut que ces gorges de Franchart soient d'une beauté solide pour résister à ces invasions! Mais leurs amoncellements, pareils aux ruines éboulées de villes colossales, ont toujours la même grandeur farouche, le même aspect désolé, qui saisit l'âme la plus légère.

Des chemins frayés sous l'ombre impénétrable des sapins mènent aux gorges d'Apremont, hautaine beauté de la forêt découverte il y a trente ou quarante ans. Les poètes de l'école de Jean-Jacques, Jean-Jacques lui-même, paraissent avoir ignoré la forêt de Fontainebleau; un seul écrivain du commencement de ce siècle, Senancourt, en a senti le charme mélancolique, décrit, dans certaines pages d'*Obermann;* mais ce sont les peintres qui l'ont mise à la mode : Decamps, Jacques, Théodore Rousseau, François Millet... Mais quel pinceau pourrait reproduire les sauvages magnificences des Gorges d'Apremont ? On marche entre des écroulements de grès prodigieux, livides, roulés pêle-mêle comme les débris d'une montagne fracassée. Dans ce chaos titanique des formes surnaturelles paraissent avoir vécu; on dirait les corps pétrifiés de monstres fossiles arrêtés dans leur fuite pendant la déroute des éléments, pétrifiés et fixés par la foudre à la place où ils sont encore. De rares arbrisseaux, des buissons de houx, des genévriers, parviennent à pousser dans l'anfrac-

MONTIGNY-SUR-LE-LOING

tuosité des roches; leur maigre feuillage ne réchauffe pas une nature épuisée.

Comme Marlotte, Barbizon, naguère rustique colonie d'artistes, devient à la mode, et beaucoup de Parisiens vont y passer les vacances. François Millet repose dans le cimetière du hameau; un médaillon en bronze, dû au sculpteur Chapu, et encastré dans une roche, unit le peintre de l'*Angelus* à son émule et ami Théodore Rousseau.

Droits comme les piliers d'une cathédrale gothique, s'élancent vers la nue les bouquets de chênes et de hêtres du Bas-Bréau, du Gros-Fouteau ; dans leurs tiges centenaires circule une sève d'une vigueur surnaturelle épandue en merveilleux rameaux. Les monts Chauvet, le Nid de l'Aigle, le Mont Ussy, élèvent autour de la

MORET

vallée de la Sole, disposée en champ de courses, des roches énormes ombragées par une végétation luxuriante, mêlant toutes les essences aux palmes des fougères. A leurs pieds, des fourrés inextricables hérissent de longs espaces et vont, loin vers l'est, le nord, du côté de Melun, enliser les abords du Calvaire, du Rocher Casse-Pot et du Fort l'Empereur, bizarre tourelle édifiée par Dénecourt, célèbre solitaire et studieux ami de la forêt.

... Les alentours de la forêt ont comme un reflet de sa beauté. C'est d'abord, au sud, la vallée du Loing ; Montigny, dont les maisons étagées se mirent si joliment dans cette blanche rivière, bordée de prairies ; Moret, petite ville antique, féodale, comprenant encore entre deux portes du seizième siècle, une église fort belle, quoique délabrée, et le donjon célèbre d'un château royal. Jacqueline de Bueil, maîtresse de Henri IV, fut comtesse de Moret ; une fille naturelle de Louis XIV y dirigea un couvent de religieuses : elle était si brune qu'on l'appelait l'abbesse noire ; Mme de Maintenon et le roi lui rendirent quelquefois visite pendant leur séjour à Fontainebleau. Moret a perdu en 1826, au profit de Paris, son édifice le plus élégant : l'hôtel Renaissance dont les sculptures attribuées à Jean Goujon décorent au Cours-la-Reine la maison dite de François Ier.

Plus avant dans la vallée, Nemours garde un château gothique ; Larchant a ses roches et son église singulière ; Ferrières, la basilique remarquable d'une abbaye mérovingienne, restaurée du dixième au quinzième siècle. Au midi de Ferrières, la forêt recommence, non plus grandiose, mais vaste et giboyeuse, limitée par le Loing, et se terminant auprès de Montargis.

Montargis a été ville forte, ville royale. De son château construit sous Charles V, il reste sur la colline un corps de logis, une poterne, une tour carrée. Au pied de ces débris, la ville très populeuse, un peu sombre, groupe des fabriques de serge, de bonneterie, de rouennerie, des mégissiers, une papeterie; encore est-ce un centre agricole, et le commerce des grains l'occupe davantage que l'industrie. Il en est ainsi de Château-Renard, enfermé dans son enceinte du treizième siècle; de Châtillon-sur-Loing... Tout ce pays, situé entre le Gâtinais et la Puisaye, participe de la nature de ces contrées : il est humide et sec, ingrat et fécond; les grandes pluies, que le sol n'absorbe pas, y laissent des marécages fiévreux, et, à côté de terres fertiles, il offre de longs espaces incultes.

Il fut cependant colonisé de bonne heure par les Romains, et prospère. On croit reconnaître à Triguières, près de Château-Renard, les traces de Villaunodunum, que César assiégea durant trois jours; on y a mis au jour les assises, encore pavées de mosaïques, d'un théâtre assez grand pour contenir huit mille spectateurs. Au près de Châtillon, à Chénevières, les paysans nomment Fosse-aux-Lions un vaste amphithéâtre, et les archéologues y ont exhumé l'enceinte d'un camp romain, des thermes, un prétoire; mais peut-être faut-il dé savantes lunettes pour contrôler ces doctes assertions.

... A l'ouest, les vallées de l'Essonne, de l'Œuf, limitent la forêt; Pithiviers se recommande aux gastronomes pour ses friands pâtés d'alouettes; Yèvre-le-Châtel aux artistes pour son donjon de la meilleure

MORET — BORDS DU LOING

époque du moyen âge. Malesherbes, marché beauceron renommé, a son château bâti pour l'amiral de Graville, propriété aujourd'hui du marquis de Beaufort. L'illustre protecteur des philosophes et défenseur intrépide de Louis XVI, Lamoignon de Malesherbes habitait aux alentours le château de Rouville, aujourd'hui au comte d'Aboville, œuvre exquise de la fin du quinzième siècle, aux sveltes tourelles aiguës, dentelées, aux fenêtres fleuronnées, aux légères galeries ajourées de trèfles. Augerville, moins remarquable et bien délaissé, appartenait

PONT DE MONTEREAU

au grand orateur Berryer, qui y mourut le 29 novembre 1868. A quelque distance, voici Milly et ses beaux rochers; Arbonne et ses dunes de sables fins, blancs comme neige, amoncelés, ondulés, brillants au soleil comme de véritables glaciers!

ÉGLISE DE MONTEREAU

Quel artiste, ou simplement quel amateur, n'a pas visité, étant de loisir à Fontainebleau, le parc de Courances, à M. le comte de Béhague, le château de Fleury, à Mme la comtesse de la Rochejacquelein ; le premier, si connu pour ses arbres superbes ; le second pour les fresques de sa chapelle, dignes de Rosso et du Primatice auxquels on les attribue ?

... A l'est, nous retrouvons la vallée de la Seine, Montereau, où l'Yonne apporte à la Seine les flottages du Morvan, réfléchit une faïencerie, des forges, des moulins, dans les eaux limpides des deux rivières, illuminant une petite ville plate, purement industrielle, commerçante. On lit, à l'entrée du pont, un quatrain rappelant l'assassinat inutile et misérable de Jean sans Peur, duc de Bourgogne, par les officiers du Dauphin Charles, le 11 juin 1419 :

> L'an mil quatre cent dix-neuf
> Sur un pont agencé de neuf
> Fut meurtri Jean de Bourgogne
> A Montereau où faultn Yone.

Par delà Samois, Héricy, Bois-le-Roi, séjours de peintres et de riches oisifs, Melun ouvre aux petits rentiers parisiens tout un faubourg de petites maisons neuves, enjolivées de pâtisseries, pareilles à des tranches de nougat. Il a d'abord été, comme Paris, tout entier contenu dans une île de la Seine : *oppidum Senonum in insula Sequanæ positum*, dit Jules César dans son récit de la rapide marche de Labienus sur Lutèce. Son château fort, habité par les rois, s'élevait à cette place :

la base d'une grosse tour en témoigne. Assiégé, dévasté à maintes reprises par les Normands, par les troupes de Charles le Mauvais, par celles de Du Guesclin et, en 1420, par Henri V d'Angleterre, il n'a rien sauvé de ses désastres et commente faiblement la légende rimée jadis au-dessous de sa devise : *Fida muris usque ad muros*, et de ses armes : « d'azur semé de fleurs de lys d'or à la tour sommée de trois tours d'argent et couverte de gueules, barrée de même et maçonnée de sable » :

> Melvn je svis; qui evs à ma naissance
> Le nom d'Isis, comme des vievx on sçait.
> Sy fvst Paris construit à ma semblance
> *Mille et vn an*, depvis qve je fvs fuict,
> Dire me pvs, svr les villes de France.
> Pavvre de biens, riche de loyavté,
> Qvi par la gverre ay ev mainstes sovffrances
> Et par la faim de maints rats ai tasté.

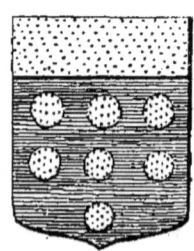

MELUN

On a vite fait d'apprécier les beautés, les curiosités de Melun : son église Notre-Dame, ouvrage du onzième siècle, habilement restaurée par Eugène Millet ; les jolis vitraux de Saint-Aspais ; la statue de Jacques Amyot, dressée devant l'Hôtel de ville, et la maison, sise place Saint-Aspais, au numéro 28, où le 15 octobre 1514, naquit le bon traducteur de Plutarque. Il est vrai que ses environs possèdent le château de Vaux et l'abbaye du Lys; faut-il plus pour nous y arrêter quelques heures?

Vicomté royale, vénale et transmissible par hérédité, Melun avait pour seigneur, vers 1650, Nicolas Fouquet, richissime, fastueux et peu délicat surintendant des finances. Ce vicomte, par la grâce de ses écus, fit élever à 6 kilomètres de sa bonne ville, au nord-est, le splendide château de Vaux, où le 17 août 1661, il invitait Louis XIV et la cour à la fête merveilleuse, qui lui coûta la liberté.

Chef-d'œuvre combiné de Levau et de Le Nostre, l'édifice, vu du dehors, semble intact; on y arrive par des ponts-levis jetés sur des fossés pleins d'eau, et il déploie, avec la même solennité qu'autrefois, ses façades en retraite, ornées d'antiques; sa coupole, et ses péristyles. Mais les appartements, que Charles Lebrun et Mignard avaient décorés, sont ternis; les nymphes,

MELUN

CHATEAU DE VAUX

que le poète suppliait d'implorer en faveur du « malheureux Oronte », n'ont plus de voix. Si dans le parc rayonnent encore les allées correctes et le grand canal alimenté par l'Anqueuil, on n'y voit ni cabinets de verdure, ni boulingrins, ni régiments de petits ifs, taillés en rang d'oignons. L'immense fortune, acquise par les dilapidations du ministre, était nécessaire pour

PLACE SAINT-JEAN A MELUN

entretenir un si vaste domaine; tout ce que peut le maître d'aujourd'hui, c'est de le conserver.

Nous revenons aux rives de la Seine par l'abbaye du Lys; fondée en 1224 par Blanche de Castille et Alix de Mâcon, elle n'a plus que d'élégants arceaux de son église du treizième siècle. Seine-Port, Croix-Fontaine possèdent de luxueuses villas, des jardins en terrasses; et voici, joints l'un à l'autre par un pont, Corbeil et

Saint-Germain-lès-Corbeil, un faubourg de maisons de plaisance, une ville d'industrie. Sur le quai de la ville industrielle, se haussent ses greniers à blé, bâtis par l'abbé Terray, et les moulins perfectionnés de la société Erlanger ; au centre s'arrondit la tour et s'ouvre la

RUINES DE L'ABBAYE DU LYS PRÈS MELUN

porte de Saint-Spire, seuls témoins d'un long passé historique.

Corbeil se continue par le bourg d'Essonnes, sur l'Essonne ; aux bords charmants de la rivière, la filature, la fonderie de M. Feray, successeur du célèbre manufacturier Oberkampf, s'encadrent dans un parc ; plus loin, mais dans un lieu bien différent, populeux, pauvre et laid, s'étend la grosse papeterie de MM. Darblay, les meuniers légendaires.

... Étiolles, Évry-Petit-Bourg, Soisy-sous-Étiolles, Champrosay, Ris-Orangis, Viry-Châtillon, Draveil, Juvisy, Athis-Mons... Qui ne connait ces lumineux villages, châteaux, maisons de plaisance, groupés le long du fleuve ou dans une campagne fraîche et jolie, quelques-uns en terrasse, presque enfouis sous les taillis de la forêt de Sénart? Ablon, Villeneuve-Saint-Georges se font vis-à-vis. C'est de Villeneuve, bourgade grandissante, où se croisent aujourd'hui trois ou quatre lignes de chemin de fer, que la diligence nous mènerait, si nous avions le temps de muser, en excursion dans une

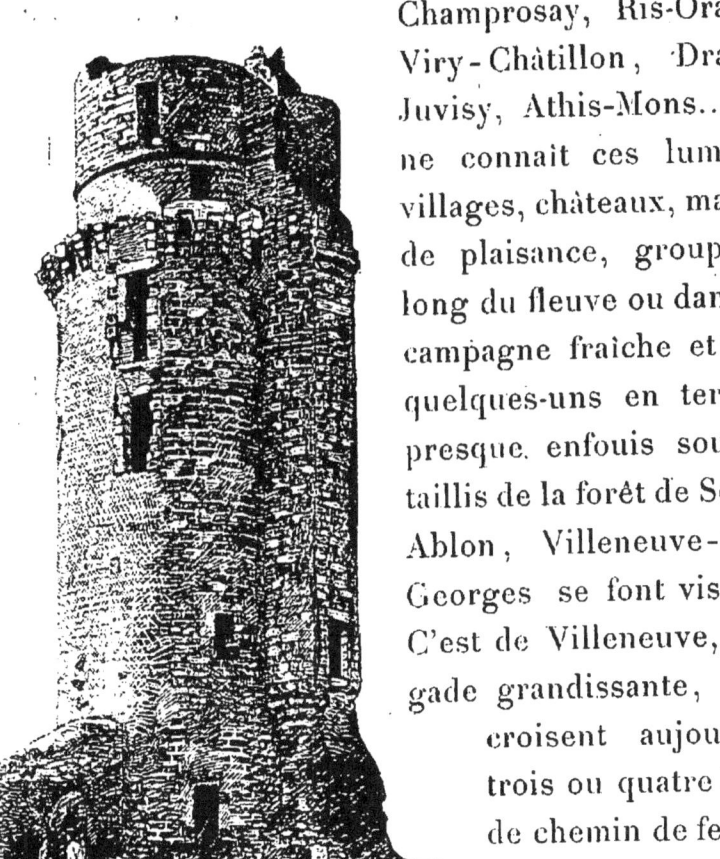

TOUR DE MONTHLÉRY

des plus gracieuses vallées des environs de Paris : l'Yères y rejoint la Seine, après avoir arrosé les sites ravissants de Montgeron, Crosne, Yerres, Brunoy, les Beausserons... Et c'est d'Athis, confluent de l'Orge, qu'il faudrait s'éloigner pour remonter un vallon aussi agréable, visiter Savigny-sur-Orge et son château de l'époque de Charles VII, propriété de don François d'Assises ; le vaste et confortable asile d'aliénés de

PONT DE CHARENTON

Vaucluse ; Monthléry, dont les ruines, comme au temps de Boileau :

> Sur la cime d'un roc s'allongeant dans la nue
> Et présentant de loin leurs objets ennuyeux
> Du passant qui les fuit semblent suivre les yeux.

... Choisy-le-Roi loge un faïencier dans les communs du galant château de Louis XV. Vitry, Ivry, Villejuif, Port-à-l'Anglais, se partagent entre les maraîchers et industriels. Hélas ! nous voilà bien loin de Fontainebleau, en pleine banlieue parisienne, laborieuse, active, utilitaire et triste, émaciée, comme épuisée par le contact de l'insatiable Paris, qui l'absorbe, l'engloutit peu à peu. Les maisons plus tristes et plus pressées, les fabriques plus nombreuses, les routes plus poudreuses, l'atmosphère plus épaisse, et les établissements où les impuissances, les détresses, les infirmités, les folies, de l'immense agglomération humaine trouvent refuge, l'asile des incurables d'Ivry, l'hospice de Bicêtre, l'hôpital de Villejuif, la maison d'aliénés de Charenton, tout nous annonce la Ville !

CHAPITRE X

PARIS

L'EAU

PARIS

Eh quoi, vous allez décrire Paris? — Lecteur, nous n'aurons pas cette outrecuidance. Un volume comme celui-ci suffirait à peine à dénombrer ses beautés et ses verrues ; oserions-nous tenter de l'enfermer dans le cadre étroit d'un chapitre? Mais la Seine nous porte dans la Ville, *Urbs Franciæ*, la Seine qui est un peu son âme, et à laquelle il doit un peu la vie. Ses mariniers, les *nautæ* de Lutèce, n'ont-ils pas été ses premiers habitants, ses fondateurs? Et d'elle et de ses affluents, ne reçoit-il pas le fluide indispensable à son être, l'eau dont il s'abreuve et se purifie? Aussi, nous en parlerons. Mais, historien de la Seine, et non de Paris, nous dirons seulement ce que le fleuve nous a montré, et si nous nous éloignons de ses rives, ce ne sera que pour visiter ses tributaires, les aqueducs, les canaux, les fontaines, qui se joignent à lui pour donner à la capitale spirituelle du monde la santé, la grâce et la force.

... La Seine ne fait pas dans Paris une entrée triomphale; si les barrières de l'octroi, à droite et à gauche du Pont national, ne l'indiquaient suffisamment, le voyageur ignorerait qu'il vient de quitter la maigre banlieue d'Ivry et de Charenton. De symétriques chantiers de bois, des magasins de charbon, des fabriques, les docks du chemin de fer d'Orléans, s'alignent le long des chaussées poudreuses, sillon-

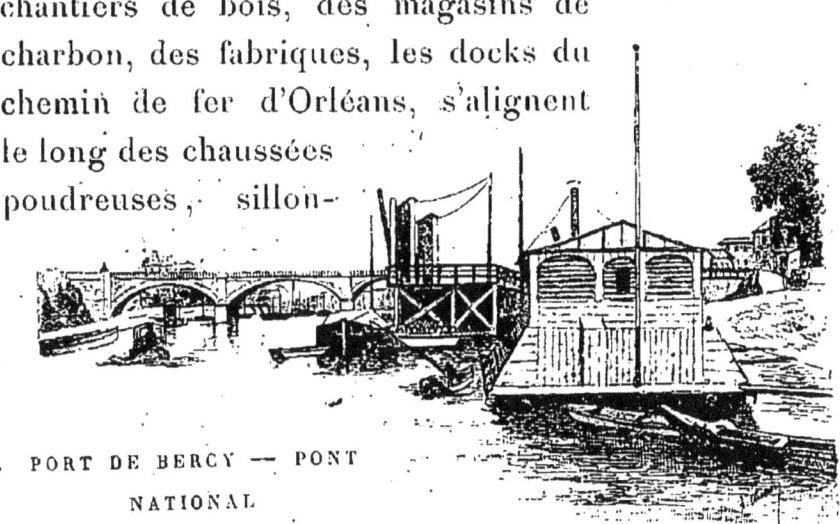

PORT DE BERCY — PONT NATIONAL

nées par les lourds fardiers du Quai de la Gare. Bercy hausse ses caves riveraines au-dessus de la berge; les chalets, les kiosques de ses marchands de vin, les restaurants où chalands et vendeurs vont déguster les crus de France, imités ou naturels, s'éparpillent sous les marronniers. Voyez-vous, plus loin, les derniers arbres du défunt château de Bercy ? Tout un nouveau quartier se bâtit et se peuple à la place de cette *folie* d'un ancien financier de la Régence. Voici la gare d'Orléans, le quai d'Austerlitz, toujours en mouvement, en face le quai de la Rapée, jadis égayé sans cesse par de folles bombances. En réalité, Paris, pour nous, commence ici, place Valhubert, aux débarcadères, presque voisins l'un de

LA BIÈVRE A PARIS

l'autre, des chemins de fer du Centre et du Midi, au débouché, sur le pont grouillant d'Austerlitz, des grandes voies du sud, entre le Jardin des Plantes, sa première curiosité, et la place de la Bastille, sa première beauté.

Nous laissons derrière nous sans regret des régions annexées par le décret de 1860. Peut-on les confondre avec la Ville elle-même, active, diverse, souvent magnifique, laide quelquefois, jamais banale? Maintenant, les tableaux que le fleuve déroule se succèdent rapides comme les vues d'une lanterne magique, vivants, merveilleux.

Mais, sans cheminer plus avant sur les rives de la Seine, ne désirez-vous pas savoir par quels moyens le colossal Paris s'y désaltère? La distribution des eaux est l'un de ses plus ingénieux organes; ensemble, étudions-la. Déjà vous avez remarqué, entre les ponts de Bercy et d'Austerlitz, un bâtiment de briques panaché de fumée; c'est l'usine construite en 1861 pour élever les eaux du fleuve jusqu'au réservoir de Gentilly, chargé d'alimenter le XIIIe et le XIVe arrondissements, la Maison-Blanche et Montrouge. Maintenant si le tumulte de la place Valhubert ne vous permet pas de remarquer, sur ce point, le confluent de la Bièvre, dont l'onde, si limpide et si fraîche à travers la campagne de Versailles, mais épaissie et violacée au contact des Gobelins, s'écoule sans bruit dans le fleuve, — certainement vous apercevez le large port de l'Arsenal, issue du canal Saint-Martin. Ce canal, dissimulé à partir de la place de la Bastille sous une voûte de 1670 mètres de longueur, que recouvre une promenade, ensuite, reparaît au jour, et rejoint, près de la rue Lafayette, le canal de l'Ourcq, auquel plus haut s'abouche le canal

Saint-Denis : Saluez le premier en date des grands abreuvoirs de Paris, le canal dont la construction, sous le premier Empire, fut pour nos aïeux un bienfait inappréciable !

C'est que Paris jusqu'alors était presque aussi privé d'eau que la capitale de l'Espagne, où il est, en été, plus facile infiniment d'obtenir un verre de vin d'Alicante qu'une goutte d'eau du Mançanarès ! Disette intolérable, souffrance indicible, cause permanente de fièvres pernicieuses et d'épidémies meurtrières. A la fin du dix-huitième siècle encore, on distinguait les Eaux du Roi des Eaux de la Ville : les premières, destinées à l'usage des palais, des hôtels et des monastères, absorbaient presque tout entier le rendement des sources et des aqueducs, très peu nombreux, construits, exploités aux frais des bourgeois et du trésor royal. Sourdant de Belleville et des Prés-Saint-Gervais, les sources fournissaient les rares fontaines publiques, Maubuée, des Innocents et des Halles. L'aqueduc de Belleville remontait seulement au quinzième siècle; celui d'Arcueil, construit de 1613 à 1624, apportait les eaux jaillissantes de Rungis. La Seine, par la volonté d'Henri IV, alimentait la pompe de la Samaritaine; par le talent de Daniel Joly, les pompes de Notre-Dame, d'où étaient nées quinze fontaines publiques, et par l'industrie des frères Perrier, la pompe à feu de Chaillot. Pompes, fontaines, aqueducs, sources, unies à la Seine, distribuaient à peine aux 550,000 habitants de Paris

14 litres par tête, chaque vingt-quatre heures.

Un arrêté des consuls en date du 6 prairial an XI, un décret impérial du 4 septembre 1807, proclamèrent l'égalité de tous les citoyens de Paris devant le service des eaux, comme devant la loi. Et, pour remédier à leur insuffisance, le canal de l'Ourcq, affluent de la Marne

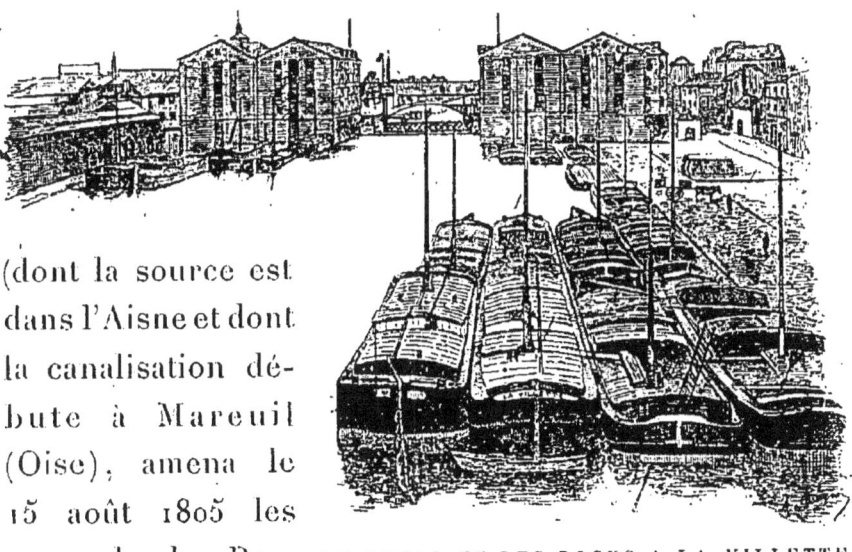
LE CANAL ET LES DOCKS A LA VILLETTE

(dont la source est dans l'Aisne et dont la canalisation débute à Mareuil (Oise), amena le 15 août 1805 les eaux de la Beuvronne, celles de l'Ourcq, et en 1841, celles du Clignon. 106,000 mètres cubes d'eau par vingt-quatre heures arrivent, par cette voie, dans le bassin de la Villette et contribuent un peu à l'alimentation des Parisiens et beaucoup aux arrosages des avenues, squares et parcs d'agrément.

Depuis, grandissant toujours, Paris a demandé plus ; on a dû satisfaire à ses nouveaux besoins. MM. Emery et Mary ont creusé le puits artésien de Grenelle ;

M. Kind, le puits artésien de Passy; d'autres, les puits de la place Hébert et de la butte aux Cailles. M. Belgrand, éminent ingénieur en chef de la navigation de la Seine, a fait adopter en 1859, par le Conseil municipal, le vaste projet qui a doté Paris des eaux de la Dhuis et de la Vanne définies par lui « sources considérables d'eau limpide, fraîche, ne contenant en dissolution ni sulfate de chaux, ni sel de magnésie, ni même un volume de carbonate de chaux assez grand pour les rendre incrustantes ».

L'aqueduc de la Dhuis a été construit le premier. Il suit d'abord la vallée où s'encaisse cette petite rivière, dont la source est au canton de Condé en Brie, la vallée de la Marne ensuite. Après 114 kilomètres de circulation, tantôt souterraine, tantôt à ciel ouvert, il verse à 108 mètres d'altitude, dans les réservoirs de Ménilmontant, 40,000 mètres cubes d'eau potable, chaque vingt-quatre heures. Cette provision fournit les hauts quartiers de Montmartre, Belleville, Passy et Montrouge.

On a terminé de notre temps l'aqueduc de la Vanne; vous vous rappelez, lecteur, en avoir vu les *regards* dans la vallée de l'Yonne qu'il parcourt, après la vallée de la Vanne, avant celle du Loing, de l'Essonne et de l'Orge. C'est à lui que frayent passage les arcades monumentales d'Arcueil, qui touchent à l'arche moisie, ruinée, de l'aqueduc de Julien, et surplombent les arches modestes, mais noblement décorées de Jacques de Brosse. Il aboutit par ce chemin, à la hauteur de Montsouris, où il répand dans deux étages de bassins, dissimulés sous un parc charmant, 275,000 mètres cubes d'eau chaque vingt-quatre heures.

Est-ce tout? Non, pas encore. Puisque la ville croît sans cesse, ne faut-il pas augmenter constamment ses ressources? La Marne a dû lui fournir son contingent. N'avez-vous pas observé ou entendu près de Joinville-le-Pont la tonnante chute d'eau produite par un barrage, à l'aval de la rivière? Cette chute, des machines en utilisent la puissance pour transporter à la Butte de Gravelle 12,000 mètres cubes d'eau pour l'arrosage du bois de Vincennes, et, dans deux bassins de Ménilmontant, de 50,000 à 43,000 mètres cubes d'eau par vingt-quatre heures, destinés aux Parisiens.

Bientôt, pour combler un déficit permanent, pourvoir à de futures exigences, calmer les plaintes fondées, de prochaines constructions auront lieu. On complétera l'aqueduc de la Vanne, afin d'obtenir un supplément de 150,000 mètres cubes d'eau; on établira des machines élévatoires à Port-à-l'Anglais, à Ivry; on doublera, si ce n'est déjà fait, le rendement des usines d'Austerlitz et de Passy, et l'on achètera peut-être quelques-unes des sources de l'Avre.

Ainsi, les dessous de Paris, de toutes parts et dans tous les sens, sont traversés par de petits fleuves enfermés dans des conduites en fonte et placés, soit dans un système d'égouts complets, soit enfouis dans la terre. Ces conduites, divisées en biefs, sont pourvues de robinets tous les 5 mètres, et alimentées par les deux bouts. Les unes appartiennent au service public, les autres au service privé : elles se répartissent en deux canalisations, que des robinets de partage subdivisent en tronçons munis chacun de deux robinets plus petits : l'un, en amont, pour servir de décharge au bief supérieur ; l'autre, en aval, laissant échapper l'eau du bief inférieur. Puis d'autres multiples canaux rendent au fleuve ce que les aqueducs, les pompes ont emprunté à lui-même ou à ses affluents, et nous ramènent, nous aussi, de cette digression à notre point de départ.

... Le quai Saint-Bernard limite le Jardin des Plantes et la Halle aux vins ; celle-ci, entassement régulier de futailles sous des marronniers et des acacias ; celui-là, pensionnat d'animaux, retraite de badauds, dédale de bosquets paisibles, enveloppée d'odeurs de fauves et de parfums de fleurs. Devant nous, au milieu du fleuve, s'élève un correct édifice du dix-septième siècle. Son nom ? L'hôtel Lambert. Lebrun, Lesueur et Philippe de Champaigne le décorèrent à l'envi pour un opulent magistrat de Louis XIV, et l'île dans laquelle il fait si bonne figure et si harmonique est la discrète île Saint-Louis, pleine encore des hôtels des Parlementaires, amples et de haute mine, dont les portes cochères s'entrebâillent le long des quais silencieux.

Par le pont de la Tournelle l'île Saint-Louis se rattache à la rive gauche ; par le pont Marie, à la rive droite, c'est-à-dire au quai Saint-Paul, au quai des Célestins, bordés encore de vieux logis et où brillent, bien que délaissés, l'hôtel de la Vieuville et l'hôtel Fieubet, agrémentés des ronflantes sculptures du quinzième siècle.

Comme la poupe d'un énorme vaisseau, symbolique image de la Ville toujours flottante, jamais submergée, le chevet de Notre-Dame s'avance en pointe sur le fleuve à l'extrémité de l'île de la Cité, berceau de Paris, et s'entoure d'un jardin public où les souffreteux, les malingreux du pauvre quartier Maubert vont se chauffer au soleil, mais où aussi, comme les oiseaux dans les arceaux des tours et du portail gothiques, des enfants s'ébattent en des parties sans fin. Si le hasard vous amenait ici, à l'heure d'un radieux crépuscule, certes, vous verriez un spectacle magique, tel qu'à le contempler, vous oublieriez tout le reste : la sombre Morgue qui est en face, le splendide Hôtel de ville, le parvis où se dresse la statue de l'empereur Charlemagne, l'Hôtel-Dieu, la Préfecture de police, le Tribunal de commerce, le Palais de justice : le désespoir, l'intelligence, la foi, la douleur, le crime, l'argent, les affaires, la chicane et le droit de la capitale de la France.

De là, du pont Saint-Michel pour la rive droite, du Pont-au-Change pour la rive gauche, nous irons voir deux fontaines des plus remarquables. La canalisation des eaux, qui promet à chaque Parisien, quand elle sera terminée, une moyenne de deux cents litres d'eau par jour, a fait disparaître la plupart des fontaines marchandes; l'Auvergnat, qui roulait partout, comme

L'ABSIDE DE NOTRE-DAME

Diogène, son tonneau, mais un tonneau plein d'eau, et qui en montait jusque sous les toits deux seaux pour deux sous, n'est plus qu'un souvenir, un mythe !... Mais la grande ville continue d'aimer le décor des fontaines monumentales.

Nos fontaines se nomment la fontaine Saint-Michel, la fontaine du Palmier ; loin de nous la prétention de vanter le mérite artistique de la première, groupe bizarre de figures hétéroclites autour d'un symbole apocalyptique ; mais la seconde n'est point sans originalité ni sans élégance. On regarde avec plaisir les quatre statues de Bosio, la Foi, la Vigilance, la Loi et la Force, assises sous les palmes de bronze, comme on lit avec un peu d'orgueil chauvin, sur des bandeaux, les noms, en lettres d'or, des victoires remportées en Égypte et en Italie.

Des deux côtés de Paris, nous sommes dans le rayon où s'élèvent ses plus belles fontaines ; restons-y un moment. Entrons au jardin du Luxembourg : la fontaine Médicis, construite par De Brosses, excellent architecte du palais, s'y cache, chaste nymphe, dans une grotte tapie au fond d'un bocage idyllique. Que fait, dans cette retraite mystérieuse, le groupe étranger d'Acis et Galathée, surpris par Polyphème ?... Dans le prolongement du même jardin, au milieu de l'avenue de l'Observatoire, l'architecte Davioud a réuni dans une fontaine monumentale les quatre parties du monde de Carpeaux soulevant le globe terrestre de Legrain ; des chevaux marins, des tortues, de Frémiet : ensemble vaste, hardi, mais peut-être tourmenté et discordant.

La fontaine de la place Saint-Sulpice, par Visconti, pourrait s'appeler la « fontaine des Evêques » : Bossuet, Fénelon, Massillon et Fléchier, sculptés par Feugère, Hanno, Feuquier et Desprez, s'y reposent en des niches, à l'abri d'un élégant édicule, au-dessous duquel l'eau tombe dans trois bassins superposés.

Presque dans le même faubourg, rue de Grenelle, une grande fontaine, élevée en 1739 aux frais de la ville de Paris, par Bouchardon, développe un large hémicycle, décoré avec goût d'une ordonnance classique et peuplé de bas-reliefs, de statues représentant la Seine, la Marne, les Quatre-Saisons ; elle serait d'un bel effet ailleurs que dans une rue étouffante.

Sur la rive droite, à côté des Halles, la fontaine des Innocents, qui remonte au treizième siècle, et que Pierre Lescot réédifia en 1550, a subi plus d'une métamorphose, plus d'un déplacement. Elle fut, au dix-huitième siècle, démontée pièce à pièce, compliquée d'une nouvelle arcade et de nouvelles figures ; en 1865, on l'a transportée au milieu d'un square et surélevée désagréablement de plusieurs marches, ce qui ne laisse pas de choquer les regards des connaisseurs. Elle n'en est pas moins, l'art divin de la Renaissance l'ayant façonnée, un véritable joyau où l'on ne cessera d'admirer les sculptures de Jean Goujon : cinq figures de nymphes, d'une grâce captivante, des frises, des bas-reliefs d'une charmante fantaisie, sans compter trois autres nymphes,

FONTAINE ET PLACE SAINT-MICHEL

dues à l'habile ciseau de Pajou, et non trop indignes d'approcher les suaves créatures du maître.

FONTAINE MOLIÈRE

La fontaine du Château-d'Eau, après avoir tant de fois

changé d'aspect, a-t-elle maintenant reçu de M. Davioud sa forme définitive? Nous n'osons l'assurer et nous passons.

Visconti a donné le plan de la fontaine de la place Louvois, à laquelle s'adossent quatre figures de Klagmann : la Seine, la Loire, la Garonne et la Saône, et celui de la fontaine Molière, élevée à la gloire du grand comique, par souscription nationale. L'auteur de *Tartuffe* y est assis au-dessus d'un bassin demi-circulaire, un génie le couronne, et aux deux côtés du piédestal deux statues de femmes en marbre blanc, représentant : l'une, la *Comédie sérieuse*, l'autre la *Comédie plaisante*, rendent hommage au poète, comme au talent sûr et délicat de Pradier. Bien d'autres fontaines encore intéresseraient l'historien de Paris; mais visiter toutes ces nymphes nous obligerait d'errer longuement, à l'aventure, dans les vieux quartiers de Paris, du jardin des Plantes à la place Maubert, de la rue Maubuée à la rue de l'Arbre-Sec.... Or, il est temps de revenir à la Seine, dont le voyage devient charmant.

... Les bouquinistes du quai des Grands-Augustins regardent les bijoutiers, les lunettiers, les orfèvres du quai des Orfèvres. Sur l'autre rive de la cité, au quai de l'Horloge, se haussent, rigides, les sombres bâtiments du palais de justice, le lourd donjon de la Conciergerie et la flèche élancée de la Sainte-Chapelle. Le Pont-Neuf, toujours neuf, bien qu'on l'ait terminé en 1604, et qu'il fléchisse assez souvent, nous arrête devant les mascarons de Germain Pilon, grotesques dont pas un ne ressemble à l'autre, et devant le Henri IV équestre, de Lemot, royale et populaire physionomie. Jadis, il nous eût arrêté, flâneur ébaubi, devant les tréteaux d'une multitude de charlatans, de bouffons, de queues rouges et d'escogriffes dont les parades et boniments l'avaient pour théâtre d'élection, et parmi les tire-laines, coupe-bourses, coupe-jarrets et autres chevaliers de gai-savoir et d'industrie, dont il était le séjour préféré.

Au quai de l'École se rassemblent les oiseleurs et les horticulteurs, les oiseaux et les plantes d'agrément, plumages multicolores, œufs destinés à éclore, graines et rameaux. Le quai Conty, le quai Malaquais, le quai Voltaire étalent les livres rares, les estampes jaunies, les tableaux vieillis, les tapisseries fanées, les tentures usées, les meubles démodés, les bibelots des siècles échus; tout le bric-à-brac choisi et précieux de la littérature, de l'art et de l'archéologie; une profusion de choses savantes, jolies, rares, agréables, capables d'occuper, d'amuser et d'instruire plusieurs existences humaines; et, par surcroît, autant de choses communes, médailles, monnaies, gravures, bouquins, documents de tous genres et de toute valeur, entassés sur les parapets, fouillis ou fumier artistique et littéraire, dans lequel on risque, en usant de patience, de trouver des perles inconnues et des trésors égarés.

Au milieu de ces quais s'intercale logiquement le palais des littérateurs, des savants et des artistes, l'Institut national, noblement et amplement logé, comme il convient au cerveau de la France, dans le collège des Quatre-Nations dû, en 1663, au talent de l'architecte Levau, et à la munificence du cardinal-ministre, Jules Mazarin (1).

Les Louvres : le Louvre de Louis XIV et de Claude Perrault, le Louvre des Valois, de Pierre Lescot, de Métezeau, de Germain Pilon et de Jean Goujon ; le Louvre de Napoléon Ier, de Louis-Philippe Ier et de Napoléon III, que suit la terrasse des Tuileries, nous mènent jusqu'à la place de la Concorde, où lentement nous arriverons ; car les eût-il admirés cent et cent fois, le promeneur s'arrête pour admirer encore les délicieuses imaginations de la Renaissance, les statues et les lions épiques de Barye, les hauts-reliefs vibrants de Carpeaux, l'arc du Carrousel, tant de choses uniques, pleines de grandeur, de beauté et de sens.

Dans le plein air de la place de la Concorde, entre des palais et les statues emblématiques des grandes villes de France, sous les yeux de Strasbourg en deuil, pavoisé de drapeaux consolants, mais voilé de crêpes, les deux fontaines dessinées par M. Hittorf et construites de 1836 à 1846, semblent manquer un peu de caractère. Elles sont consacrées : l'une, à la Navigation fluviale, l'autre à la Navigation maritime ; chacune est

---

(1) Consulter sur Paris : 1° Les *Monuments de Paris*, par A. de Champeaux, ancien inspecteur des beaux-arts de la ville de Paris ; 2° les *Statues de Paris*, par Paul Marmottan, 2 vol. in-8 illustrés. Laurens, éditeur.

LE PONT ROYAL, LES TUILERIES ET LA CITÉ

ornée de six statues, de génies, de néréides et de tritons. Elles sont en fonte de fer; la seconde marque la place où se dressait l'échafaud du 21 janvier 1793.

Les Champs-Elysées, le Cours-la-Reine, le quai de la Conférence, le quai d'Orsay... des jardins féériques, des hôtels somptueux, de vastes quinconces... Les tours du Trocadéro se dressent au-dessus de la Seine, comme les tours de la Giralda au-dessus de Séville; nous allons quitter le vrai Paris. Passé le palais, original jusqu'à la bizarrerie, que lui a légué l'exposition universelle de 1878, s'allongent les rives de Passy, d'Auteuil, de Grenelle, se transformant peu à peu, gardant encore en maints endroits les jardins en pente, les sentiers perdus, les terrains vagues, les chantiers de bois, les vide-bouteilles ou les guinguettes isolées d'autrefois.

Sur le panorama des Environs de Paris, verdoyant amphithéâtre, le superbe viaduc d'Auteuil ouvre son double rang d'arches superposées c'est de là que nous partirons. Mais peut-être, avant de quitter la Ville, les curieux voudront-ils passer du fleuve qui l'arrose à ciel ouvert, aux fleuves souterrains qui en recueillent les eaux corrompues pour les rendre à la Seine, qui les roule vers l'Océan? Voilà en effet une navigation intéressante : elle est facile aussi. Que l'on soit exact au rendez-vous accordé par la préfecture, et l'on pourra descendre sous le pavé, prendre place dans les wagons glissant sur des rails, traînés par des chevaux et parcourant des canaux aussi noirs que le Styx. Jadis limités

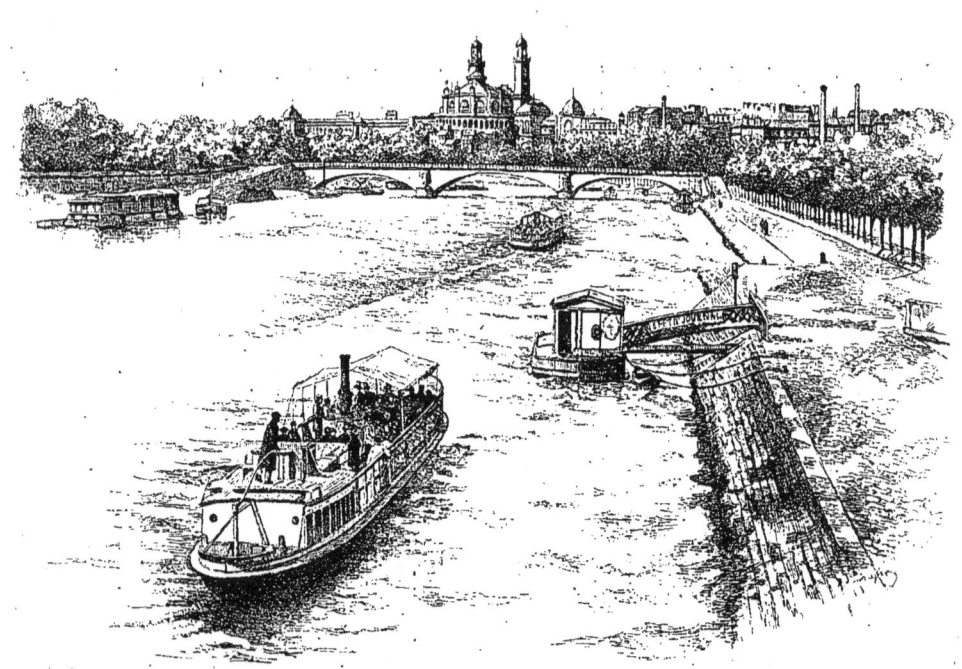

LE TROCADÉRO

à quelques ruisseaux d'assainissement, les égouts de Paris ont à présent 800 kilomètres de longueur totale et se répartissent en quatre collecteurs principaux. Le collecteur de la rive droite et celui de la rive gauche se déversent à Asnières ; le collecteur du Nord sillonne le sous-sol du Père-Lachaise, de la Villette, de la Chapelle, débouche à Saint-Denis, fertilise les plaines, le jardin modèle de Gennevilliers ; les collecteurs secondaires, desservant les arrondissements particuliers, sont : l'égout des coteaux, creusé pour les XIIe, XIe, X^e, IXe arrondissements ; celui de la rue de Rivoli ; celui de la rue des Petits-Champs, pratiqué de cette rue à la rue Vivienne et de la rue Vivienne à la Madeleine ; celui du XIIIe arrondissement. Tous, rattachés aux grands collecteurs, les rejoignent par des voies différentes.

Un jour, sans doute, un jour désiré, les déjections que ce système d'égouts noie dans le fleuve ou répand sur ses rives, empoisonnant de miasmes fétides une campagne qui ne devrait donner à Paris que repos, fraîcheur et parfums, un jour, peut-être, ces déjections seront, par la Seine, agrandie et secondée par un canal maritime, entraînées directement bien loin, dans les abîmes de l'Océan. Paris sera alors port de mer ; plus d'un cerveau a déjà conçu le projet grandiose d'amener jusqu'à lui les vaisseaux des deux mondes. En 1760, en 1780, en 1790, de hardis esprits ont proposé, ou de creuser un canal longitudinal, ou d'approfondir le lit

LA TOUR EIFFEL ET L'EXPOSITION

de la Seine. En 1825, des savants, comme Fresnel, Prony, Comte, Dupin ont émis la même idée, fortifiée de leurs calculs. Récemment, M. de la Grye traçait le plan d'un canal maritime sans écluses, allant de Rouen à Poissy, qu'on eut érigé en port maritime inférieur de Paris, de Poissy à Argenteuil, qui fût devenu un bassin,

LE POINT-DU-JOUR ET LE VIADUC D'AUTEUIL

d'Argenteuil à la plaine de Gennevilliers, transformée en immense gare maritime. Des ponts mobiles auraient livré passage à trois navires de front, ô rêve ! — S'il ne nous est pas donné de voir s'accomplir cette œuvre idéale de paix et de richesse, du moins pouvons-nous espérer que nos enfants seront plus heureux : les merveilles de l'exposition du Centenaire justifient les ambitions les plus audacieuses !

CHAPITRE XII

LES ENVIRONS DE PARIS (1)

EN AVAL

Voyez-vous, lecteur, ce léger canot, amarré à la berge poudreuse du Point-du-Jour? S'il vous plaît d'y monter nous parcourrons ensemble, au gré de la Seine, les gracieux environs de Paris. Le fleuve ne les visite pas tous, mais les plus jolis, les plus célèbres se mirent dans ses eaux vertes et fraîches, encore parfois qu'un peu troubles; pour les autres nous irons, faisant escale aux ports les plus voisins, les voir par les sentiers ombreux, par les vallons paisibles. Est-ce dit? Vogue donc!

Le canot s'engage dans les passes sans écueils, mais sans charme, de Billancourt; il dépasse les guinguettes à tonnelles, les débits de friture et de petit-bleu, les bals tapageurs, où, le dimanche, se divertissent encore tant de Parisiens, naïvement persuadés qu'ils sont en

---

(1) Les environs de Paris ont une grande importance historique et un réel charme pittoresque : mais ils ne peuvent occuper dans cet ouvrage qu'une place proportionnelle à leur étendue. Il doit être permis à l'auteur de rappeler qu'il leur a déjà consacré un ouvrage considérable, publié en 1886, avec le plus vif succès : ceci est une esquisse.

partie de campagne. A gauche, le sombre Issy échelonne près de la rive ses asiles d'indigents, ses pensionnats d'enfants, ses *Petits Ménages*, et son vénérable séminaire. Vanves, au delà, rassemble ses blanchisseurs, le Petit-Vanves ses chiffonniers, Montrouge ses carriers. Que la curiosité ne nous entraîne pas si loin; la lépreuse banlieue parisienne, prolongement des faubourgs laborieux et pauvres, ne nous divertirait pas. Naviguons toujours.

Au niveau des bords de la Seine, des plaines blanches, comme enfarinées, parsemées de bicoques, de fabriques et de maigres cultures, s'étendent jusqu'à des collines si mollement ondulées, si douces aux regards, avec leurs villas, leurs jardins, leurs bois chevelus, que l'on voudrait avoir des ailes pour aller d'un élan s'y blottir, et se reposer du tumulte et se purifier des nausées de la ville-monstre, en respirant la suave haleine des fleurs et des chênes. Les collines portent les bois de Clamart et de Meudon, de Chaville, de Viroflay, de Saint-Cloud; la route de Versailles circule au travers. Attention, ami, ramez vers le pont de Sèvres; il faut ici nous régaler d'une matelote et parmi les élégances d'à présent chercher ce qu'il reste des choses du passé.

Non loin du port, un peu à l'écart de Sèvres, ce vaste bâtiment carré, que des fossés entourent, c'est la manufacture abandonnée où, par la volonté de Mme de Pompadour et de Louis XV, jadis on fabriqua les mignons bijoux de porcelaine, les biscuits en pâte tendre, dont la fragilité, la finesse, la couleur séduisante, la forme galante et maniérée symbolisaient parfaitement le frivole dix-huitième siècle, le plus français des siècles. Un jour, un heureux découvreur y apporta le

ANCIEN CHATEAU DE MEUDON

kaolin des Chinois, le mystérieux feldspath de la Saxe, trouvé dans l'argile du Limousin. Dès lors, renonçant à la fantaisie, la manufacture du rococo produisit toute sorte de pièces froides, solides et correctes : elle en produirait encore, pour l'honneur de l'industrie et l'ennui des yeux, si on ne l'avait remplacée par le nouvel établissement dont la façade, rehaussée d'or et d'azur, s'élève sous les ombrages du parc de Saint-Cloud. En celui-ci, M. Lauth a demandé à la chimie le secret de fixer des nuances fugitives et Deck, l'éminent artiste, réalise l'idéal décoratif, selon le goût moderne.

Il y a longtemps qu'on ne voit plus, auprès de Sèvres, le galant château qui s'appelait Bellevue, la coquette maison, que l'on nommait Brimborion; des bourgeois s'en sont partagé le parc, des maçons les matériaux, des brocanteurs le mobilier. Ce qu'étaient ces résidences pleines de chefs-d'œuvre, les descriptions des contemporains pourraient seules nous l'apprendre. Il en reste cependant un débris, la terrasse : de cet objectif incomparable regardons Paris, enlacé par son fleuve comme par une rivière de diamants, et moitié fondu dans l'or du soleil, moitié dans la bleuâtre atmosphère du bois de Boulogne. La marquise favorite, un jour passant où nous voilà, voulut en posséder le merveilleux horizon, caprice de maîtresse plus vite obéi que le vœu d'une reine. « Le 20 juin 1748, écrit Dulaure, les ouvrages furent commencés et continués avec tant de vivacité, qu'ils furent absolument achevés au mois de novembre 1750. » On y pendit la crémaillère le 25 de ce mois, tout ce qu'il y avait de mieux dans la cour y assista, en bel uniforme pourpre brodé d'or; une pièce de circonstance, l'*Amour architecte*, où l'on voyait une montagne touchée par un enchanteur accoucher du château si lestement construit, obtint l'applaudissement général, et il faut avouer qu'on ne ferait aujourd'hui ni mieux ni plus vite.

Une large chaussée mène de Bellevue vers une autre terrasse également belle, et vers l'emplacement d'un autre château plus illustre. La guerre a détruit le Meudon du grand Dauphin et de Mlle Choin, dont l'hôte dernier fut le prince Napoléon. Sous les grands appartements des princes, les Prussiens avaient installé leurs krupps, pointés sur Paris, et leurs obus énormes tombaient, massacreurs, dans les quartiers de Grenelle, de Plaisance et de la Glacière. Mais qui songe à ces désastres? Des promeneurs nonchalants, appuyés à la balustrade du haut mur d'enceinte, contemplent l'immense ville, étalée sous leurs yeux, dans sa force et sa splendeur, ils entendent sa voix puissante et vague, comme le murmure de l'Océan, l'écho de sa pensée, toujours active et créatrice, le bruissement de ses pas, et ils oublient.

Est-ce qu'ici tout ne repousse pas l'image de la mort? Ne respirons-nous pas les jeunes parfums du parterre, dessiné, il y a plus de deux cents ans, par le jardinier Le Nostre? Les arbres séculaires ne sont-ils pas aussi chargés de feuilles qu'autrefois? Égarons-nous avec des groupes amoureux, des époux, des enfants, enivrés de liberté, sous les longues allées sombres; leurs ébats nous inspireront l'amour de la vie et l'indomptable espérance. Les bois de Meudon sont « aimables », comme aux jours lointains où la future

Mme Roland, demoiselle Philippon, s'y promenait en chapeau de paille, en robe de linon, en fichu de gaze; ils ont autant de fraises et de fleurs sauvages à cueillir, des étangs, où les hautes futaies reflètent leurs cimes tremblantes, des collines, où l'on grimpe à la file indienne, des restaurants où la gaieté se met à table, des pelouses où l'on dîne à moins de frais sans que la joie soit moins vive, des clairières où se déroulent les rondes... Villebon, Trivaux, Vélizy, Les Fonceaux, quel vrai Parisien n'a pas laissé aux branches de vos charmilles, aux bords de vos étangs, quelque cher souvenir de son cœur?

On éprouve à gagner Versailles, par le chemin sous bois de Chaville et de Viroflay, une émotion étrange. De loin, par une éclaircie soudaine et fréquente des taillis, le palais du grand roi vous apparaît dans sa majesté glaciale, dans son repos imperturbable, comme le mausolée de la monarchie. La réverbération du soleil allume dans chacune de ses fenêtres des flammes sourdes, pareilles à celles qui brûlent au fond des tombeaux, et les ombrages autour de lui montant en amphithéâtre, tout étoilés de statues, semblent le draper de larges tentures funèbres, piquées de larmes d'argent. On approche, le mirage s'évanouit, mais l'impression reçue d'abord ne s'efface point, et votre âme, dominée et comme accablée par cette

VERSAILLES

grandeur morte, porte le deuil de l'irrévocable passé.
Versailles, en effet, n'appartient plus qu'à l'histoire :

SALLE DE L'ŒIL-DE-BŒUF — CHATEAU DE VERSAILLES

il est peuplé d'ombres illustres, que l'on vous nomme
en passant, et dont l'image partout où vous allez, vous

accompagne et vous intimide. De là le plaisir rare et particulier, mêlé de mélancolie, d'une visite à Versailles; de là aussi, sans doute, le petit nombre de ceux qui désirent, l'ayant vu, le revoir de nouveau : le commerce des ombres n'est point pour nous attacher, le beau, mélangé de tristesse, nous étonne sans nous séduire, et la vie ne se plaira jamais qu'au spectacle de la vie.

Cependant les jouissances les plus délicates s'offrent aux yeux, à l'esprit, si l'on sait apprécier les plus parfaites créations de l'art du grand siècle. Oubliez, si vous le pouvez, que vous êtes l'hôte de Louis XIV, et regardez, pour eux-mêmes, tant de chefs-d'œuvre : les admirables peintures de Le Brun, du Poussin, de Jouvenet, des Coypel, des Vanloo, de Ph. de Champaigne, de Parrocel, de H. Rigaud, de La Fosse, d'Audran, de Santerre, des Boullongne, d'Houasse, pour ne citer que les fresques, les trumeaux, panneaux et dessus de porte inséparables des murailles; les divines sculptures de Marsy, d'Adam, de Coyzevox, de Puget, de Coustou, les meubles uniques de Boule, les bronzes ciselés de Germain, les tapisseries de Beauvais, plus mille objets sans prix et sans nom d'auteur, créés par de modestes artisans, alors que les ateliers ignoraient le mécanisme et le travail parcellaire. Toutes ces belles choses animent la chapelle déserte, les vastes pièces vides, l'enchaînement de décors féeriques appelés, comme autrefois, salon d'Hercule, salon d'Abondance, salon de Vénus, salon de Diane, salon de Mercure, chambre parée, galerie des Glaces, antichambre de l'Œil-de-Bœuf, salle du Trône, salon de la Guerre, salon de la Paix, appartement des rois, des reines... (1)

Ces magnificences sans rivales caractérisent Versailles ; tout ce qu'il renferme encore pâlit auprès d'elles, et lui semble étranger. Le « Musée consacré aux gloires de la France » ne sera jamais qu'un intrus dans la demeure de Louis XIV. Ces froides images de grands hommes figés dans la pierre ou le marbre, ces représentations des fastes de la patrie, exprimés sans chaleur ni vérité dans des kilomètres de toile peinte, réalisent peut-être une haute pensée, mais leur place n'était pas ici. Versailles est l'auguste nécropole d'une monarchie, à qui ces symboles auraient paru aussi bizarres que la philosophie éclectique et la théorie du juste milieu.

Les jardins, le parc de Le Nostre ont heureusement échappé aux innovations ; leurs parterres, leurs bassins, leurs marbres, leurs bosquets ne sont pas chargés de nous apprendre l'histoire de France, et, dans leur style superbe, ne nous parlent que du grand art, du goût très pur et de la poésie païenne du dix-septième siècle.

Quelle largeur, quelle majesté, quelle sérénité dans l'ensemble de ces décorations du vieux temps ! Quelle grâce, quel charme dans leurs moindres détails. Les

---

(1) Voir, au sujet de Versailles, l'excellent ouvrage historique publié chez l'éditeur des *Fleuves de France*, par M. Paul Bosq : *Versailles et les Trianons*, 1 vol. in-8 illustré.

PARC DE VERSAILLES. — GROUPE PRINCIPAL DU BASSIN DE NEPTUNE

longues façades de Mansart se développent harmonieusement dans l'entour des parterres embaumés, des pièces d'eau, des vases de Coyzevox et de Tuby, des bronzes des Keller, et des innombrables statues de Marsy, de Le Pautre, de Lespagnadel, de Regnauldin, de Houzeau, de Le Gros, de Bouchardon, déités de l'Olympe ou spirituelles allégories, abritant leurs chastes nudités et leurs formes irréprochables sous les arbres docilement courbés. Allez à gauche, vers l'Orangerie, la pièce d'eau des Suisses et les trois mar-

PARC DE TRIANON — TOUR DE MARLBOROUGH AU VILLAGE SUISSE

ches de marbre rose chantées par Alfred de Musset, à droite, par la si jolie allée des Marmousets, vers le Bassin de Neptune, en avant, vers le Bassin de Latone, le Char d'Apollon et le grand Canal.... Mais arrêtez-vous, d'instants en instants, regardez, abandonnez-vous à la contemplation, car ces réalités d'un monde évanoui sont pour nous comme les visions d'un songe magique ; elles agissent sur nos sens à la façon de l'opium sur un cerveau oriental, et nous nous promenons au milieu d'elles comme le dormeur éveillé des *Mille et une Nuits*, transporté pendant son sommeil dans le palais éblouissant du Calife.

La Colonnade, les Bains d'Apollon, la Salle du Bal, l'Arc de Triomphe, la Salle des Marronniers, la Girandole, sont les cités de cet Empire du Rêve ; le Grand et le Petit Trianon en sont les provinces. Mais le village, né de la fantaisie de Marie-Antoinette, du talent d'Hubert Robert et des poèmes de Jean-Jacques, interprétés par les contemporains de Voltaire, est un État distinct aussi différent du jardin français de Le Nostre, que Louis XVI l'était de Louis XIV...

De Versailles, nous irons volontiers aux étangs dont s'alimentent les Grandes Eaux, dans les vallées de l'Yvette, de la Bièvre, relativement peu foulées et charmantes. Un véhicule nous promènera de la célèbre École militaire de Saint-Cyr, qui n'a pas fait oublier la Maison fondée par Mme de Maintenon, au vaste et placide étang de Saint-Quentin ; du vallon de Port-Royal, immortalisé par le séjour des Jansénistes et d'une sévérité si convenable à leur rigide vertu, à la petite ville féodale de Chevreuse, que domine le donjon où Racine a demeuré quelques mois.

D'ici, excursion bien tentante, irrésistible, un chemin direct s'ouvre à travers une vallée délicieuse, dont les trois étapes seront, s'il vous plaît, le beau château de Dampierre, patrimoine de la famille des ducs de Luynes, les Vaulx de Cernay et enfin l'abbaye des Vaulx de Cernay. Visitable est Dampierre, où brillent, entre autres œuvres d'art, deux statues du plus grand prix : la *Minerve* en ivoire, or et argent, que le sculpteur Simart exécuta d'après les savantes notions du dernier duc de Luynes sur la sculpture de Phidias, et le *Louis XIII enfant*, de Rude, unique modèle en argent massif. Les Vaulx de Cernay, ce sont les Alpes des environs de Paris. Vous marchez entre des hauteurs sombres, à vos côtés s'entassent des roches moussues ; des bruyères, des fougères croissent sous vos pas ; parmi les roches court, cascade et bruit le rù de Vaulx, et lorsque ravi de ce passage, si rare à cette latitude, on arrive dans une campagne moins accidentée, devant vous apparaissent au bord d'un étang les ruines de l'abbaye des Vaulx de Cernay fondée, l'an 1128, par Simon de Monfort, sire de Néaufle-le-Châtel et connétable de France.

Grâce à Mme Nathaniel de Rothschild, tout ce que l'on a pu conserver et restaurer de l'une des belles abbayes de l'Ile-de-France, l'a été avec une réelle intelligence de la vérité archéologique. Les moines cisterciens reconnaîtraient, dans ce château si mondain, leur promenoir, leur chauffoir et leur parloir, leur lavoir près du rû des Vaulx, leur réfectoire et leurs communs ; ils pourraient encore aller puiser de l'eau à la fontaine de leur vénéré patron, saint Thibaut de Marly, que protège un élégant édicule de la Renaissance. Affligés sans doute de ne revoir que des fragments de leur cloître et des arcades brisées de leur église ogivale, ils admireraient cependant qu'on les ait embaumés, comme des reliques, dans l'épais bandeau de lierre et de fleurs, et le spectacle de ces nobles architectures soigneusement conservées les consolerait un peu.

— Mais notre canot? — Laissez, nous le rejoindrons tout à l'heure. Voudriez-vous quitter les environs de Versailles sans avoir vu l'autre partie de la vallée de l'Yvette, où sont Courcelles, Gif, Bures, Orsay, ces villages d'une couleur rustique et parisienne si originale ? Et la vallée de la Bièvre, que dominent, à ses deux extrémités, les arches de l'aqueduc du Buc et celles de l'aqueduc d'Arcueil, et dont les groupes d'habitations s'appellent Jouy-en-Josas, Bièvres, Igny, Antony, Verrières, Bourg-la-Reine, Sceaux, Fontenay-aux-Roses, noms souriants et célèbres, passerons-nous en la dédaignant ? Vraiment cela nous serait bien difficile, si, d'aventure, notre voiture rencontrait Aulnay

ABBAYE DES VAULX DE CERNAY

ou Robinson. Certainement alors les Parisiens, qui remplissent cette campagne de leurs ébats, dînent dans des marronniers et chevauchent sur des ânes, ne manqueraient pas de nous entraîner avec eux dans le tourbillon de leur gaieté, et les maîtres aliborons, aux oreilles

ÉTANG DE VILLE-D'AVRAY — MAISON DE COROT

ornées de queues de renards, auraient assurément deux cavaliers novices de plus, pour les égarer dans les sentiers ombreux de Verrières...

Nous revenons pourtant, et encore à travers des bois enchantés, ceux de Fosses-Reposes, de Marnes, de

Ville-d'Avray, puis de Saint-Cloud. Cocher! menez-nous aux étangs, près desquels le bon et grand peintre Corot regarde de ses yeux de marbre le paysage délicat, léger, envolé, où son pinceau mettait de si poétiques idylles! Menez-nous en pèlerinage au pavillon en deuil de Gambetta, et vers ce qui fut la maison de Balzac. Montrez-nous, au moins du doigt, la villa où demeure

SAINT-CLOUD — PALAIS DEPUIS L'INCENDIE

Jules Claretie, l'un des plus féconds et des plus brillants écrivains de notre époque : il ne se fâchera point de l'indiscrétion grande, car personne ne sait mieux que lui que l'affabilité du caractère est comme la rançon du bonheur.

Et voilà Saint-Cloud, une vieille petite ville, toujours vivante, un parc toujours aimé, une cascade toujours admirée, mais un château bien défunt. Les Prussiens, au lugubre mois de janvier 1871, ont brûlé la résidence de Philippe d'Orléans, de Marie-Antoinette et de Napoléon ; le feu a consumé les superbes fresques de Mignard, et des fourgons ont emporté en Teutonie les pendules oubliées dans les appartements impériaux. Mais le squelette est debout et, par ses trous béants,

CASCADE DE SAINT-CLOUD

par ses pierres roussies, par ses charpentes et ses ferrures, tordues comme des nerfs désespérés, il nous crie moins la haine de l'étranger que l'horreur de la guerre, de la guerre qui tue et qui détruit, laissant encore après elle, pour si longtemps, tant de causes de meurtre et de germes de destruction.

Levons l'ancre ! Que notre canot nous promène doucement de Sèvres à Suresnes, de Neuilly à Asnières. Pourrions-nous aller plus vite ? En vérité, non. Une mollesse se dégage, comme un arôme, de ces rives paresseuses et nous allanguit les muscles. A regret l'on s'éloigne de ces jardins penchés vers le fleuve comme pour s'y caresser, de ces maisonnettes omnicolores, dont les hôtes semblent si heureux, de ces pelouses, disposées comme des tapis pour les longues siestes, et de ces îlots qu'un

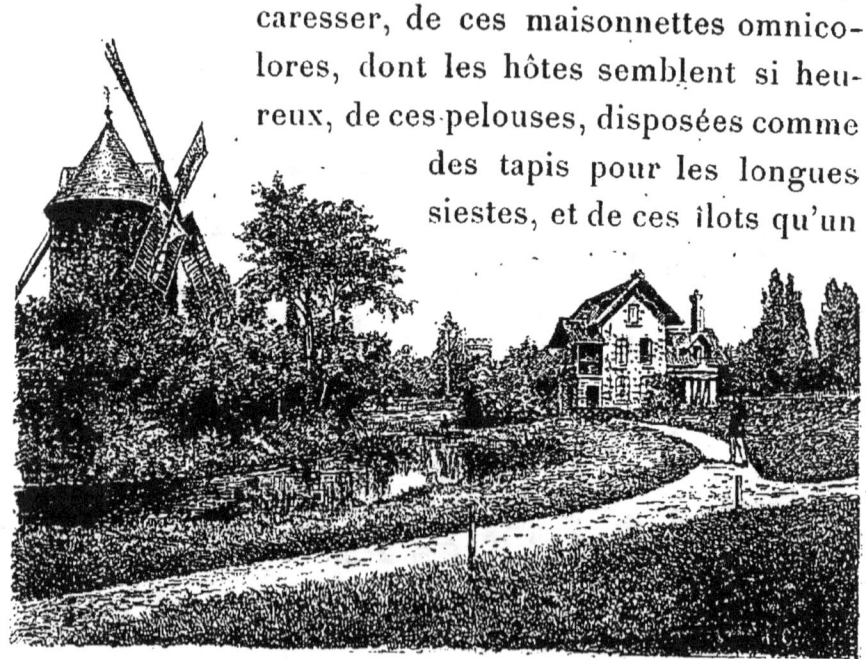

BOIS DE BOULOGNE

semeur de paradis terrestres semble avoir jetés çà et là. Il y a pourtant du mouvement, du travail, près de ces rives si élégantes ; des courses au Bois de Boulogne, des noces à Suresnes, des industries à Puteaux, mais on ne les entend pas ; à peine on les aperçoit dans le calme du luxe environnant.

Au delà d'Asnières, changement à vue. La verte Seine,

contaminée, roule la fange des cloaques parisiens, le charbon poudre ses bords, et des cheminées géantes les jalonnent continuellement de Clichy-la-Garenne à Saint-Denis. Docks immenses de Saint-Ouen, teintureries, fabriques de produits chimiques, usines de tout genre, se suivent, s'emboîtent les unes dans les autres, et vous croyez voir une de ces grandes cités indus-

SURESNES ET LE MONT-VALÉRIEN

trielles du Nord, aux maisons embrumées de suie et sur qui pèse toujours, comme une calotte de plomb, un ciel bas, chargé de vapeurs livides. Descendons cependant. Si noire que l'ambiante fumée l'ait rendue, l'antique collégiale de Saint-Denis en impose encore. Le portrait de l'abbé Suger garde sa majesté, les nefs éperdues leur grandeur, et les tombeaux dépouillés leur noblesse, rehaussée par la naïveté ou l'idéale perfection des sculptures. Est-ce que tout cela ne représente pas des siècles d'humanité? N'est-ce pas l'ouvrage de nos pères, le témoignage de leur foi dans une religion consolante et de leur attachement à des institutions protectrices? Qu'il n'y ait plus de culte divin, qu'il n'y ait plus de rois, l'intelligence de l'Histoire nous remplirait tout de même d'admiration et de respect pour l'antique Saint-Denis.

Quelques alentours de Saint-Denis sont très agréables. Les ombrages de Montmorency rafraîchissent ce pays de fournaises ; ils sont malheureusement bien diminués, bien éclaircis, depuis le temps où l'Ours de l'Ermitage, le pauvre grand poète Jean-Jacques Rousseau s'y trouvait loin de Paris, « dans un lieu solitaire plutôt que sauvage », et doué de beautés champêtres « qu'on ne rencontre guère auprès des villes ». Toutes sortes d'habitations somptueuses et prétentieuses encombrent les futaies chères au philosophe. L'étang

EMBOUCHURE DU CANAL SAINT-DENIS ET DE LA SEINE

sulfureux d'Enghien, qui miroitait au pied de sa colline, de son Montlouis, est devenu un lac où réfléchissent

NOUVEAU PONT SUR LE CANAL A SAINT-DENIS

leurs façades mondaines et demi-mondaines, quantité de joujoux d'architecture, semblables à des châteaux de

SAINT-DENIS — LA CATHÉDRALE VUE DU CANAL

cartes. Mais il reverrait encore à Saint-Gratien le château du « vertueux Catinat » maintenu dans sa noble simplicité par la princesse Mathilde Bonaparte. Eau-Bonne.

lui rappellerait facilement son amour pour la spirituelle

CHATEAU D'ÉCOUEN

Mme d'Houdetot, et La Chevrette, près de La Barre, son
amie d'un moment, Mme d'Épinay. Andilly, Montlignon,

Saint-Prix auraient encore à lui offrir des cerises à courtes queues pour son frugal repas, et, dans le pensionnat d'Écouen, institué pour les filles des membres de la Légion d'Honneur, il reconnaîtrait le bel édifice de la Renaissance, construit par Jean Bullant pour le connétable Anne de Montmorency.

... La Seine, deux fois repliée sur elle-même, et traçant d'amples sinuosités parallèles, forme la double presqu'île que commandent les petites villes d'Argenteuil, de Saint-Germain et de Poissy.

NANTERRE.

Gageons que vous aurez envie de goûter au fameux vin aigrelet d'Argenteuil ; bien vous en prendra si l'on vous sert une bouteille de la dernière vendange, sinon, abstenez-vous d'une odieuse piquette, à moins que les régates donnant dans leur port d'élection une course de bateaux à voiles, la singularité, l'animation de ce divertissement ne vous fassent oublier votre verre sur la table.

Nous frôlons les bords de l'île du Moulin-Joli, où le peintre Watelet et sa femme, couple d'excellentes âmes sensibles, ont accueilli dans leurs jardins bucoliques et sentimentaux tous les « amants de la nature » du dix-huitième siècle. Puis, que de cottages brillants, pomponnés, enrubannés, festonnés, taillés à facettes, comme des chatons de bagues ; c'est Chatou, c'est Croissy, aux rivages arides de Nanterre et de Rueil opposant le contraste de leur villégiature raffinée. Mais des canots, entre les îles touffues allongées sur le fleuve, passent à côté de nous, rapides, et de vigoureux matelots d'eau douce et de gentilles marinières rient volontiers de notre simple embarcation : au jugement de ces loups de Seine, à peine sommes-nous des amateurs ! Une station navale serait-elle proche ? En effet, Bougival, devant nous, aligne ses cabarets appétissants, et nos gais navigateurs vont et viennent de cette rade illustre à la plage également renommée de la Grenouillère. Là, tout comme à Dieppe et à Étretat, l'on se baigne de compagnie en costumes aquatiques selon la mode et, sinon sur le sable soyeux, du moins à l'ombre des châtaigniers, des cabanes roulantes abritent les tritons et les naïades du boulevard.

Sur la rive gauche, par-delà la puissante machine élévatrice de Marly, qui désaltère Versailles, le terrain monte; de claires maisons se cachent à demi derrière leurs jardins, des bois moutonnent, un aqueduc découpe sur le ciel ses hautes arcades sveltes et hardies. Écoutez, en ramant lentement, le conducteur du tramway longeant le fleuve, nommer ces radieux

LA MACHINE DE MARLY

paysages : Louveciennes, — et vous pensez à la Dubarry, à Louis XV, au négrillon Zamore, châtelaine, hôte et gouverneur du riche et discret château d'où la favorite un jour partit, oh! bien malgré elle, tirer un numéro fatal à la loterie de sainte Guillotine; — Marly, — et vous seriez tenté d'aller chercher, sous les herbes folles, dans les allées confondues du parc, les vestiges presque introuvables du splendide palais zodiacal, dont

Louis XIV-Apollon-Phœbus — occupait le pavillon-soleil, et douze princes et courtisans, triés sur le volet, chacun un pavillon ou, si vous voulez, une constellation, opposée aux rayons du dieu du jour. De ces magnificences si vantées, que le grand roi, lion devenu vieux, demi-dieu humilié par la défaite et les besoins d'argent, dai-

PORT MARLY

gna familièrement montrer au roturier Samuel Bernard, afin de l'induire à finance, il ne reste guère que l'emplacement, des portes vermoulues, et le mélancolique abreuvoir où se cabraient jadis les chevaux de Coustou.

Guidons-nous seuls, maintenant. Le tramway nous quitte pour escalader la rampe ardue qui mène à Marly, à cent pas de la forêt, retraite protégée d'une multitude de faisans, de lièvres et de lapins heureux, dans une quiétude profonde, les uns de piquer des vermisseaux et les autres de brouter le thym et le serpolet, en attendant, hélas! les dangereux fusils du président de la République, dont ils sont sans le savoir, ce qui les dispense d'en tirer vanité, le gibier délicat et réservé...

Port-Marly, Monte-Cristo, le Vésinet, le Pecq, nous acheminent à Saint-Germain. Port-Marly est ancien, mais il n'est pas intéressant; le Vésinet est tout moderne et nous intéressera par son bel asile de convalescentes, fondé par Napoléon III et destiné à parachever la guérison des pauvres femmes ouvrières, que désignent les médecins des hôpitaux de Paris. Pour Monte-Cristo, ce n'est qu'une maison de plaisance, d'un style romantique et renaissance assez plaisant, bâti par le plaisant Alexandre Dumas, dans une heure de fortune, de bonne humeur et de rêves fastueux, et tout à fait digne par sa fantaisie des plaisantes histoires de la reine Margot et de la dame de Monsoreau.

Aimez-vous Saint-Germain? — Sans doute, cela se doit, la tradition l'exige. — Soit. Mais qu'en aimez-vous? Le château? — Il est d'une architecture bien maussade. — Les parterres? — Ils n'ont que des fleurs desséchées et des allées sans ombre. — La forêt? — Des futaies mornes, des dunes où l'on s'enlise, des routes où l'on baille. — Le restaurant du pavillon Henri IV? — On y paie hors de prix un déjeuner que l'on vous sert, à votre gré, dans la chambre où fut ondoyé Louis XIV, ou dans celle qui reçut le dernier soupir de M. Thiers : attractions vaines et dénuées d'imprévu ! — Et quoi donc ? — La terrasse de Le Nôtre, cet incomparable observatoire de 2,400 mètres de longueur, braqué sur la presqu'île du Pecq, groupant dans un exquis panorama le damier étincelant de ses coquettes villas et les prai-

LE PECQ

ries de ses fermes ; cela est superbe et toujours nouveau.

Cependant le château ?... — Oui, malgré ses bizarreries, il est curieux. D'ailleurs il est rajeuni. M. Millet a fort habilement restauré certaines parties de l'édifice que Charles V avait bâti à la place d'une forteresse de Louis le Gros, et l'on contemple en son entier le palais que François Ier substitua aux constructions féodales de Charles V. Cela fait un singulier ensemble. Une grosse tour gothique, de rudes corniches, des tourelles massives, de fins campaniles, de hautes croisées cintrées, des gargouilles à gueules de monstres, de larges fossés sans ponts-levis, donnent l'idée d'un vaste manoir du moyen âge arrangé par un glorieux seigneur de la Renaissance.

Au dedans, nulle trace du séjour bruyant et brillant que firent en d'amples salles voûtées, en de longues ga-

CHATEAU DE SAINT-GERMAIN

leries à colonnettes, leurs majestés Henri II, Charles IX, Henri IV et Louis XIII, qui y mourut, et Louis XIV, qui s'y déplut. Celui-ci l'abandonna pour Versailles, non pas avant, il est vrai, d'y avoir dansé maints ballets et couru maintes chasses, sous les yeux bleus tendrement aimés de Mlle de La Vallière. Pourtant songeait-il à le délaisser, quand il chargeait son architecte ordinaire, Mansart, d'élever aux angles du château cinq énormes pavillons, d'une laideur parfaite, depuis judicieusement abattus? Le roi d'Angleterre détrôné, Jacques II, étrenna ce nouveau bâtiment le 9 janvier 1689 et dut ne pas s'y déplaire, car la généreuse hospitalité de Louis XIV, que l'infortune de son « frère » touchait sincèrement, veillait à ce qu'il y fût entouré de tout le faste et de toutes les prérogatives des majestés. Mais après la mort édifiante de « ce prince en exil », l'arai-

SARTROUVILLE (EN FACE MAISONS-LAFFITE)

gnée put tranquillement filer sa toile dans les appartements et les rats en grignoter les lambris : personne ne se souciait de les habiter ; ne sachant comment les utiliser, on y logea tour à tour des malades, des prisonniers et des soldats. L'ex-résidence royale serait peut-être encore une caserne, si Napoléon III n'avait décidé d'y installer le *Musée des antiquités nationales*. Une collection des « types des objets d'art et d'industrie que chaque époque a produits depuis les temps préhistoriques jusqu'aux Carlovingiens » occupe, sans les meubler, les chambres, les salons et les galeries parfaitement nus des Valois et des Bourbons.

... La Seine, qui contourne la forêt, devait jadis en être la limite. Mais des châteaux, des hameaux et des villages ont reculé la lisière des hautes futaies. Tel, Maisons-Laffitte, si joliment situé aux bords du fleuve, et dont

LA FRETTE

le château, chef-d'œuvre classique de F. Mansart, le parc empli de villas somptueuses, les vieux moulins à contreforts, les cultures maraîchères et les habitations franchement paysannes, composent un tableau rustique et parisien si amusant! Plus loin, sur la rive opposée, Montigny-les-Cormeilles, Herblay, La Frette, Conflans-Sainte-Honorine, Andresy, renouvellent le même aspect, la même impression, mais déjà l'air est plus pur, l'horizon plus fluide, plus léger. Heureux le citadin, qui peut fixer ses pénates à cette distance, ni trop loin, ni trop près de la grande ville, hélas, l'est-il encore? Voici que la presqu'île de Saint-Germain, comme celle de Gennevilliers, va recueillir le trop-plein des égouts de Paris; l'infecte émanation des vidanges menace d'étouffer les saines odeurs sylvestres : adieu, villégiatures parfumées !

Poissy est voisin des plaines d'Achères, où des canaux déverseront la vase urbaine; plaignons l'antique

LE MOULIN DE MAISONS-LAFFITE

petite ville chère à Saint-Louis. Que va-t-elle devenir? que deviendront ses pêcheurs à la ligne, toujours fidèles au rendez-vous du restaurant de l'Esturgeon? Que deviendront les charmants hôtels, que MM. Meissonier, le grand peintre et son fils, habitent dans l'enclos de « l'Abbaye des Dames dominicaines de Saint-Louis », fondée par Philippe le Bel et abolie en 1793? Que deviendront tant d'autres villas abritées par la forêt? Car on

fuira, n'en doutons point, devant l'invasion nauséabonde, sans savoir hélas! où s'arrêtera la conquête incessante de la puanteur?

Alors Poissy, déjà privé du fameux marché aux bestiaux, où s'approvisionnaient les bouchers

POISSY — ENTRÉE DE L'ANCIENNE ABBAYE

parisiens, s'étiolera dans la vilaine solitude de ses rues

vieillottes ; il gémira au pied de son admirable église
ogivale et romane, que l'on laisse tomber en poussière ;
il se rappellera avec douleur qu'il a été cité historique
et florissante, que son *Colloque* est inscrit dans les annales de la France et, songeant à la gloire et aux fritu-
res passées, soupirera : Maintenant, tout est fini ; on
ne peut plus venir à moi sans boucher son nez, et le

MOULINS DE POISSY

poisson même me préfère Triel, Meulan et Mantes-la-
Jolie !...

... Du canot, que nous dirigeons prudemment, non
sans peine, dans les passes innombrables formées par
une multitude d'îles et d'îlots, processionnellement
allongés sur le fleuve, nous apercevons au pied de faibles collines vineuses, parsemées de pommiers, des
villages et des bourgades ignorés ailleurs, célèbres
parmi les environs de Paris. Un sophora, étendu sur
une guinguette comme une ombrelle de fabuleuse en-
vergure, nous signale Villènes ; deux tours carrées,

coiffées de campaniles, nous nomment Médan, et voici, près du bord, la simple demeure du maître écrivain naturaliste, Émile Zola. Cette jolie église neuve, c'est Vernouillet; cette église ancienne, belle et délabrée, c'est Triel; ces deux îles de maisons et de jardins qu'un pont relie entre elles et qu'un autre pont rattache aux

MÉDAN

deux rives du fleuve, également peuplées, c'est Meulan. Paisible chef-lieu de canton aujourd'hui, Meulan, — qui le croirait? — a été une cité féodale, très guerrière, très redoutée et très malheureuse au moyen âge.

Vue de la Seine, Mantes-la-Jolie nous paraît aussi jolie que son épithète : des allées touffues, ombrant ses quais, ne parviennent pas à nous cacher ses maisons d'une blancheur avenante, par-dessus lesquelles les tours de sa cathédrale gothique, sœur ainée de Notre-Dame de Paris, s'élèvent puissantes et sombres. La ville mérite une escale. Son ex-auditoire royal, blasonné aux armes de Louis XII et d'Anne de Bretagne, son élégante fontaine de la Renaissance, les débris de son château-fort et de ses remparts, maintes fois as-

— TRIEL.

siégés, son quartier des tanneries, son théâtre, ont du caractère ou du style, enfin ses alentours sont réellement pittoresques.

Vous vous récriez : Eh quoi! vous moquez-vous? Du pittoresque ici, à quinze lieues de Paris, en plat pays? — Regardez plutôt : Le canot laisse à droite le vieux Limay, le coteau des Célestins, dont le poète Régnard a chanté la vigne :

> Que sur le clos Célestin
> Tombe à jamais la rosée!

puis l'Ermitage de Saint-Sauveur, mais il s'arrête au château de Rosny, berceau et résidence de l'illustre ministre de Henri IV, Maximilien de Béthune, baron de Rosny, duc de Sully. Le château n'est plus l'édifice féodal qu'il devait être, mais il a bonne mine encore et convient à la fortune de son richissime propriétaire, M. Lebaudy. Rolleboise commande une presqu'île diaprée des plus fertiles plantations; Vétheuil présente une vaste église, dont le portail, construit par les architectes de François Ier et d'Henri II, est une merveille de délicatesse, de grâce, d'harmonie, un bijou religieux de l'architecture de la Renaissance, en général plus sensuelle que mystique.

A présent, nous verrons sans cesse, jusqu'à La Roche-Guyon, terme de notre voyage, les plus étranges collines, chauves, calcinées, s'enchaîner en bordure du fleuve, vis-à-vis la plus opulente campagne. Nous les verrons s'élancer en pics, s'arrondir en dômes, se croiser en triangles, s'épointer en pyramides, dessiner d'énormes silhouettes d'êtres fantastiques, et nous verrons de leur flancs s'envoler des spirales de fumée, car elles renferment de pauvres logis, creusés dans le tuf depuis des siècles, le village tout entier d'Haute-Isle, où Boileau, qui l'a décrit minutieusement dans l'épître à M. de Lamoignon, demeurait chez son neveu « l'illustre M. Dongois, greffier en chef du Parlement », et les souterrains si curieux du château de La Roche-Guyon.

Ce château réalise, il nous semble, l'idéal d'une résidence aristocratique, et l'homme le plus vaniteux de ses parchemins n'en pourrait souhaiter de plus congruent à ses prétentions. Au sommet d'un roc, une tour énorme, des remparts déchiquetés, subsistent pour prouver l'existence d'une forteresse bâtie dans le haut moyen âge, sur des fondations romaines. Ces ruines surplombent un vaste édifice composite, mi-partie du dix-septième et du dix-huitième siècle, meublé, avec le bon goût d'autrefois, des meubles solides et beaux d'autrefois. Toute une lignée de ducs et de duchesses de La Roche-Guyon, de Liancourt, de La Rochefoucault, de Rohan, ont accumulé ces trésors authentiques, dont les tapisseries, les tentures, les peintures sont vraiment admirables.

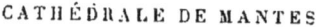
CATHÉDRALE DE MANTES

La chapelle où, dit-on, sont ensevelis des martyrs est, comme la dépeint Lamartine, « une véritable catacombe, affectant, dans les circonvolutions caverneuses de la montagne, la forme des nefs, des chœurs, des piliers, des jubés d'une cathédrale ». En ce ténébreux sanctuaire, un groupe de

« jeunes gens distingués » assistaient, sous la Restauration, à de célèbres retraites mystiques. « Tous les jours, raconte le poète invité à ces cérémonies, le service religieux s'y faisait avec une pompe, un luxe et des enchantements sacrés, qui enivraient les jeunes imaginations... Seul, je n'avais aucun goût pour ces délices. Le duc de Rohan et ses amis me pardonnaient mon indépendance de foi en faveur de mes aspirations vers l'infini et vers la nature... » Et cependant, chantait l'amant d'Elvire :

> Ici viennent mourir les derniers bruits du monde ;
> Nautonniers sans étoile, abordez ! c'est le port :
> Ici l'âme se plonge en une paix profonde
>   Et cette paix n'est pas la mort.

— Et de La Roche-Guyon où allons-nous ?
— Nous irons tout à l'heure en Normandie.

CHAPITRE XIII

L'OISE

... Le train dépasse Saint-Ouen-l'Aumône et traverse, en sifflant, l'Oise, ponctuée d'îlots touffus ; devant vous, en pleine lumière, une muraille de rochers et de remparts bordant la rive droite, se dresse comme une falaise de côte normande ; au-dessus de cette muraille, d'une blancheur de craie, des maisons mêlent confusément leurs toits, que domine une tour énorme, sombre et couronnée de clochetons. Vous êtes à Pontoise. Ce premier aspect illusionnant de cité gothique, presque orientale, est la seule originalité de cette petite ville, dont le gouailleur parisien ne peut prononcer le nom sans esquisser un sourire. Il y a longtemps que ses remparts ne protègent plus le château-fort des comtes du Vexin français, où résidèrent plusieurs rois, où Louis IX se plaisait infiniment. Plus d'un établissement religieux florissait auprès de la demeure royale : abbayes de Saint-Mellon, de Saint-Martin, un couvent de Cordeliers, dont le superbe réfectoire abrita trois ou quatre fois, en 1652, en 1720, en 1753, les séances du Parlement exilé; tout cela a disparu.

Des édifices du vieux temps, l'église Saint-Maclou,

dans la ville haute, subsiste seule et n'est pas un chef-d'œuvre ; mais la banalité ambiante rehausse le mérite artistique de ses jolies portes de la Renaissance, de sa chapelle de la Passion, due à la munificence de Charles V, et renfermant un Ensevelissement du Christ, composé de personnages de grandeur naturelle, sculptés dans le marbre et groupés avec talent. En la ville basse, un peu neuve, mais grandissante, étant proche de la gare, le quartier de la Viosne semble détaché d'une ville des Pays-Bas. Un artiste aimera l'étroite rue des Attanets, bordée de maisons chenues, courbées, aux charpentes dénudées, aux porches surbaissés, avec des bancs de pierre hospitaliers posés sur le seuil depuis des siècles. A côté, rue de Rouen, comme dans un coin perdu d'Amsterdam, la rivière, formant la chaussée, baigne les assises de maisons blanches, de grands moulins, dont les façades se reflètent dans le courant limpide ; les portes s'ouvrent au niveau de la Viosne, et des seaux pendant des fenêtres au bout de longues cordes dévidées par le jeu des poulies, permettent aux habitants de réaliser chez eux les miracles de la propreté hollandaise.

Si l'on s'arrêtait ici, on n'aurait pas de la vallée de l'Oise une idée séduisante. Les rives dénudées, crochues, raboteuses, noircies par les débardages d'un petit port, où de lourds chalands apportent les fers des Ardennes et les houilles de la Belgique, rappellent la Seine à Saint-Denis. Mais, patience ! Une alerte promenade vous la montrera toute différente ; devant vous, les paysages, aimés de Jules Dupré et de Karl Dau-

PONTOISE

bigny, se dégageront de la brume des horizons, et le long de la route, d'émouvants souvenirs vous tiendront compagnie. Déjà, près de Saint-Ouen-l'Aumône, sur la même rive, voici, dans une villa très soignée, tout ce que les révolutionnaires ont épargné de la très célèbre abbaye de Maubuisson fondée par Blanche de Castille : un bâtiment d'une architecture admirable, contenant la salle du chapitre, la sacristie, le réfectoire, les dortoirs des religieuses, une grange, et de vastes souterrains voûtés en ogive où les servantes du Seigneur étaient inhumées.

Ce n'est pas à Auvers qu'il faudrait s'aviser de contester le charme des bords de l'Oise ; ce village, aux chaumes pelucheux, est précisément une colonie de peintres groupés autour du maître Karl Daubigny pour en reproduire les sites enchanteurs. Devant leurs chevalets, en face d'Auvers, Méry élève ses roches abruptes au pied desquelles la rivière, entre des bois sombres, coule noire comme l'encre. Tout près, végètent les ruines mélancoliques de l'abbaye de Notre-Dame du Val, et brillent le château de Stors, puis le bourg de l'Isle-Adam, illustre seigneurie jadis, maintenant chef-lieu de canton, adopté par l'opulente villégiature.

L'Isle-Adam n'a plus le somptueux château des princes de Conti ; mais son église, restaurée minutieusement, est un bijou de la Renaissance. Persan, Beaumont, tout industriels, jettent quelque peu de fumée dans la pure atmosphère de cette gracieuse campagne ; mais à peine on les a quittés, qu'on retrouve les hameaux champêtres, les châteaux, les abbayes mémorables : Asnières et son manoir de la Reine-Blanche, Viarmes et ses chaumes veloutés ; l'abbaye de Royaumont, où saint Louis avait une cellule, et dont le réfectoire, le cloître, attestent la richesse et le bon goût.

Quittons les bords de l'Oise pour suivre son affluent, la Nonnette ; le but en vaut la peine : nous allons à Chantilly. La petite rivière frétille sous les bois profonds qui dépendent encore du domaine princier que les Bouteiller de Senlis ont légué aux d'Orgemont, les d'Orgemont aux Montmorency, les Montmorency, très involontairement, aux Condé, et le dernier de ces princes à M. le duc d'Aumale, qui vient à son tour, par un acte du 28 septembre 1886, d'en faire à l'Institut de France une généreuse donation, acceptée par un décret du président de la République daté du 20 décembre 1886.

Excepté les jours de courses, Chantilly, comme Versailles, donne bien l'impression d'une petite ville quasi-royale, en deuil de ce qui n'est plus. Ses longues avenues vides, son immense pelouse déserte, font songer au temps où les innombrables officiers de la maison de Condé, ses équipages de chasse, ses chevaux, ses meutes, et des fêtes continuelles y mettaient l'éclat, le tumulte incessant de la vie princière. On regarde avec étonnement, comme l'œuvre d'un autre âge, aussi éloigné de nous que l'ère des Pharaons, l'inutile et vaste palais que « monseigneur Louis-Henri de Bourbon », septième prince de Condé, fit construire, de 1719 à 1735, pour loger ses trois ou quatre cents chevaux. Et le château

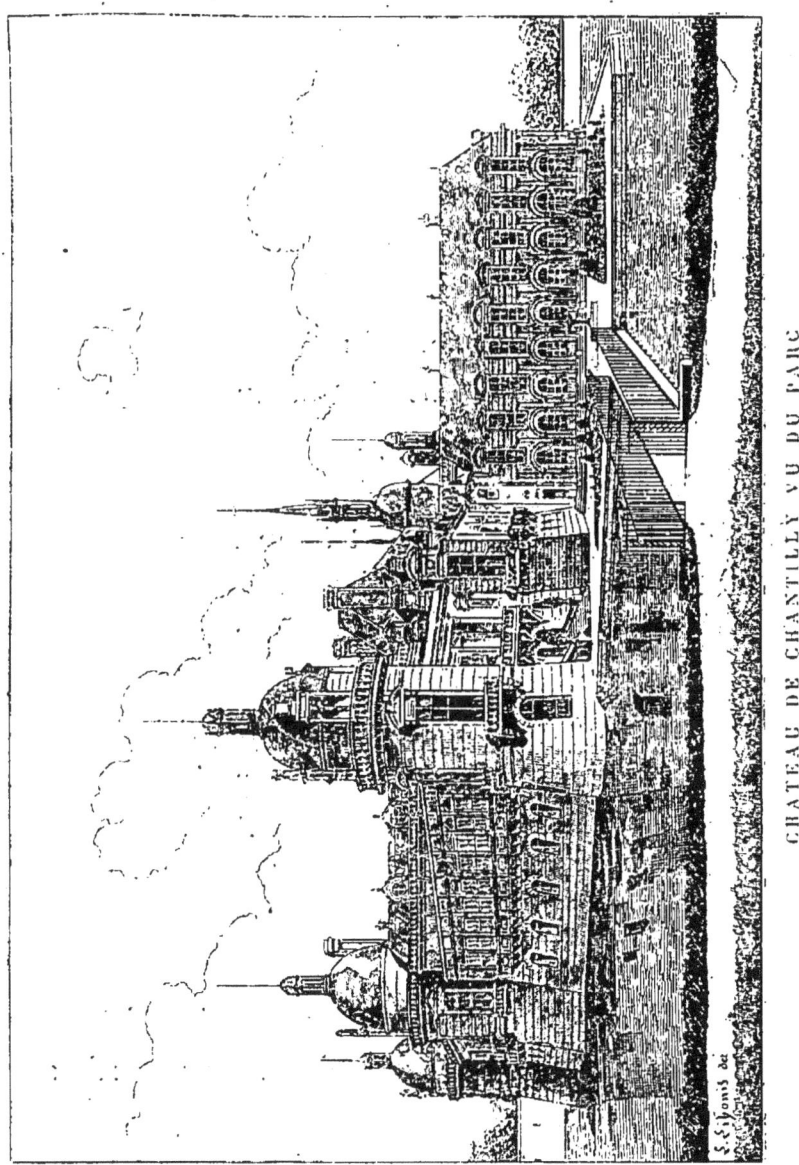

CHATEAU DE CHANTILLY VU DU PARC

élevant à peine au-dessus d'une esplanade blanche et nue les sommets de ses toits couronnés d'aigrettes, la pointe de ses tourelles, le clocher doré de sa chapelle, semble l'hypogée des très hautes et très puissantes ombres d'autrefois.

STATUE DU CONNÉTABLE ANNE DE MONTMORENCY

Cette noble demeure n'est cependant pas inhabitée; M. le duc d'Aumale en a repris posséssion, et dépense l'activité, l'énergie de sa robuste vieillesse à l'embellir, à la perfectionner, selon ses goûts exigeants. Le moderne Chantilly est en grande partie son ouvrage; M. Daumet, son architecte, a rétabli, non pas le lourd édifice abattu sous la Révolution, mais le château, à peu près original, du connétable de Montmorency. Il nous est d'ailleurs loisible de le visiter; l'illustre propriétaire y consent, et ce qui sera un jour le musée Condé, accessible au public, est déjà pour les voyageurs le musée d'Aumale. Donc, franchissons la grille armoriée et dorée.

Tout d'abord se dresse devant nous la statue équestre, en bronze, du connétable Anne de Montmorency, recomposée par M. Paul Dubois, d'après le modèle d'Écouen. A droite, le château d'Enghien, construit au dix-huitième siècle pour les invités du prince, étale une façade correcte et froide; à gauche, des fossés emplis d'eau vive, où nagent des carpes, environnent les fondations massives et toutes féodales du Vieux Château, rajeuni, et celles du Châtelet, dû à Jean Bullant. Deux ponts-levis conduisent à des portes basses; un pont de pierre aboutit à la porte d'honneur, ou Porche de Jean Bullant, remarquable copie de l'ancien porche du château d'Ecouen, chef-d'œuvre harmonieux de grâce et de force popularisé par la gravure.

Les façades neuves du Vieux Château, prises entre de grosses tours surmontées de coupoles sphériques ardoisées, offrent de gracieux détails; type achevé de l'architecture fine et légère de la Renaissance, le Châtelet se mire, de la base au faîte, dans la menue pièce d'eau qui l'entoure.

Au delà des châteaux, s'étendent, très vastes encore, bien que morcelés, les jardins, le bois de Sylvie, le jardin anglais, la pièce d'eau. Mais, avant d'y pénétrer, n'irons-nous pas visiter les appartements d'apparat, les galeries artistiques, les chambres historiques ? Ils renferment des spécimens de tout ce que l'Art, depuis la Renaissance, a produit d'exquis dans l'ameublement, la tapisserie, la sculpture sur bois, la peinture, la ciselure et le bibelot. La galerie des Cerfs, la Grande-Galerie, la Loggia, la Bibliothèque, la galerie des Batailles, la galerie de Psyché, le cabinet des Gemmes ou Trésor, la chapelle, sont littéralement peuplés de chefs-d'œuvre : tapisseries de Van Orbey, vitraux de Bernard de Palissy, émaux, mosaïques, camées, bijoux, médailles, bronzes, estampes rares et sans prix : tableaux incomparables de Watteau, de Philippe de Champaigne, de Charlet, de Corneille de Lyon, de Mirevelt, du Poussin, de Reynolds, de Chardin, de Gros, de Fromentin, de Rosa Bonheur, de Greuze, de Meissonier, d'Ary Scheffer, de Ingres, de Baudry, de Prud'hon, ce dernier représenté par cinq chefs-d'œuvre. A la tribune, place d'honneur de la grande galerie, figurent un chef-d'œuvre de Raphaël, *la Vierge de la maison d'Orléans;* les *Deux Foscari* et l'*Entrée des Croisés à Jérusalem*, de Delacroix; le *Sommeil de Vénus*, d'Annibal Carrache ; les portraits de

Molière et de Mansart, par Mignard; les *Trois âges*, de Gérard; le *Portement de Croix*, de Salvator Rosa; deux portraits de Hardouin Mansart, l'un par Rigault, l'autre par Largillière; le *Corps de garde turc*, par Decamps; l'*Assassinat du duc de Guise*, de Delaroche; un grand paysage de Th. Rousseau; des *Vues orientales*, par Marilhat.

Dans le Châtelet, restauré, la chambre de Monsieur le Prince, qui fut celle du vainqueur de Rocroy, a retrouvé ses meubles historiques. La galerie des Batailles célèbre les actions du héros, dans une série de tableaux à la Van der Meulen. On y revoit son armure, les trophées de ses victoires, la chaise où « le valeureux comte de Fuentès » se faisait porter au plus vif du combat, montrant, malgré ses infirmités, « qu'une âme guerrière est maîtresse du corps qu'elle anime », et aussi le bâton de commandement, jeté dans la mêlée des ennemis à la sanglante bataille de Fribourg, et repris par les troupes enthousiastes.

Au devant des jardins s'élèvent, sur des socles, la statue du grand Condé par Coysevox, et celles de quelques-uns de ses plus illustres familiers, La Bruyère, Molière, Le Nostre, Bossuet. Ces belles figures inanimées ne contemplent de leurs yeux de marbre que l'ombre de ce qu'elles admiraient jadis, lorsqu'elles se préparaient à l'immortalité. Où sont les eaux jaillissantes dont le bruit ne se taisait ni jour ni nuit? Où sont les savantes compositions du jardinier de Louis XIV? Aujourd'hui, le bourg et sa campagne limitent de très près la perpective, et deux grottes du

CHATEAU DE CHANTILLY — LA GALERIE DES CERFS

goût le plus classique, creusées en contre-bas de la plateforme du Connétable, font seules quelques murmures et répandent quelque fraîcheur. Cependant le dix-huitième siècle, qui n'entendait pas la nature comme le dix-septième, n'en a pas détruit les créations. Elles existent, tracées en pleine forêt et bordées par les vivantes murailles des charmilles, les grandes allées sombres où le grand Condé « savait parler à chacun selon ses talents ». On peut encore errer dans le bois de Sylvie, chanté en plus d'un mélodieux sonnet par le pauvre poète proscrit, Théophile de Viaud, dont céans, la duchesse de Montmorency, Marie-Félicie des Ursins, abrita un moment l'infortune. Plus loin, le jardin anglais ombrage les fabriques à la mode à l'époque sentimentale de Marie-Antoinette, d'Hubert Robert et de Florian.

Les allées du parc conduisent insensiblement dans la forêt, se ramifiant à des routes droites, à des sentiers, ou layons, percés à travers les futaies de chênes, de hêtres, de tilleuls, de bouleaux. Ces multiples chemins rendent toute promenade facile et charmante, que l'on veuille aller au rond point de la Table-Ronde, traditionnel rendez-vous de chasse des princes, ou aux étangs de Commelle, vers le castel troubadour de la Reine Blanche.

Plantée sur un sable sablonneux mêlé d'argile, la forêt occupe une superficie de 2450 hectares et se rattache aux forêts limitrophes de Coye, du Lys, d'Hallate, de Pontarmé; l'exploitation de ce domaine assure à l'Institut un revenu déjà évalué à plus de 300,000 francs; c'est là un beau denier, un royal cadeau.

Jadis prospérait, sous l'influence du château princier, la petite ville ; ses ouvrières aux doigts de fée brodaient les ravissantes dentelles que l'on paye aujourd'hui au poids de l'or ; cette industrie est ruinée. L'herbe pousse dans les hôtels de la grand'rue. La fastueuse porte Saint-Denis, assez large pour livrer passage à des foules, bâille sur le vide. L'église paroissiale serait indifférente sans le grave monument qui porte cette inscription : « *Condærum corda per triginta annos, hoc sub marmore, civium fidei credita, intra Cantiliacum domum recepit. Pius nepos hæres Henricus Aurelianensis, anno MDCCCLXXXVIII mense septembri.* »

Les courses, instituées en 1834 sur ce turf prédestiné, le dressage, l'entraînement des chevaux, voilà ce qui constitue le véritable labeur, le mouvement, la fortune de Chantilly. Des écuries de gentlemen riders, comme celles de MM. Schickler, Aumont, Delamarre, Kent, remplacent ses ateliers disparus ; des palefreniers, des jockeys y sont d'importants personnages, et le jour périodique, le jour solennel du mois de juin, où l'on y dispute le prix du jockey-club, y doit tenir lieu de fête patronale et nationale. Sinon, ne serait-il pas ingrat ?

Nombre d'Anglais et certains Parisiens, que l'industrie chevaline, ou leur goût, fixent à Chantilly, en habitent les belles avenues. Un peu à l'écart, Mme veuve James de Rothschild habite le château des Fontaines ; riant édifice, rose et blanc, visible de très loin. Les appartements, dont la décoration n'a pas été achevée, — la mort subite du baron James ayant interrompu les travaux, — contiennent pourtant de très belles choses, entre autres, une collection d'orfèvreries catholiques en or et en vermeil, ciselées et incrustées de pierres précieuses, des émaux, des pièces de céramique...

Reprenons notre chemin le long de la Nonnette.

... Senlis!

— Monsieur descend-il à l'hôtel du *Grand-Monarque?*

Nous répondons au garçon qui nous interroge, le nez en l'air:

— Va pour le *Grand-Monarque*, mais vous avez sans doute une voiture?

— Non, Monsieur, à quoi nous servirait une voiture? Il n'y a qu'un bon hôtel à Senlis, et c'est le mien; nous n'avons tous les deux que cent pas à faire, moi portant votre valise, pour y aller. Oh! les voyageurs ne nous tourmentent pas!

Hélas! que ne vous tourmentent-ils? Peut-être alors, vénérable hôtel du *Grand-Monarque*, les infortunés que déçoit votre honnête apparence, trouveraient-ils chez vous des chambres moins surannées et des repas plus substantiels.

Osant troubler le silence agaçant de la table d'hôte, un voisin nous dit:

— Je suis venu ici, il y a trente-cinq ans bien sonnés; c'était pendant ma lune de miel; j'y reviens et me promène aux alentours sans but, par sentiment.

— Vous voulez marcher dans les empreintes de votre jeunesse! Douce chimère!

— C'est un peu cela. Chaque pas que je fais me rappelle un instant de bonheur ou de plaisir.

CHATEAU DE LA REINE-BLANCHE

— Et vous laisse un instant de regret.

— La ville n'a pas changé, mais l'hôtel a vieilli autant que moi. Tout y est comme je l'ai vu, mais fané, ébréché, poudreux! Il est vrai que j'avais, en ce temps-là, des yeux qui ne regardaient pas.

— Oui, les yeux de vos vingt ans et la taie de l'amour par-dessus.

Senlis peut consoler d'un méchant repas et d'un mauvais lit, l'aimable vieille petite ville! Longuement, en devisant de son passé, nous avons fait le tour de son enceinte gallo-romaine, car elle est ancienne. Les Sylvanectes, qui l'avaient construite au milieu de leurs forêts, combattirent Jules César; elle devint cité romaine et les conquérants, après l'avoir appelée Augustomagus, lui rendirent son nom de Sylvanectum. Les mérovingiens, les carlovingiens, les comtes de Vermandois, d'autres princes, Henri IV même, ont résidé à Sylvanectum, et les murailles de leur château enclosent encore une maison de plaisance, où l'on n'en cache pas aux curieux les ruines étranges.

En contournant les rues dédaliennes, étroites, sonores, bordées de maisons fleuries, assoupies, dont la ville est formée, notre compagnon poursuivait son impossible rêve, et en commençait un autre de retraite obscure et profonde pour sa prochaine vieillesse. Il lisait leurs étiquettes singulières : rue du Chat-Huret, rue du Heaume, rue du Puits-Tiphaine, rue des Rouillards, et n'ayant entre elles que l'embarras du choix : « Voyez, nous disait-il, comme tout cela est à la fois vieillot et confortable! Pour cultiver des roses, me livrer en paix aux calculs du jeu de domino et du bézigue, faire mes quatre repas et dormir mon saoûl, trouverai-je jamais mieux? Et pour prier, songer aux chères âmes mortes, quelle charmante église ! »

La cathédrale, n'oubliez pas que Senlis fut un évêché, élevait sous nos yeux son portail aux délicates proportions, et nous admirions surtout son clocher, ajouré comme une pièce de Chantilly, fin comme un peuplier, robuste comme un chêne. Ce bijou délicat et solide fut peut-être édifié par les soins du brave évêque Warin, l'un des vainqueurs de Bouvines, lequel, ayant pris part à la bataille et tué nombre d'Allemands à coups de masse d'armes, s'en justifiait en affirmant que « si l'Église défend de percer avec le glaive, elle n'interdit pas d'assommer avec une massue ».

Senlis possédait d'autres églises intéressantes ; il les a utilisées : Saint-Frambourg, œuvre du douzième siècle, abrite un marché, le gothique Saint-Pierre est l'écurie d'une caserne, Saint-Aignan un théâtre, l'abbaye de Saint-Vincent, due à la reine Anne (de Russie), femme d'Henri Ier, un pensionnat. Mais nous n'oublierons pas de sitôt le svelte clocher de Notre-Dame ; il nous suivra, il nous réjouira pendant nos excursions à travers le Valois. Nous en apercevrons la flèche, amincie comme une aiguille, de la hauteur voisine, où le parc d'une villa encadre les débris de l'abbaye de la Victoire, fondée par Philippe-Auguste, en mémoire de la glorieuse journée de Bouvines ; nous l'apercevrons encore des donjons ruinés de Montépilloy, et de la Butte des Gens d'armes, plateau sablonneux, isolé entre la forêt d'Ermenonville et le grand parc de Mortefontaine.

Il est loin de nous le temps où le parc idyllique, bucolique, philosophique, d'Ermenonville, attirait à ses vertueuses chaumières, à ses temples de la raison, à ses tombeaux sententieux, à ses ruines mélancoliques, Paris, la province et l'étranger! C'était alors un lieu de

SENLIS — CHATEAU HENRI IV

pèlerinage presque national, presque universel. Le sincère et viril interprète des beautés de la nature, Jean-Jacques Rousseau, n'était-il pas mort mystérieusement, tragiquement peut-être, au milieu de ces « créations » du marquis de Girardin, dont la mode cachait le ridicule? Combien de nos aïeux, de nos aïeules, sont allés, le cœur ému, visiter le cénotaphe, debout encore dans l'île des Peupliers, où la dépouille du grand écrivain, depuis jetée aux vents par les profanateurs du Panthéon, a reposé du mois de juillet 1778 au 16 août 1794! On se récitait, chemin faisant, les phrases passionnées de la *Nouvelle Héloïse*, ou les éloquentes tirades de l'*Émile;* on s'attendrissait! on pleurait! Nous ne sommes plus tellement sensibles. Mais une promenade dans ces jardins « expressifs », toujours les mêmes, avec leurs grottes, leurs cascades, leurs sublimes horreurs, leurs inscriptions et leurs solitudes, a le charme particulier d'une excursion à travers les idées, les sentiments et les goûts d'un autre âge.

PORTE D'ENTRÉE DU COLLÈGE DE JUILLY

Sous les arbres d'Ermenonville florissait autrefois l'abbaye de Châlis, fondée par Louis le Gros; des allées du Désert, seule partie vraiment pittoresque du parc, on en découvre quelques pans de murs, une chapelle, enfermant des œuvres d'art, des reliques. Au midi, la forêt d'Ermenonville atteint presque Dammartin, grosse bourgade de la Brie, naguère animée par le commerce, les allées et les venues des diligences, bien délaissée maintenant. Dans l'église paroissiale de Dammartin, repose sous un sarcophage qui le représente tout armé, le plus célèbre de ses comtes, Antoine de Chabannes, capitaine des Écorcheurs, lieutenant de Charles VII, âme damnée de Louis XI. Il ne reste pas vestiges de son donjon, qu'une énorme entaille traversait de haut en bas, ce qui donnait lieu au dicton bizarre : « Il est comme le château de Dammartin, il crève de rire. » Non loin de Dammartin, en plaine, le collège de Juilly, fondé en 1638 par les oratoriens, garde dans sa chapelle les tombeaux d'Henri d'Albret, roi de Navarre, et la statue du cardinal de Bérulle. Le parc du collège touche à Nantouillet, somptueuse résidence, au seizième siècle, du cardinal-ministre Antoine Duprat, qui l'avait rempli d'œuvres d'art rapportées de ses ambassades en Italie. Une ferme occupe les bâtiments de ce château, et c'est une chose étrange de voir les plus délicates sculptures, la Salamandre et le chiffre de François Ier, orner des étables, des granges, où donne entrée un ravissant portail, encore muni d'une statue mutilée de Jupiter olympien. Un fermier se chauffe à la cheminée de la salle des gardes, blasonnée aux armes du prélat ; il s'amuse à déchiffrer les mots païens inscrits au-dessous des médaillons mythologiques, encastrés dans le chambranle sculpté : *Jovi genitori et protectori....*

A l'est de Senlis, le Valois aux vieilles légendes, aux

vieilles coutumes, n'a plus à nous offrir que de rares débris des châteaux, des monastères, fondés de toutes parts sur son territoire par des comtes, des ducs, et les rois de France de la lignée de Philippe VI. Vez, antique capitale du pays, est un humble village où les ruines du château-fort bâti par Louis d'Orléans semblent inexplicables; Crépy, groupé sur un réseau de carrières, a son église romane de Saint-Thomas, bien décrépite; le château de Villers-Cotterets, si magnifique et joyeux jadis, et dont l'on admire toujours les sculptures extérieures, le grand escalier, la chapelle ornée de fresques, est un triste dépôt de mendicité pour les indigents de Paris. Ces lamentables vaincus de la lutte pour la vie ne sont pas pour égayer une petite ville toute maussade. Pourtant le plus amusant des écrivains du siècle, un roi de la verve et de la belle humeur, Alexandre Dumas, naquit le 24 juin 1802 à Villers-Cotterets; sa statue en bronze s'élève à l'entrée de la grande rue. Mais l'auteur des *Trois Mousquetaires* avait dans les veines du soleil des Antilles! Encore des ruines : à trois lieues de Villers-Cotterets, celles de l'abbaye de Longpont; à deux lieues, celles de la Ferté-Milon. Ici, une belle porte féodale, et dans le parc du comte de Montesquiou, un bâtiment des hôtes, du treizième siècle, des reliques précieuses et le vaisseau délabré, sans toiture, tout enguirlandé de lierre, de la grande église ogivale, consacrée le 24 octobre 1227 en présence de saint Louis et de Blanche de Castille. — Là, un ensemble imposant

de tours et de murailles, restes de l'une des grandes
forteresses du duc Louis d'Orléans. On n'a pas distingué entre toutes les maisons de la Ferté celle où
vint au monde, en 1639, le plus mélodieux des poètes,
Jean Racine; du moins sa noble statue, sculptée par
David d'Angers, décore la place de la mairie.

De Villers-Cotterets à Compiègne court une ligne de
chemin de fer très fréquentée, car elle traverse la forêt

COLLÈGE DE JUILLY — L'ÉTANG ET LE MARRONNIER DE
MALEBRANCHE

et mène à Pierrefonds, délices du bourgeois parisien,
superlative expression de ses goûts champêtres et poétiques, d'ailleurs, assez joli paysage, moitié artificiel,
moitié naturel, comme peuvent les aimer les promeneurs du bois de Boulogne. A deux cents pas de la
station, Pierrefonds séduit l'œil par la grâce, la gracilité
de ses contours, par des couleurs claires et gaies. Des
maisons paysannes étagées encadrent son lac transparent, où se réfléchissent les façades d'un établissement
de bains et d'un casino; Pierrefonds n'est-il pas ville

d'eau, ville balnéaire? Au dernier plan une colline, un roc isolé supporte tout blanc, tout battant neuf, le château féodal flanqué de ses tours, couronné de ses créneaux et de ses mâchicoulis, de ses aigrettes et de ses flèches, que le duc Louis d'Orléans fit construire au quinzième siècle : voilà, n'est-ce pas, un tableau original? — Original, dites-vous? Faible est l'épithète. C'est un burg des bords du Rhin, un site de la Suisse, des

CHATEAU DE LA FERTÉ-MILON

Pyrénées, s'exclament de bonnes âmes sédentaires! — N'est-ce pas plutôt un décor d'opéra, exécuté par un habile artiste, pour contenter une fantaisie souveraine? Quoi qu'il en soit, on peut se plaire à Pierrefonds, sans même éprouver les vertus curatives de ses sources minérales et ferrugineuses.

Débarqué à peine, on s'empresse de gravir les chemins de ronde du château : les portes de cette propriété nationale sont ouvertes jusqu'au coucher du soleil, et le gardien vous permet, moyennant une honnête bacchich, de le visiter pendant quelques instants. Il n'en faut pas davantage aux simples mortels pour contempler la restauration froide, glaciale, mais on l'assure très exacte, très fidèle, d'un type fameux de l'architecture militaire au quinzième siècle. L'œuvre de Viollet-le-Duc est un chef-d'œuvre. Non seulement les grandes parties de l'édifice, les corps de logis, les donjons, la chapelle, les tours, les échauguettes, les souterrains sont restitués, mais l'ornementation même en a été recomposée, et certaines salles sont décorées dans le goût le plus pur et le plus somptueux de leur époque. De pieux bas-reliefs, des archanges, des guerriers illustres encastrés aux faces des tours et à la porte d'honneur, mettent le château sous l'invocation des puissances célestes et des héros révérés au moyen âge. Devant le grand perron, la statue équestre, en bronze, du duc Louis d'Orléans, sculptée par Frémiet, représente un fier chevalier armé de toutes pièces, la lance au poing. Dans une série de pièces trop peu nombreuses, des figures fantastiques d'animaux et d'êtres surnaturels s'enroulent dans les lambris, des moitiés de hêtres s'étalent sous d'immenses cheminées blasonnées ; aux chambranles, aux tentures, aux longs bandeaux appelés litres, des sculptures, des peintures interprètent des fabliaux, des légendes et des scènes domestiques. En une sorte de frise à la détrempe, toute la vie d'un chevalier, minutieusement suivie de l'enfance à la mort, se déroule avec beaucoup de finesse et de naturel. La vaste salle, dite des *Preuses*, offre les statues coloriées des neuf preuses chantées par les trouvères. Si tout cela n'enflamme pas plus l'imagination qu'un problème épineux d'archéologie résolu à merveille, c'est du moins extrêmement curieux.

Ayant vu le château, les touristes passent leurs vacances à courir la forêt. Elle est charmante, cette forêt, accidentée, fraîche, sans rien de grandiose, mais pleine de sites imprévus, de ravines où l'on s'égare, de futaies qui semblent sauvages. Elle a des rochers, des montagnes même, toutes boisées, beaucoup de petites mares et d'étangs, et dans ses éclaircies s'enfouissent quantité de petits villages, presque tous célèbres et intéressants. Quel touriste ne connaît pas, au moins de réputation, le mont Ganelon, le mont Saint-Mard, la chaussée de Brunehaut; Chaulieu et ses ruines gallo-romaines; le prieuré de Saint-Jean-au-Bois; Rivecourt, patrie du grand Ferré, ce rustique patriote de la guerre de Cent ans; et l'étang de Sainte-Périne, où les chasses royales et impériales se terminaient par des curées aux flambeaux? En vagabondant de la sorte, par les 14,000 hectares de la forêt, on arrive sans y penser à Compiègne.

Voilà certes une ville ancienne; il n'en est guère dont l'histoire soit plus intimement liée à l'histoire de la France. Les mérovingiens avaient à Compendium une villa, bâtie sur des fondations romaines. Charles le

Chauve y fonda l'abbaye de Saint-Corneille et fit élever sur les bords de l'Oise un château dont l'enceinte enferma le château neuf de Charles V. François Ier y promena Charles-Quint. Louis XIV y réunit, en 1698, un camp dont la ruineuse ostentation éblouit l'Europe

CHATEAU DE PIERREFONDS AVANT ET APRÈS LA RESTAURATION

sans l'intimider. Louis XV, pour plaire aux beaux yeux de la marquise de Pompadour, chargea l'architecte Gabriel d'y bâtir le palais que Louis XVI, Napoléon, Louis-Philippe et Napoléon III ont habité. On a couronné l'empereur Louis le Bègue à Compiègne, Charlemagne y a tenu un champ de mai; Jeanne d'Arc, preuse entre les preuses, le 24 mai 1430, dans une sortie tentée contre les Anglais, y fut fait prisonnière, peut-être avec la complicité du gouverneur Guillaume de Flavy, qui referma derrière elle les portes de la place. Le roi d'Espagne détrôné, Charles IV, y fut captif. Qui ne se souvient des fêtes auxquelles l'empereur

RUINES DE PIERREFONDS AVANT LA RESTAURATION

Napoléon III et l'impératrice Eugénie conviaient naguère la société mondaine?

Avec tout cela, la ville n'est pas séduisante. Banale et triste dans ses quartiers laborieux, froide et morne dans ses faubourgs oisifs, elle paraît composée d'une bourgeoisie qui bâille et d'une aristocratie qui boude. Évidemment, marchands et rentiers regrettent la Cour, où les premiers vendaient bien quelque chose, où les seconds allaient quelquefois. L'intérêt lésé et la vanité désappointée font les rues moroses et les physionomies chagrines. Et puis nous sommes dans une ville du Nord, grasse et lourde, dont les églises sont indifférentes, les pittoresques maisons détruites. Il ne reste que de maigres vestiges de la florissante abbaye de Saint-Corneille. La seule place de l'Hôtel-de-Ville offre une charmante maison commune surmontée d'un élégant beffroi, œuvre de la première Renaissance; ses cloche-

CHALET DES ÉTANGS — FORÊT DE COMPIÈGNE

tons, ses fenêtres, ses tourelles, sont délicatement fleuronnés. Au milieu, s'encadre la statue équestre de Louis XII ; des niches abritent sous leurs trèfles sculptés celles de Charlemagne, Pierre d'Ailly, Jeanne d'Arc, Charles VII, Louis IX, et Saint-Remy. Signe du Nord : du beffroi, tous les quarts d'heure, s'envolent les notes argentines d'un concert exécuté par trois bizarres fantoches nommés picantins, frappant de leur

HOTEL DE VILLE DE COMPIÈGNE

marteau sur la cloche sonore nommée Bancloke.

On s'achemine par des rues silencieuses ou par des avenues muettes vers le château endormi ; il n'est pas plus intéressant que la ville. Tout blanc, composé d'un grand corps de logis et de deux ailes présentant chacune une ordonnance de pilastres doriques, surmontée d'un fronton, il semble même ennuyeux. Les apparte-

CHATEAU DE COMPIÈGNE VU DU JARDIN

ments offrent les somptueuses décorations des palais nationaux, mais rien de vraiment original. Le style est absent des salons superbes nommés salles des Huissiers, appartements de Napoléon III, salle du Conseil, chambre à coucher de Napoléon Ier, Bibliothèque, salon de Musique... La seule Galerie des Fêtes réalise l'idéal du premier empire, elle est grande, glaciale et splendide. Çà et là, quelques remarquables tableaux de maîtres ; l'histoire de Don Quichotte, traitée par Charles

Coypel dans une série de compositions spirituelles, des Granet, des Gros, des Oudry, des Natoire, plusieurs Van der Meulen, un Bon Boullongne... On ne peut que s'extasier au coloris éclatant des tapisseries des Gobelins et de Beauvais, choisies parmi les meilleures du

GRAND SALON DE RÉCEPTION — CHATEAU DE COMPIÈGNE

garde-meuble, qui représentent l'histoire d'Esther, d'après les dessins de Coypel, et les fables de la Fontaine, d'après Oudry ; aux plafonds reluisent des mythologies de Girodet.

Une salle de spectacle, commandée par Napoléon III, demeure inachevée ; elle a coûté des millions ; tout ce faste paraît bien superflu. Coûteux parasite, le château de Louis XV n'est plus une résidence, n'est pas un musée; rendez-vous de chasses et séjour de fêtes, il attend le retour du prince qui lui rendra les unes et les autres. On lui préfère le parc, adorable, surtout si l'on y pénètre par la porte féodale de Charles le Chauve, près du quai de l'Oise; ouvrant des allées solitaires, ténébreuses, embaumées. Il est exquis d'aller par un franc soleil, à petits pas, un livre à la main, sous la large voûte obscure et parfumée du *berceau en fer*, jusqu'au perron du Palais, blanc comme l'albâtre, assoupi, comme un féerique château de Belle au Bois dormant.

A Beauvais, maintenant. Mais, au moment de partir, un scrupule nous retient : ne laissons-nous rien derrière nous? Si fait : nous laissons Noyon, dont Mérimée a décrit la cathédrale. Quelle omission ! Quel regret ! Revenons vite sur nos pas. Nous nous arrêterons en route à visiter les bâtiments intacts de l'abbaye cistercienne d'Ourscamps, dont une filature respecte le beau caractère, et nous entrerons, par un gracieux jardin public, dans une paisible cité du seizième siècle. Combien, à Noyon, de maisons de la Renaissance, voire du moyen âge, bordant de vieilles rues proprettes, où l'on s'entend marcher ! L'hôtel de ville, sur la plus grande place, étale une façade brunie, diminuée fâcheusement, mais fouillée, ciselée par les mains délicates des contemporains de

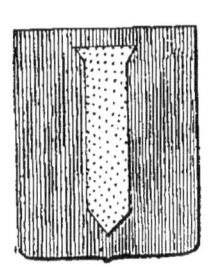

BEAUVAIS

CREIL.

Germain-Pilon. En face, une fontaine ambitieuse du temps de Louis XV s'effrite tout doucement. Nulle industrie, point de bruit : un silence ecclésiastique.

PORTAIL DU SEIZIÈME SIÈCLE
A BEAUVAIS

Dans cette imperturbable tranquillité, la cathédrale prend une ampleur, une majesté superbes. C'est un grand édifice du douzième siècle dessiné en croix latine, avec un portail énorme et plusieurs façades élégantes et simples. Aux nefs s'appuient de curieuses constructions du treizième et du seizième siècle : une salle capitulaire, les restes d'un cloître, la salle du trésor, deux chapelles et une longue galerie de bois, qui fût la librairie des chanoines. L'intérieur est vaste, lumineux, imposant. Peu de sanctuaires sont aussi bien disposés pour agir sur les âmes ; cependant Calvin, l'un de ses lévites, lui fut infidèle.

Vers Beauvais. — Pont Saint-Maxence, Creil, Nogent-les-Vierges, Mouy... Des bourgades poudreuses, d'immenses carrières de pierres à bâtir dans un pays de craie. Çà et là de brillants châteaux :

CATHÉDRALE DE BEAUVAIS

Liancourt, Cires-les-Mello, Mouchy. Tâchez d'arriver à Beauvais, aux environs du 27 juin. Et pourquoi ? Parce que la ville, en préparatifs de fête, aura peut-être le don de vous plaire. Depuis l'an 1472, où, assiégée par Charles le Téméraire, elle se défendit avec un merveilleux courage, elle a coutume de célébrer l'anniversaire de ce mémorable événement, le dimanche le plus rapproché du 27 juin, par une procession originale, dite de Sainte-Andragême. Des salves d'artillerie, tirées par les jeunes filles, annoncent, accompagnent la procession. Aux sons de cette musique singulièrement martiale, les femmes s'avancent, portant des oriflammes, des bannières, et précédant les hommes, pour leur avoir jadis donné l'exemple du courage. Jeanne Laisné, surnommée Jeanne Hachette, est naturellement la reine de la cérémonie; une dame de Beauvais a l'honneur de représenter l'héroïne, qui, à la tête de ses compagnes, repoussa les Bourguignons de l'enceinte et leur ravit même un étendard, suspendu encore à l'hôtel de ville.

En temps ordinaire, Beauvais paraît assez effacé; est-ce l'effet des rudes assauts et pillages qu'il a subis? Ville d'églises et d'abbayes, il devrait posséder plus d'un grand édifice religieux, mais les Normands l'ont saccagée, les Jacques l'ont dévastée, les Anglais l'ont brûlée. Il ne s'est point relevé de tant de désastres.

La cathédrale même est un magnifique témoignage des terribles épreuves qui suspendirent le développement de la ville. Commencée en 1225, sur un plan grandiose, elle reste à jamais inachevée; ses deux portails, dentelles de pierre d'une incroyable richesse, et le chœur, aux voûtes prodigieusement élevées, montrent ce qu'elle devait être. Nulle construction plus hardie, plus vaste, plus brillante, ni plus incomplète;

PALAIS DE JUSTICE DE BEAUVAIS

c'est une moitié de chef-d'œuvre. De rares vitraux, des tapisseries, voilent un peu la nudité des murs. Si les artistes s'intéressent à la statue du cardinal de Forbin-Janson, œuvre de Coustou, les érudits déchiffrent les légendes explicatives de l'histoire du prince troyen

Francus, représentée dans les vieilles tapisseries, et les esprits ingénieux cherchent à comprendre le mécanisme d'une horloge astronomique, dont les quatre-vingt dix mille mouvements marquent avec précision les évolutions des astres et toutes les périodicités terrestres relatées dans les almanachs.

L'ancien évêché, transformé en palais de justice, a été construit au quinzième siècle; deux grosses tours en commandent l'entrée; bien qu'un peu lourde, sa façade est d'un bon style. Saint-Étienne, intéressante par son ancienneté, renferme le tombeau du spirituel peintre Oudry, mort en 1755. La statue de Jeanne Hachette se dresse au milieu de la place démesurée de Hôtel-de-Ville. Nous avons tout vu, tout dit. On attendrait davantage de la ville artiste où, depuis 1664, la manufacture des tapis, fondée par Colbert, produit de si charmantes pièces. Cette manufacture est prospère. Toutefois une industrie bien différente occupe très activement Beauvais et ses environs: c'est la tabletterie. On ne fabrique en aucun endroit plus de boutons, d'éventails, de dominos, de dés à jouer, de fiches et de jetons, de manches pour couteaux, pour rasoirs, plus de poignées de parapluies et de cannes, plus de montures d'instruments d'optique, le tout en nacre, en os, en ivoire, ou en corne de buffle.

CHAPITRE XIV

LA BEAUCE

Des rives de l'Essonne à celles de l'Eure, s'étendent d'immenses plaines, sablonneuses à l'est, calcaires au centre et à l'ouest, vouées tout entières à la culture exclusive du blé; c'est la Beauce, aux inépuisables moissons, grenier d'abondance longtemps unique de la terre française. Peu de rivières, de villes, de villages, dans cette contrée monotone, déserte où, durant l'été, on voit se confondre avec l'horizon les champs dorés, les champs couverts d'épis jaunes frissonnant, ondulant sous la brise, comme de mobiles saharas au souffle du simoun. Point d'ombre non plus; on marche tout un jour sans rencontrer un bouquet de bois, à peine un arbre. Mais, aux bords de l'Essonne et de la Juine, d'où nous partons, la Beauce n'a pas encore cet aspect. Les dernières ramifications des grès de Fontainebleau impriment aux pays d'Étampes et de Hurepoix des lignes tourmentées, une couleur agreste séduisante; cette portion de la campagne parisienne, étant peu foulée, a l'imprévu, le charme, aimés des peintres.

L'Essonne se fraye un lit entre des tourbières, exploitées pour l'entretien de Paris; la Juine coule, brillante, sous l'ombre des peupliers, entre des roches parfois taillées à pic, comme à Chamarande, d'autrefois isolées, comme à Étampes, où l'une d'elles porte à son sommet la tour Guinette, vieux donjon ruiné, qui fut la prison de la reine Ingerburge, femme répudiée de Philippe-Auguste.

Il y a quelque mérite à reconnaître sous l'enduit grumeleux, bleuâtre ou gris de souris, dont les habitants d'Étampes « décorent » leurs demeures, quelques hôtels dignes du temps où il avait pour duchesse « la plus savante des belles et la plus belle des savantes », mais ce n'est pas impossible. La maison d'Anne de Piseleu, celle de Diane de Poitiers offrent, sous leur vilain masque, des détails d'une rare élégance, d'exquis entrelacs, de fins médaillons; mieux entretenu, mais trop enjolivé, l'hôtel de ville est aussi un remarquable édifice du seizième siècle. Deux églises, mi-romanes et gothiques, Saint-Basile, Notre-Dame du Fort, ont revêtu une admirable teinte rousse, si complète et si chaude, qu'on les dirait cuites au soleil. Certaines rues ont du caractère : la place Saint-Gilles appartient au pur moyen âge. Le luxueux théâtre moderne est en rapport avec la fortune des fariniers d'Étampes; en face se dresse la statue de l'illustre naturaliste Geoffroy Saint-Hilaire, sculptée par Élias Robert. Des cours d'eau multiples, la Juine, le Juneteau, la Chalouette, jalonnées de moulins, enceignent la ville et verdissent sa large promenade des Portereaux, au long de laquelle des murailles ébréchées, des tours lézardées, rappellent un passé de batailles et de sièges héroïques. Plus loin se penche la noire tour gothique Saint-Martin.

Au nord d'Étampes, la Juine visite Saint-Vrain, construit par Ledoux pour Mme Du Barry, le Mesnil-Voisin, Gillevoisin, le château de Brunehaut, emplacement d'un palais de la reine d'Austrasie; au midi, elle circule dans le parc de Méréville, magnifiquement décoré par Hubert-Robert au dix-huitième siècle, pour le compte du financier Joseph de Laborde.

Avant les champs illimités de la Beauce, apparaissent les vallées agréables de l'Orge et de la Remarde. Ces rivières créent d'exquis paysages; chemin faisant, on s'arrête à Saint-Sulpice-de-Favières, type de l'art ogival du treizième siècle; au moulin de la Briche, au château de Rimoron; on gravit les deux étranges buttes de Baville, formées de roches friables, glissantes, où croissent vigoureusement les pins, les mélèzes, les bruyères, les fougères et autres végétaux des sites sauvages. Baville, grande habitation du dix-septième siècle, a été jusqu'à nos jours le domaine des Lamoignon; il réunissait sous Louis XIV une société d'élite; Racine, Guy Patin, Santeuil, l'évêque Huet, les pères Bouhours, Commire, Bourdaloue étaient fidèles à ce rendez-vous spirituel et mondain, où Mme de Sévigné se montrait souvent et Molière quelquefois. Un hôte illustre de F. de Lamoignon, Boileau, a chanté sous le nom de Polycrène, la fontaine voisine de La Rachée.

Non loin de Baville est Segrés, que choisit pour retraite, de 1750 à 1757, le ministre d'Argenson. Il y recevait, lui, des philosophes, des esprits secs, tels que la Condamine et Condillac, ce qui ne l'empêchait pas d'en sentir l'agrément. « Rien, écrit-il, ne ressemble plus aux Champs-Elysées, séjour des ombres heureuses, que cette maison de Segrés. Il y a un jour doux et un brillant comme celui des vues étendues sur le bord des grandes rivières. Cet affaiblissement du jour vient de quantités de montagnes vertes qui rendent le séjour sauvage avec peu d'échappées de vue; il y a des prairies et surtout des eaux courantes; derrière les maisons, au bas d'un rocher, est une futaie d'arbres débroussaillés avec des ruisseaux qui coulent, des nappes, cascades et bouillons d'eau qui vont nuit et jour, et qui rendent le séjour semblable aux Champs-Élysées. Avec cela on y vit fort heureux et sans bruit du monde. » Il y a plus d'un Segrés sur les bords de l'Orge et de la Juine!

Suivons le cours de l'Orge : voici Dourdan, Rochefort; le premier était la capitale pittoresque du Hurepoix, le second, l'une de ses puissantes citadelles. Mais Rochefort n'a plus que les ruines de son château plaquant sur le ciel une masse énorme et confuse de hautes murailles et de tours ébréchées, tandis que Dourdan garde encore le sien, édifié par Philippe-Auguste, flanqué de neuf tours, environné de fossés, et consolidé par un antiquaire, qui en a fait son logis.

Ne cherchez pas à Dourdan la statue que La Bruyère mériterait d'y avoir, si, comme on le prétendait jadis, il

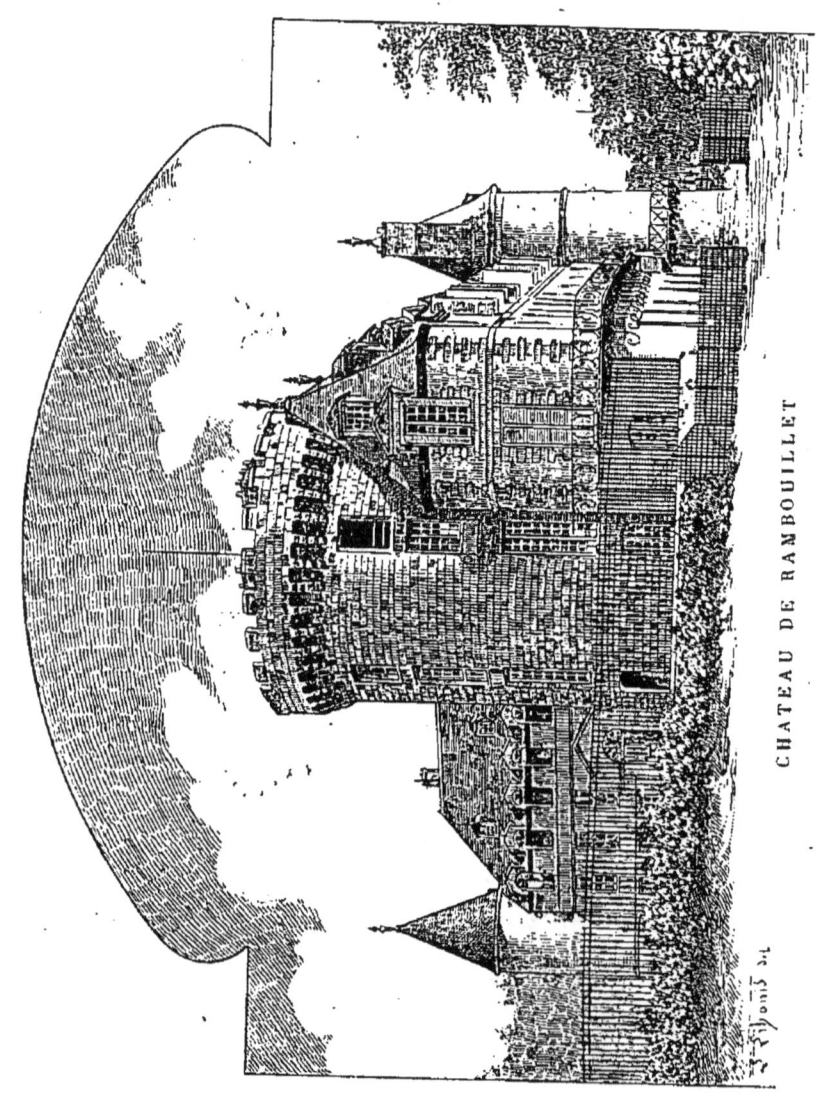

CHATEAU DE RAMBOUILLET

y fut né : l'auteur des *Caractères* est un enfant de Paris. Mais la petite ville a de quoi se consoler : le joyeux poète Regnard, titré « bailli d'épée » et gouverneur de son château, habitait, dans le voisinage, la propriété de Grillon et fut inhumé dans son église ; et, de nos jours, un maître critique, M. Francisque Sarcey, avoue Dourdan pour sa patrie. Il y a trois ans, à propos des *Environs de Paris*, que l'auteur des *Fleuves de France* venait de publier, il écrivait : « Quels aimables souvenirs m'a rappelés ce livre ! et que j'ai eu de plaisir à retrouver les sites et les paysages qui ont enchanté ma jeunesse ! C'est à Dourdan que s'est écoulée mon enfance... »

Une vaste forêt environne Dourdan, et nous avons à traverser bien des forêts encore avant d'aborder la Beauce ; nous sommes en pays de chasse. Les beaux châteaux de Bissy, celui de Bonnelles à Mme la duchesse d'Uzès, appartiennent à des chasseurs ; la noble dame est réputée pour ses exploits cynégétiques. Ces disciples de saint Hubert, et bien d'autres, vont en automne courir le cerf, le sanglier, le lièvre dans la forêt des Yvelines, dont celle de Rambouillet est une partie. Rambouillet les retient un moment ; petite ville extrêment simple et paisible, mais groupée autour d'un manoir dont les propriétaires furent, du seizième au dix-septième siècle, les d'Angennes et, après eux, le duc de Montausier, heureux époux de la belle Julie d'Angennes, à qui les poètes tressèrent une précieuse guirlande de sonnets quintessenciés. Hôte illustre de Jacques d'Angennes, capitaine des chasses, François Ier, le 31 mars 1547, rendit chez lui son âme trop galante.

Le comte de Toulouse, fils naturel de Louis XIV, le duc de Penthièvre, Louis XVI, Napoléon, ont arrangé, chacun à son goût, les bâtiments, les jardins, le parc de Rambouillet ; quatre pièces, lambrissées de boiseries sculptées avec un admirable talent, y font grand honneur au style Louis XV. La Laiterie, galanterie de Louis XVI à Marie-Antoinette, temple grec terminé en grotte artificielle où grelotte une nymphe de marbre ; la Chaumière, où brillent les mille scintillements d'un cabinet de rocaille et les fines colorations des biscuits de Sèvres ; la Ferme expérimentale, la Bergerie, la grotte de Rabelais, l'Ermitage, sont autant de charmantes créations de l'art sentimental du dix-huitième siècle ; et le parc aux allées profondes, immenses, aux vastes pièces d'eau, est absolument délicieux.

Voulez-vous encore, avant d'aborder la Beauce monotone, admirer quelques sites d'alentours ? allez jusqu'à l'orée septentrionale de la forêt. Le sol est accidenté ; les étangs, dont s'alimentent les grandes eaux de Versailles, touchent aux ruines pittoresques de Maurepas. La Mauldre creuse le vallon où Néauphle-le-Châtel avoisine le grand et sévère château de Pontchartrain, autrefois résidence des Phélyppeau, hommes d'État, magistrats, chanceliers, premiers ministres de la monarchie. En 1792, Pontchartrain appartenait au dernier héritier de cette puissante famille, le duc de Brissac, colonel des Cent-Suisses, massacré en septembre, sur la place d'armes de Versailles. Il a depuis abrité la vieillesse d'une Aspasie trop connue, Mme de Païva, comtesse Henkel de Donnesmarck ; son mari l'a récemment cédé au riche banquier Auguste Dreyfus.

Plus loin, à l'ouest, Montfort-l'Amaury élève au-dessus d'un immense horizon de plaines fertiles les ruines du donjon des Amaury de Montfort, farouches et terribles vainqueurs des Albigeois. Une porte féodale, un cloître-cimetière, et son église du quinzième siècle, éclairée par une série de vitraux superbes, le recommandent aux artistes.

Au sud de Rambouillet commence vraiment la plaine beauceronne, déjà si vaste que du plateau d'Épernon on aperçoit distinctement les clochers de la cathédrale de Chartres, éloignés de cinq lieues. Cité forte, baronnie au moyen âge, érigée en duché, en 1581, pour le honteux mignon et louche personnage Jean-Louis Nogaret de la Valette, Épernon serait pourtant bien indifférent, si les religieuses du monastère de Hautes-Bruyères n'y avaient laissé les magnifiques caves voûtées en ogive et soutenues par de massives colonnes à chapiteaux sculptés, que l'on appelle ses *Pressoirs*.

A deux heures d'Épernon, en lieu élevé, une curieuse tour du onzième siècle démantelée par les Anglais en 1442, et nommée l'Épaule de Gallardon pour la forme étrange que lui ont donnée les balistes, la mine et le pillage des paysans, domine une église paroissiale d'une élégance surprenante, hérissée, piquée, comme une pelote, de clochers, clochetons et pinacles, fins comme des aiguilles.

Voici Maintenon. Sous les arches colossales de l'aqueduc commencé par les ordres de Louis XIV, pour amener dans les jardins de Versailles les eaux de

LAITERIE DU PARC DE RAMBOUILLET

l'Eure, passe la route conduisant au château que Louis XIV acheta en 1674 pour le donner à Françoise d'Aubigné, future marquise de Maintenon. Cette belle demeure, édifiée au quinzième siècle, en a conservé le style pittoresque, les façades diverses, surmontées de toits énormes, les pignons aigus, le donjon crénelé, les tours d'angle, les légers encorbellements. Elle est entourée de fossés que remplissent les eaux vives de la

Vaise et de l'Eure. Les balcons, les fenêtres, les frises, sont sculptés sobrement. L'élégance de l'ensemble, la finesse des détails vantent le goût et la fortune du trésorier des Finances, Jean Cottereau, dont les armes : *d'argent à trois lézards de sable,* se voient aux deux encorbellements de la grande porte. On montre volontiers aux visiteurs une chapelle aux très beaux vitraux, la chambre à coucher de Mme de Maintenon, sa salle à manger, l'appartement, où le 3 août 1830, Charles X, haletant sous les imprécations, les menaces des Parisiens, prit quelques heures de repos, et encore la chambre de Louis XIV, celle où Racine, pour complaire à la fondatrice de la maison de Saint-Cyr, composa les tragédies d'Esther et d'Athalie. Un parc immense, où s'espacent les arches de l'aqueduc, prolonge le domaine aristocratique très avant dans la campagne.

Passé Maintenon, la vallée de l'Eure nous cache encore la Beauce; elle est fraîche, agréable, et les points de vue y sont fréquents. Chartres la domine de très haut. La rivière, bordée de lavoirs pittoresques, coule entre des ombrages touffus au pied de la colline, où ses maisons grimpent jusqu'au pied de la merveilleuse cathédrale. Contre les rives, des faubourgs se sont groupés depuis longtemps et se rattachent à la ville par des rues escarpées ou par de longs escaliers irréguliers, zigzagants, coupés de plateformes. Entre ces rues, ces escaliers, des ruelles s'engagent, des impasses se ramifient, des voûtes se glissent, creusées comme des tarières par un peuple de fourmis. Souvent les habitations répondent à cette topographie tout à fait irrégulière : flanquées de tourelles, grossies par de lourds auvents, cuirassées d'ardoises ou sculptées, chevronnées, fleuronnées, elles gardent leur architecture ancienne ; plus d'une, particulièrement intéressante, se pare encore des arceaux du douzième siècle, la maison de Loëns, par exemple, celle du médecin Claude Huvé, empreintes des grâces de la Renaissance.

Au long des rives de l'Eure, l'enceinte du moyen âge n'a pas complètement disparu ; l'une de ses portes, dite porte Guillaume, flanquée de deux tours, vous ouvre par les vieilles rues escarpées des foulons, des corroyeurs, un passage vers Notre-Dame, un des plus beaux édifices de la France et l'orgueil de la Beauce. L'histoire de Notre-Dame de Chartres est l'histoire même de cette région plantureuse, à partir de ses plus lointaines origines : elle en rappelle toutes les croyances, elle en personnifie les légendes : nul monument plus symbolique. S'il en faut croire la tradition, les druides du peuple Carnute, dont Chartres était la ville, célébraient à sa place même des mystères « en l'honneur » de la Vierge qui devait enfanter.

Dès les premiers siècles du christianisme, Chartres, très vite conquise par la doctrine nouvelle, se distingua entre toutes les cités chrétiennes par la beauté de son sanctuaire et l'ardeur de son culte. Son église, nommée d'abord Sainte-Marie, fut un but de pèlerinage national à l'autel de la Vierge Mère. On y venait de tous les points de l'Ile-de-France, de la Touraine, de l'Anjou, de la Bretagne et de la Champagne. Au loin d'ailleurs s'étendait la puissance de ses comtes; Thibaut le Tricheur les avait rendus suzerains de Blois et de Champagne. Ses évêques, aimant, protégeant les arts libéraux, exerçaient une grande influence; leurs écoles étaient célèbres, mais les guerres barbares ruinèrent, incendièrent Sainte-Marie. La construction de l'édifice actuel ne fut possible qu'aux époques relativement paisibles du treizième siècle, au complet épanouissement des institutions féodales. Alors les générosités des fidèles, les offrandes des pèlerins, les dons des rois de France, du clergé, des gros bourgeois chartrains enrichis par le commerce des blés, permirent de concevoir et d'exécuter un monument colossal, long de 134 mètres, haut de 36, et dont l'une des flèches s'élève à 115 mètres, l'autre à 106 mètres. La consécration solennelle en eut lieu en 1260, en présence de saint Louis. Les siècles suivants y ont travaillé encore, mais sans en modifier le dessin général, et elle offre, sauf dans les détails, une presque parfaite unité.

Sa forme est celle d'une croix latine; sa couleur celle de la cendre; elle a trois portails, un à l'ouest d'une majesté roide et sublime, peuplé de personnages souverains, étroitement serrés dans leurs tuniques et

CHATEAU DE MAINTENON

leurs robes royales, et un à chaque face du transept; ceux-ci, plus riches, présentant des porches merveilleusement décorés, animés par une multitude de personnages et d'animaux, des fenêtres, des roses, des galeries d'une ampleur étonnante et du dessin le plus large et le plus gracieux. Plus de neuf cents statues, plusieurs polychromes, s'abritent sous les arceaux, dans les niches, sous les voûtes, les archivoltes, et s'enlacent aux rayons des roses; cette multitude de figures idéalement ascétiques, âmes incarnés, corps décharnés, expriment avec naïveté, mais avec énergie, les scènes et les leçons touchantes de l'Évangile, de la Bible, mêlées aux mythes du moyen âge et aux légendes de l'histoire locale. Un des clochers a l'inébranlable majesté d'une pyramide; l'autre, œuvre du seizième siècle, est ciselé comme un joyau de Cellini. Au dedans des nefs sobrement ornées, sévères comme la Pénitence, élancées comme la Prière, de beaux vitraux du treizième siècle répandent leurs couleurs lumineuses. Une étonnante clôture en pierre sculptée enferme le chœur dans une série de reliefs, pleins de verve, d'invention et d'éclat, développant la vie de la Vierge et du Christ. Sous la nef, d'autres nefs existent, cryptes du onzième siècle, très vastes, divisées en chapelles ornées de fresques et contenant chacune des reliques précieuses; ici, dit-on, la chapelle Notre-Dame-Sous-Terre remplace un sanctuaire druidique. La cathédrale, où Henri IV fut sacré roi, le 27 février 1594, par l'évêque

Nicolas de Thou, possédait jadis un trésor considérable ; ce n'est plus qu'un souvenir : la Révolution l'a anéanti ou dispersé.

Il y a d'autres églises à Chartres ; mais en est-il une seule que l'on puisse remarquer auprès de Notre-Dame ? On visite à Saint-Pierre d'éclatants émaux de Léonard Limousin représentant les apôtres, à Saint-Martin du Val, le tombeau d'un évêque du douzième siècle...

Bien paisible est la ville ; à part dimanches et fêtes carillonnées ; ses habitants ne quittent guère leur logis. N'est-ce point pour donner à leur foyer toutes les douceurs, qu'ils ont inventé leurs pâtés savoureux et autres friandises ? Mais aux jours de marché, tout se met en branle : bourgeois et paysans, citadins et paysannes, se pressent autour des sacs de blés que leur mesurent les soixante femmes appelées leveuses. Cette fonction est leur privilège et elles forment une association divisée en douze sociétés singulièrement nommées Beaudouines, Berlines, Bezardes, Boutris, Brulardes, Deniaudes, Grâces-de-Dieu, Jattières, Lutonnes, Menuisières, Mulotes et Roses.

Éloignons-nous de ce tapage, de ces cris, de ces jurons, de ces topes, et non sans avoir salué la martiale statue du héros chartrain, François Séverin des Graviers Marceau, admirable effigie sculptée par Auguste Préault, reprenons notre route à travers la Beauce... Mais des plaines encore, des plaines sans bornes... Il faut bien du courage pour se résigner à chercher dans ces plates solitudes le château superbe de Villebon, œuvre

CHARTRES

du quinzième siècle, bâti par Guillaume d'Estouteville;

heureusement ses tours crénelées, comme une butte dans un désert, le signalent au loin. Il a toute la physionomie rébarbative et puissante d'une résidence féodale; mais les appartements sont décorés à la mode de la fin du seizième siècle. Sully, son plus illustre propriétaire, y passa une partie de sa vieillesse, il y reçut Henri IV; il y mourut. Les lits à courtines, les fauteuils en cuir de Cordoue, les verdures de Flandre, encadrent fort bien son austère souvenir Comme de raison, sa statue s'élève dans la cour d'honneur.

Pontgouin... Nous sommes presque à la limite de la Beauce, à la fin de notre voyage. Le bourg ne manque pas d'intérêt; les deux tours et la porte d'un ancien château des évêques de Chartres, le château de la Rivière, qui fut aux d'Alligre, les ruines de celui de la Plesse, le château des Vaux, l'entourent d'édifices élégants ou curieux. Nous nous arrêtons où devait commencer le fameux aqueduc de Vauban : ses fondations énormes se haussent encore au gué du Moulin de la Ville et, tout près, se dresse l'écluse de Boizard, énorme barrage destiné par l'illustre ingénieur à refouler les eaux de l'Eure jusqu'au voisin village de Belhomert-Guéhouville.

EN NORMANDIE

CHAPITRE XV

AU PAYS DU CIDRE

— Du cidre ou du vin?
— Du vin, s'il vous plaît.

On nous servit d'un vin léger, aigrelet, petit cousin de la piquette et certainement cousin du cidre. C'est que nous n'étions pas encore en pays normand. Houdan, aux confins de l'Ile-de-France, de la Beauce et de la Normandie, cultive le pommier sans négliger la vigne; mais ses raisins sont maigres et ses pommes insuffisantes. Néanmoins, qu'il boive du vin ou de la bière, il est de bonne humeur, car il possède une source de richesse plus assurée : vous savez qu'on y élève la plus belle race de poules qui soit en France. Chaque semaine ses fermiers apportent au marché plusieurs milliers de ces volatiles et rapportent en échange plusieurs milliers d'écus. Avec cela, pourquoi ne seraient-ils pas contents? Il faut voir ce marché, dont les perçants coquericos, les trocs, les querelles simulées et les rires réjouissent les vieilles murailles de l'énorme donjon du onzième siècle, au pied duquel il se tient. Houdan a été citadelle, seigneurie des Amaury de Montfort ; son église gothique et ses maisons de bois prouvent qu'il était alors aussi artiste que commerçant.

Maintenant nous entrons dans la région des esprits positifs, pratiques, calculateurs, dédaigneux de tout ce qui ne se chiffre pas ; région de prairies immenses, de vastes fermes, d'exploitations agricoles de premier ordre et de villes industrielles, que prend tout entières le souci des intérêts matériels, la fièvre du gain et la sensualité.

Dreux est à la frontière de ce pays-là. La vallée de la Blaize, où il se répand, n'est pas salie par les déjections des usines. Il paraît agréable, à cause des jardins, des buis verdissant la colline où se dressent les ruines de son château-fort. Cité romaine importante, cité forte au moyen âge, il a soutenu plus d'un assaut, et si la fameuse bataille du 17 décembre 1562, entre catholiques et protestants, ne lui fit point de mal, ayant été livrée dans la commune voisine de Marville-Moutiers-Brûlé, il souffrit horriblement du siège de 1593. Tous ses habitants affamés, réduits à la dernière misère, allaient périr, lorsque Henri IV, donnant à chacun d'eux un écu, leur permit de s'en aller à la grâce de Dieu.

De tels désastres l'ont sans doute endommagé ; il a cependant de belles choses : les célèbres Metezeau, famille d'habiles architectes, dont il est la patrie, ayant souvent réparé ses pertes. L'un d'eux a sculpté le charmant portail de l'église Saint-Pierre, aux admirables vitraux; un autre a construit le très bel et très original escalier tournant de l'hôtel de ville. Sur la place centrale s'élève la charmante statue en marbre

CHAPELLE DE LA FAMILLE D'ORLÉANS A DREUX

blanc d'un cavalier du temps de Louis XIII; elle représente le magnanime poète de *Wenceslas*, Jean de Rotrou « né à Dreux le 21 août 1663, mort victime de son dévouement à ses concitoyens le 28 juin 1650 ».

Le plus curieux édifice de la ville, c'est celui dont l'on voit tout d'abord, au faîte de la colline, entre les murailles, les tours réparées du château-fort, se profiler la flèche gothique, s'arrondir le dôme lombard, et se carrer lourdement les frontons gréco-romans. Ces architectures diverses composent la chapelle monumentale, commencée en 1816, par la duchesse douairière d'Orléans, mais agrandie et achevée magnifiquement par Louis-Philippe Ier, pour servir de sépulture à tous les membres de sa famille. Comme la plupart des œuvres artistiques de la monarchie de Juillet, ce mausolée brillant, somptueux, est de ce style indéfinissable qui résulte du mélange de tous les styles. Mais l'intérieur est splen-

PYRAMIDE DE HENRI IV A ÉPIEDS

dide, dallé de marbre et d'onyx; éclairé par des vitraux, chefs-d'œuvre de la manufacture de Sèvres, reproduisant les dessins de Ingres, Larivière, Rouget, Horace Vernet, Hippolyte Flandrin... Dans les caveaux de la Crypte, ces admirables peintures versent leur mystérieuse lumière sur le tombeau de Louis-Philippe et de la reine Amélie, du duc et de la duchesse Henri d'Orléans, ouvrages de toute beauté, sur des sarcophages parés seulement des noms célèbres du duc de Penthièvre, de la princesse de Lamballe...

... Suivons la vallée de l'Eure. La rivière côtoie la forêt de Dreux, coule entre des hauteurs boisées, arrose des taillis giboyeux, de fraîches prairies, qui fixent dans ce pays de chasse et de pêche plus d'une grosse fortune. Les châteaux, les parcs se suivent : le plus joli de tous, était jadis celui d'Anet, au confluent de l'Eure et de l'Avre; Philibert Delorme l'avait construit pour Diane de Poitiers en 1552; il devait ses sculptures à Jean Goujon, ses arabesques et ses vitraux à Jean Cousin. Henri II y séjournait et ce fut, sous Louis XIV, la voluptueuse campagne du duc de Vendôme. Celui-ci y recevait des poètes; on dit que les muses, écrivait La Fontaine

> par l'ordre d'Apollon,
> Transportent dans Anet tout le sacré vallon;
> Je le crois; puissions-nous chanter sous les ombrages
> Des arbres dont ce lieu va border ces rivages !

Un château moderne a remplacé le chef-d'œuvre de la Renaissance, détruit sous la Révolution; ce qu'on en peut voir à Paris, dans la cour de l'École des beaux-arts, le fait assez regretter.

... Ivry-la-Bataille !... En dépit de ce surnom, la bataille du 14 mars 1590 n'eut pas lieu à Ivry, mais à 5 kilomètres, dans la commune d'Épieds : une pyramide, rétablie par Napoléon Ier en 1809, marque la place où était la tente du vainqueur « au panache blanc ». Aussi, nous l'avouons, ce n'est pas ce souvenir qui nous intéresse; ce n'est pas non plus l'église paroissiale bâtie par Philibert Delorme, ni les restes d'une abbaye, ni la vieille maison de l'Ange; ce sont les vestiges du château-fort, qui fut le théâtre de l'affreuse histoire contée par Orderic Vital. Au rapport du chroniqueur normand, le sire Eustache de Breteuil, s'étant révolté contre son beau-père, Henri Ier, dit Beau-clerc, roi d'Angleterre et duc de Normandie, vint assiéger ce château que le chevalier Raoul de Horme défendait pour le roi. Très pressé par les hommes et les machines de guerre de l'assiégeant, le gouverneur lui envoya son fils, pour parlementer : il promettait de rendre la place avant trois jours, s'il n'était pas secouru. Eustache de Breteuil répondit de la sorte : il fit arracher les yeux au garçon de quinze ans qui lui parlait, et les jeta, ces yeux sanglants, par-dessus les murs de la forteresse. Raoul de Horme demanda justice au roi. Celui-ci avait en sa garde deux petites filles d'Eustache de Breteuil et de sa propre fille Juliane. A son tour, il fit arracher les yeux de ces enfants, leur fit encore couper le nez, puis ayant acculé son vassal à sa merci, il renvoya à leurs parents ces petits horriblement mutilés. Juliane frappée au cœur, mourante, se soumit, demanda grâce; mais elle dut, à la face de l'armée ricanant de son humiliation, marcher dans l'eau et la boue pour obtenir son pardon et se traîner à genoux jusqu'au trône de son père impitoyable. Qu'imaginer de plus féroce?... »

On s'éloigne à regret de l'agreste vallée de l'Eure pour gagner Évreux, situé sur l'Iton, entre les terres de labour de l'Évrecin et les pacages de la campagne de Neubourg. Vous n'êtes pas encore en pleine Normandie, mais voici déjà ce qui la caractérise : les prairies parsemées de pommiers à raison de vingt-cinq, trente par hectares ; la grande propriété presque reconstituée, les bandes à perte de vue des cultures uniformes, les « mouchoirs à bœufs » des riches fermiers, dont le bail dure neuf ans, ou des particuliers qui exploitent eux-mêmes, et pour se passer d'ouvriers, s'isoler, par économie et par vanité, transforment en prairies d'élevage la grasse terre de labour. Rares apparaissent la métairie, le modeste enclos. Le petit propriétaire, après avoir lutté à coups d'emprunts, à coups de procès, contre le capitaliste, s'est retiré ruiné par l'usure, vaincu. A présent il demande à l'usine un salaire misérable. Si la ville trompe les espérances du déserteur de la terre, il quittera le pays natal ; il émigrera : « *sangement d'patis réjouit la berbis* », assure un dicton mensonger. Le département de l'Eure a perdu ainsi en quelques années vingt-cinq mille de ses enfants d'origine ; ce triste mouvement continue ; la solitude se fait, où était la vie, la morne, menaçante solitude des latifundia, triomphe mortel de l'égoïsme.

Si vous avez voyagé à petites étapes dans cette plate

campagne, Évreux, au fond d'un val accidenté et verdoyant, vous semblera peut-être une jolie ville active. On y fabrique les produits habituels de la Normandie, la bonneterie, les draps, les étoffes ; auxiliaires des fabriques, les cabarets y foisonnent. On ne travaille point sans boire et, après avoir gagné, il faut dépenser. Le bonheur, après un long repas, c'est de lamper, jusqu'à la satiété de l'ivresse, le cidre ou la dangereuse eau-de-vie du Calvados. Les ouvriers, les ouvrières, que l'atelier renferme du matin au soir dans une atmosphère étouffante, autour des métiers à pédales, se consolent ainsi des plus rudes besognes. Il en advient d'étranges maux : frappés d'horribles maladies nerveuses, d'épilepsie, de délirium tremens, combien disparaissent dans les cabanons de l'asile d'aliénés d'Évreux !

ÉVREUX

La ville est de physionomie moderne : l'antique chef-lieu des Éburovices et du grand comte du moyen âge, qui eut tant de maîtres différents, ayant été pris et brûlé maintes fois par les Normands, par Henri d'Angleterre en 1116, par Philippe-Auguste et par Du Guesclin. Un beffroi du quinzième siècle domine un damier de rues banales. Fréquemment retouchée, la cathédrale n'a que des parties de chefs-d'œuvre : le portail du nord, œuvre de la Renaissance, une chapelle de la Vierge, vraiment admirable; le chœur, expose un portrait de

Charles le Mauvais, type saisissant de ruse, d'audace et de cruauté semi-barbares.

Plus curieuse pour l'antiquaire, l'église Saint-Taurin, reste de l'abbaye du même nom, rebâtie en 1026 par Richard II, offre les arcades romanes, à marqueterie de pierres rouges et bleues, dont sont ornées si curieusement les basiliques du Velay, de l'Auvergne. Sous la crypte, un tombeau de pierre gallo-romain renferme, dit-on, les ossements du saint auquel une verrière du chœur prête la taille d'un géant. L'évêché, d'allure toute féodale, s'élève sur les anciennes murailles de la ville, en partie encore entourée de fossés que bordent des promenades : l'allée des Soupirs, le pré du Bel-Ebat. Çà et là se rencontrent les magnificences ordinaires d'un chef-lieu de préfecture, une fontaine ornée de statues symbolisant l'Eure et ses tributaires, l'Ilon et le Rouloir; un musée exposant les médailles, les poteries du vieil Évreux, des tableaux.

A l'ouest d'Évreux, partout s'offrent aux regards les vastes plateaux, cultivés en céréales et en prairies, nommés campagne du Neubourg, campagne Saint-André, pays d'Ouche. Un lent voyage dans ces étendues de morne verdure serait fastidieux; nous pouvons du moins en faire le tour. Comme de fossés naturels, elles sont bordées de frais vallons où coulent l'Avre, l'Iton, la Rille, la Charentonne, traçant de charmantes routes à travers un pays où la végétation puissante, fougueuse, sème les grands bois, les beaux arbres élancés, les fleurs; les herbes hautes dont les bœufs ont jusqu'au poitrail. L'industrie, très répandue dans les vallons, n'y est point triste, l'usine, au milieu d'un jardin, d'un pré, a l'aspect d'un château, et la ferme, en pierre et brique bien entretenue, semble une maison de plaisance. Sur l'Avre, Nonancourt, où sont établies les grandes filatures de M. Waddington, Tillières, Verneuil, dont la Tour Grise rappelle le passé féodal si agité ; Laigle, Conches, sur l'Iton, sont des petites villes curieuses ou jolies. Il y a, dans ces localités industrielles, des ruines fort remarquables : à Conches, celles d'une abbaye du quatorzième siècle ; à Beaumont-le-Roger, les murs à contreforts, l'église ogivale, les grottes, les statues mutilées, du prieuré de la Sainte-Trinité.

Reconnaissez à Bernay la franche Normandie, l'art normand, l'industrie normande, le commerce normand. Le portail de l'église paroissiale et celui de Notre-Dame de la Couture, qui fut une célèbre abbaye de femmes, sont dignes, par leur ampleur, la richesse de leurs détails, du temps où les Normands semaient la Neustrie d'une multitude de chefs-d'œuvre. Les fabriques de toiles, de draps, de papier et de cuir, dont s'enrichit Bernay, sont organisées selon les doctrines de l'intérêt personnel bien entendu. Et s'il vous arrive d'assister à la fameuse foire aux chevaux, dite Foire Fleurie, parce qu'elle a lieu le jour des Rameaux, et de vous mêler à la foule des éleveurs en chapeaux de soie et en blouse, des maquignons en chapeau rond et veste ronde, vous saurez tout ce qu'un gars de la Normandie, éduqué ou rustaud, peut déployer de finesse, de ruse et d'âpreté au gain. C'est là qu'il faut voir d'interminables disputes s'engager entre des adversaires défiants, dont la préoccupation continuelle est de ne jamais dire ôui ou non, par horreur de la parole qui lie. Aux cris, aux jurons, aux colères feintes des adversaires, à leurs gestes indignés, stupéfaits, effarés, vous croyez qu'il s'agit d'un grand écart entre l'offre du marchand et la demande du client... Que vous êtes loin de compte! C'est pour cent, pour vingt sous, pour dix centimes, qu'ils dépensent tant de diplomatie, tant de verve, tour à tour tragique ou comique. Cependant tout finit par s'arranger, se conclure. On se tape dans la main et, dans le cabaret le plus proche du marché, on termine en buvant du meilleur cidre, *du*

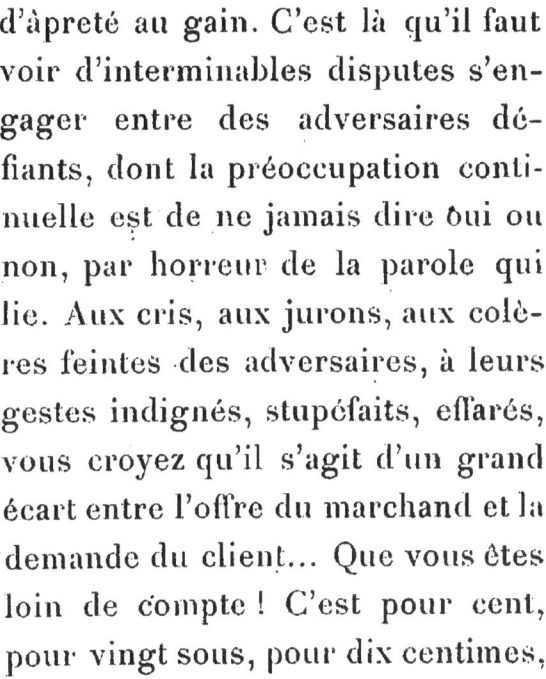

BEFFROI D'ÉVREUX

vré bon bère. Dame! quand on a tant parlé, on a chaud et *quand i fait cât, un coup de besson fait plási*. Mais pourquoi perdre le temps en contestations superflues?

A quoi bon *haricoter?* Eh! que voulez-vous : *L'z' affé sont l'z' affé.* Maintenant *aboulez mé vot' argent, m'n ami.* Pas de spectacle plus amusant joué par des comédiens plus accomplis.

Voyez-vous,

> En Normandie è gent moult fière,
> Je ne sai gent de tel manière.
> Normant ne sunt proz saint justise :
> Foler et plaisier lor convient ;
> Se reis soz piez toz tems les tient,
> E ki bien les defolt e poigne,
> D'els porra fare sa besoigne.
> Orgueillos sunt Normant é fier
> E vantéor é bonbancier ;
> Toz tems les devreit l'en plaisier
> Kar mult sunt fort à justisier.

Ces vers du roman du Rou, que Robert Wace met dans la bouche de Guillaume le Conquérant à son lit de mort, nous semblent peindre et caractériser les mœurs normandes aussi fidèlement que de nos jours les romans de Gustave Flaubert et les contes de M. Guy de Maupassant.

La « gent moult fière » de Bernay a prouvé son antique vigueur le 21 janvier 1871. Ce jour-là trois cents gardes nationaux, marchant sur la route de Broglie, au-devant du corps d'armée prussien du général Bredow, l'arrêtèrent jusqu'au soir. La ville paya cet acte de patriotisme d'une contribution de guerre de cent mille francs, et ne s'en plaignit pas.

Ce Broglie vers lequel se dirigeaient les patriotes de 1871 n'est éloigné de Bernay que de trois lieues. Son église est assez curieuse avec sa façade en poudingue brun, sa flèche de bois, ses arcades romanes du douzième siècle. On s'intéresse surtout au château dont les façades de style Louis XIV, solennelles et froides, s'encadrent entre les grosses tours féodales de l'ancien fief de Chambrois. Broglie appartient, depuis le dix-septième siècle, à la famille, italienne d'origine, qui lui a donné son nom. Cette illustre lignée de maréchaux de France et d'hommes d'État a sans cesse agrandi et embelli l'aristocratique domaine; mais la Révolution, les ayant proscrit, même en ayant fait périr l'un d'eux sur l'échafaud, n'a pas été sans en détruire quelques richesses. Aujourd'hui, une bibliothèque considérable, une galerie de portraits de famille où brille un chef-d'œuvre, le portrait de Mme de Stael, par Gérard; une chapelle peinte à fresque et dallée de mosaïques copiées aux catacombes romaines; un beau parc de 60 hectares; c'est tout ce qu'il est permis d'en admirer aux visiteurs.

Des fabriques de draps animent Serquigny sur la Charentonne, Brionne sur la Rille. Assez près de Brionne, au Bec-Hellouin, un dépôt de remonte, ô profanation! s'est installé dans la célèbre abbaye du Bec fondée au onzième siècle. Ses écoles attiraient les étudiants de l'Angleterre, de la France, de l'Italie; elles ont formé les docteurs scolastiques Lanfranc, saint Anselme de

Canterbury. L'abbatiale, l'église du quatorzième siècle, gardent seules, par quel miracle? des statues, un tableau en émail de toute beauté.

A l'est de Bernay, au centre d'un plateau sec et fertile, la ville de Neubourg est industrielle. Sur la place de son hôtel de ville se dresse la statue du parfait honnête homme politique Dupont de l'Eure, président du gouvernement provisoire de 1848. Jadis, un vaste château, propriété du marquis de Sourdéac de Rieux, s'élevait au « Neufbourg »; en 1661, la *Toison d'or*, pièce à machine et à musique, sorte d'opéra du sieur Pierre Corneille y fut représenté pour la première fois par la troupe royale du Marais « en réjouissance publique du mariage du Roy et de la Paix avec l'Espagne ». La Muse du grand poète fit entendre sur cette scène improvisée de mâles accents bien dignes de son génie. On applaudit avec transport les vers du prologue, que les désastres du grand règne alors à son début, devaient rendre prophétiques :

> A vaincre si longtemps mes forces s'affaiblissent,
> L'État est florissant, mais les peuples gémissent;
> Leurs membres décharnés courbent sous mes hauts faits
> Et la gloire du trône accable mes sujets.

Voici Louviers. Sur l'Eure, divisée en plusieurs bras, se groupent la vieille ville toute en maisons de bois; et la ville neuve en pierres et en briques, dessinée par l'industrie. La première renferme la très belle cathédrale gothique Notre-Dame, dont le portail, aux arcades moresques, est un chef d'œuvre du quinzième siècle. Louviers eut beaucoup à souffrir de la guerre de Cent Ans : les Anglais s'en emparèrent en 1418 et y condamnèrent à mort cent vingt bourgeois, choisis parmi les plus riches. Il s'adonnait déjà à la fabrication des toiles et des étoffes; ses produits étaient recherchés dans les grandes foires du moyen âge. Depuis, l'industrie des draps à bas prix y tient le premier rang. Ses manufactures livrent au commerce quinze mille pièces, chiffre quadruple de ce qu'elles produisaient avant la Révolution. Les nouveautés pour pantalons, les flanelles écossaises en proviennent; des fabriques hydrauliques et à vapeur, des filatures de laines, des moulins à foulon, disséminés aux alentours, s'y rattachent et donnent au pays un aspect extrêmement actif.

Nous nous arrêterions à Pont-de-l'Arche, où l'Eure va grossir la Seine, s'il ne nous restait à visiter une des plus intéressantes parties du département de l'Eure ; si la Rille, au delà de Brionne, ne devait nous conduire dans l'arrondissement de Pont-Audemer, en plein pays du cidre, en vraie Normandie. Voyez, les prairies apparaissent littéralement couvertes de pommiers, plantés jusqu'au nombre de cent par hectare. Le paysan cultive ces arbres avec amour; il les soigne comme font de leurs raisins nos vignerons des crus célèbres. Pour en posséder davantage, sans cesse il essaye d'acheter de la terre ; il économise et il emprunte. Il en attend son revenu annuel, sa fortune, et ses calculs ont du bon ; chaque hectare, au bout de quinze ans, rapportant en moyenne 50 hectolitres de pommes, dont la valeur oscille entre 175 et 200 francs!

Ville assez pittoresque, Pont-Audemer asseoit sur

VIEILLE MAISON A LOUVIERS

la Rille, entre deux collines boisées, ses tanneries, ses mégisseries favorisées par la qualité et la quantité des eaux. C'est l'une des petites capitales du royaume de la Chicane, qui comprend presque toute la Normandie, et le plus fréquenté, sans contredit, de tous ses édifices, est le tribunal de première instance. Vrai paradis des avoués, des huissiers, des avocats et d'une multitude de catons sans diplôme, dont les consultations avidement sollicitées, descendent, par l'effet de la concurrence, jusqu'au prix modique de 5o ou même de 25 centimes! Tous ces gens servent l'impérieuse et dévorante passion des procès qui possède également citadins et paysans d'alentour. Que voulez-vous? le bonheur de s'appauvrir, ou même de se ruiner ainsi, a pour eux des charmes irrésistibles. En vain les frais s'accumulent, en vain les assignations, les citations, les jugements, les grosses se multiplient; personne n'entend renoncer à ce qu'il croit son droit. Il s'agit d'un point d'honneur. Plutôt tout perdre, plutôt coucher sur la paille et mendier son pain, que de s'accommoder avec son adversaire! La chicane a pourtant chez ces plaideurs enragés un sérieux rival, à savoir, le goût de la bonne chère. Après la poursuite d'un procès, la volupté suprême est de passer de longues heures à des repas plantureux, que l'on se rend mutuellement. On s'efforce alors de déployer à table un luxe de vaisselle, de linge, de service, une abondance de plats, dont le voisin soit jaloux. C'est encore une autre manière de lutter avec lui; c'est aussi une façon assez rapide de se mettre dans la gêne : vaut-elle mieux que l'autre? En vérité

En Normandie è gent moult fière
Je ne sai gent de tel manière.

CHAPITRE XVI

DE VERNON AU HAVRE — L'ESTUAIRE

Descendre lentement la Seine jusqu'à son embouchure, ç'a été pendant bien des années l'un des vifs plaisirs ou l'un des beaux rêves des Parisiens. Les uns, jeunes, vigoureux, alertes, faisaient ce voyage en canot, en yacht, ou même en périssoire, les autres, moins aventureux, n'ayant pas des muscles infatigables et de robustes poumons, se confiaient au vapeur-omnibus qui joignait la capitale de la Normandie à la capitale de la France. Tous s'en revenaient enchantés de leurs impressions, les évoquaient souvent. Ils revoyaient leur petit fleuve paisible et familier du pont des Arts s'élargir et s'enfler avant de mourir, enlacer dans des méandres continuels des presqu'îles d'une intense verdure, multiplier par ses caprices les aspects des paysages et des villes, dérouler les panoramas changeants des coteaux où les bois sont bleus, les villages blancs, les châteaux mystérieux derrière leurs grands parcs... Soudain des sables apparaissaient, étalés sur les rives en bancs jaunâtres; de petites vagues battaient les flancs du vapeur ou balançaient la frêle barque; une brise cinglante soufflait et déposait sur les lèvres une couche de sel; la mer était proche. Alors on s'arrêtait, ayant visité Rouen, le Havre, les amas de villes coquettes dont les côtes de l'estuaire sont émaillées.

CHATEAU DE GAILLON

Aujourd'hui, trop pressés de vivre pour nous complaire aux paresses du fleuve, ce voyage n'est plus dans nos vœux. En est-il moins charmant, moins désirable? Non pas. Et puisque nous avons laissé, — veuillez vous le rappeler, lecteur — notre canot des environs de Paris, amarré aux rives de la Roche-Guyon, c'est-à-dire aux confins de la Normandie et de l'Ile-de-France, détachons-le et ramons énergiquement.

Première escale : Vernon. Nous descendons à côté du pont, qui l'unit à Vernonnet et près de certain hôtel appétissant, dont les matelotes sont renommées. La ville

LES ANDELYS (CHATEAU-GAILLARD)

est bourgeoise et de mine agréable, l'hôtesse aussi. Vernon est aimé des rentiers, des soldats en retraite. Pour cette raison, sans doute de vieux braves — (l'un d'eux se nommait Debeer) — commandaient en 1870 des gardes nationaux, des forestiers, des braconniers, et les animèrent de leur courage, quand ils arrêtèrent les Prussiens étonnés de cette résistance à la lisière des forêts de Bizy, de Blaru, de Réauville !

Nous causons avec l'hôtesse, qui daigne nous instruire :

— Qu'est-ce que cette vieille tour encore solide, bien qu'elle date au moins de cinq cents ans ?

— C'est la tour des Archives, le reste unique du château-fort du duc de Normandie et roi d'Angleterre, Henri Ier..

— Est-ce tout ce qu'il y a d'intéressant à Vernon ?

— Nous avons, aux environs, le beau château de Bizy,

VERNONNET

les bois de Saint-Just, pleins de fraises et de violettes, le château des ducs d'Albuféra et la maison de campagne de Casimir Delavigne.

— Tous nos compliments.

Gaillon !... On ne le voit pas du fleuve ; mais nous y sommes allés en souvenance de l'admirable portique de l'École des Beaux-Arts : c'était chercher une désillusion. Le superbe château construit pour le cardinal Georges d'Amboise, dans la première jeunesse et le premier éclat de la Renaissance, est depuis 1812 une maison centrale de détention, où seul est de mise l'art de fabriquer des chaussons de lisière et des sacs en papier. Cependant, à regarder du dehors son porche cintré, élégant, flanqué de quatre tourelles, et orné de bas-reliefs, son beffroi qui sonne l'heure aux prisonniers et la tour de sa chapelle, croiriez-vous à sa déchéance? Rien n'est plus triste que ces magnificences avilies.

... Le fleuve semble se replier lentement sur lui-même, et le paysage s'amplifie, prend une couleur admirable. Les collines bordant les rives se courbent en amphithéâtre dentelant l'horizon; parfois elles s'entr'ouvrent pour laisser une rivière se glisser dans un vallon obscur. Par les prairies, de grands troupeaux de bœufs paissent en liberté l'herbe fraîche et brillante : des chevaux bondissent dans les pâtures closes. Une atmosphère tendre, vaporeuse, comme émanée du ciel bleu et de l'eau bleue, enveloppe les villages lointains. Nous sommes aux Andelys, dans la patrie de Poussin : certes le peintre de l'heureuse Arcadie en devait aimer la grâce et la sérénité.

Le Grand-Andelys, sur la rive droite de la Seine, le Petit, sur les rives du Gambon, ont chacun de beaux débris d'une ancienne prospérité. Jadis y florissait une abbaye de femmes, fondée par sainte Clotilde, et la hauteur dominante portait le Château-Gaillard, bâti par Richard Cœur de Lion et pris par Philippe-Auguste. Leurs églises offrent des vitraux, des orgues du seizième siècle. Où s'élève encore une chapelle de Sainte-Clotilde, un tilleul ombrage une fontaine dont les prières de la femme de Clovis, un jour, changèrent l'eau en vin. On y va en pèlerinage. Les débris du Château-Gaillard, son donjon, s'émiettent parmi les plantes vagabondes et les pariétaires. Tel que le pourrait

CHATEAU DE GISORS

souhaiter un de nos cabaretiers fantaisistes, l'hôtel du Grand-Cerf reçoit les voyageurs dans un immeuble du dix-septième siècle, tout en chevrons sculptés, en des salles à hautes cheminées, à vitraux authentiques, avec de belles tapisseries de Beauvais étendant sur les murs leurs nuances amorties.

Ah! qu'il ferait bon rester dans cette auberge, dans ces paysages également rares et tentants! Mais le souci de voir du nouveau nous talonne, et nous voilà parcourant le Vexin normand. On nous a dit : Il y a de bien belles ruines féodales à Gisors, une église curieuse à Étrépagny, un splendide château à Dangu et, à Saint-Clair-sur-Epte, les restes du château où fut signé en

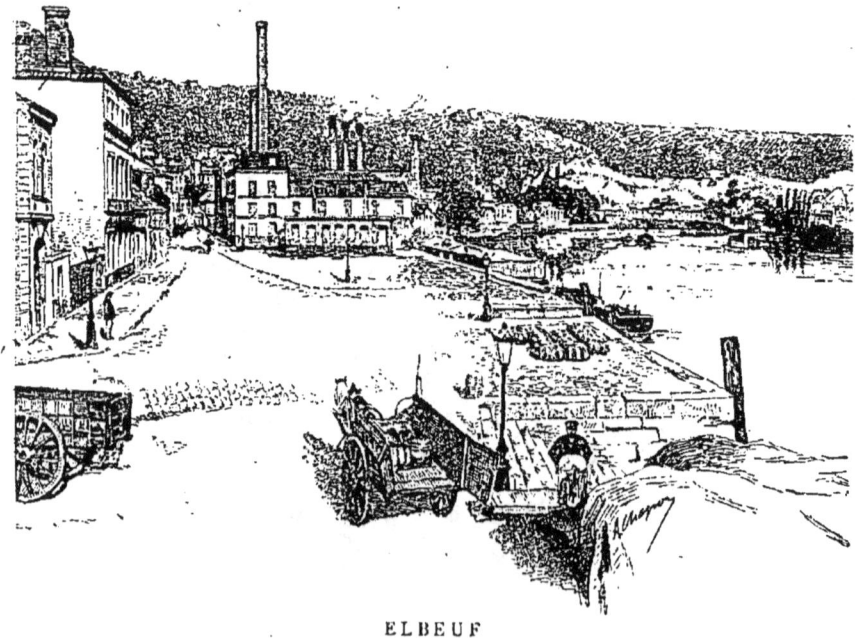

ELBEUF

911 le traité par lequel Charles le Simple, cédant la Neustrie au pirate Rollon, créa la Normandie moderne, la Normandie façonnée par les hommes du Nord, au génie audacieux, mystique et positif. Tout cela nous a séduit.

... Allons, camarade, tenez bien l'aviron, craignez les sables qui enlisent; nous arriverons à bon port. Êtes-vous archéologue? Si vous l'êtes, Pitres vous passionnera. Sous le nom de Pistes, il a été cité gallo-romaine ; il prospérait sous les rois de la première et de la seconde race. Les empereurs issus de Charlemagne y habitaient le palatium, dont on retrouve les fragments, où Charles le Chauve ordonna aux principaux personnages de l'empire de bâtir, chacun dans son fief, des citadelles en état d'arrêter les Normands. A Pitres, l'Andelle se jette dans la Seine ; nous remonterons volontiers la belle vallée qu'elle arrose, toute peuplée de tisserands. De jolis villages nous montreront leurs ateliers, leurs usines, où les adolescents des deux sexes travaillent douze heures par jour, hélas ! pour gagner soixante-quinze centimes. Le moyen âge a couvert ce pays de forteresses dont les ruines, parmi de luxuriantes floraisons, composent d'incomparables tableaux de genre. Un parc encadre, à Radepont, la tour de Jean Sans Terre et celle de Richard Cœur de Lion ; à côté, dans une gorge profonde, s'ensevelissent les vestiges de l'abbaye de Fontaine-Guérard. Les murailles informes d'un château de Talbot moisissent à Douville, et dans l'église d'Écoins s'effrite le mausolée de l'archevêque Jean de Marigny.

Pont-de-l'Arche !... Amarrons sous le pont qui joint les rives de l'Eure aux rives de la Seine. L'édit de Charles le Chauve donna naissance à cette petite ville ; une forteresse s'y éleva, qui n'empêcha point cependant Rollon de battre l'armée impériale, ni les Anglais d'entrer en cruels vainqueurs, l'an 1418. Peu après, s'établit à quelques lieues et près du fleuve l'abbaye de

Bonport : vantée pour sa piété, il semblait improbable qu'un poète de cour, indulgent à toutes les galantes faiblesses des rois, même à leurs turpitudes, en devînt jamais l'abbé. Il en fut ainsi sous Henri III; Philippe Desportes eut en bénéfice cette bienheureuse sinécure, dont les fortifications, le beau réfectoire, prouvent encore l'importance et la richesse.

... De hautes cheminées, de vastes bâtiments teintés de suie, des ruisseaux roulant des eaux colorées et des rues saupoudrées de poussière de charbon, une atmosphère enfumée et, à travers ce décor, l'activité silencieuse de vingt-quatre mille ouvriers, ouvrières, de fabricants, de négociants, de marchands subsistant par le travail et pour le travail : nous sommes dans la ville manufacturière d'Elbeuf. Là, rien à admirer que des choses utiles, pratiques. Les machines les plus récentes, les procédés les plus économiques et les plus ingénieux entretiennent le succès européen des manufactures fondées de 1817 à 1846, par M. Grandin, d'où sortent les admirables draps français de toutes formes et de toutes qualités : noirs, croisés, satinés; les édredons, les castors, les nouveautés pour fantaisie; les draps de satin, bleu et garance, dont s'habillent les officiers; les draps clairs qui tapissent les voitures, et les draps verts étendus sur les billards. Quelques établissements, organisés pour produire toutes ces variétés, rassemblent en outre une fonderie, des ateliers de réparation, d'apprêts. Les maisons de détail sont nombreuses ; on compte par dizaines les teintureries, les filatures, les ateliers où s'opèrent le retordage des fils de laine et la manipulation des déchets. Par sommes énormes, évaluées de quatre-vingt cinq à quatre-vingt dix millions par an, se chiffrent les affaires de ces multiples industries.

A ce grand centre d'Elbeuf, se relient les usines éparses le long du fleuve dans un paysage dont elles ne parviennent pas à ternir la grâce aérienne.

Rouen... Au milieu du fleuve, une île s'allonge d'abord verdoyante, couverte de peupliers, puis offrant des quais réguliers, des ateliers, des usines : c'est l'île Lacroix. Arrêtons-nous à sa pointe septentrionale, sous les arches du pont Pierre Corneille, entre le quai Saint-Sever et le quai d'Elbeuf, juste au point où les gares d'Orléans et de l'Ouest débarquent voyageurs et marchandises, et assez près de la place Saint-Sever, que décore le beau monument élevé par l'architecte de Perthes et les sculpteurs Falguière et Legrain, à l'abbé J.-B. de La Salle, lequel, en 1681, fonda, ici-même faubourg Saint-Yon, le célèbre institut des Frères des écoles chrétiennes.

ROUEN

Déjà le spectacle est magnifique. A gauche, le port : large et profonde, presque verte comme la mer, et se perdant très loin, par un invisible détour, dans un horizon de collines nuageuses, la Seine porte cent vais-

ROUEN — COURS-LA-REINE

seaux marchands, alignés le long de ses rives contrastantes, d'un côté, sombres, enfumées, silencieuses, de l'autre, claires, brillantes, vivantes. Des grues à vapeur déchargent ces navires, empilent sur les berges les tonneaux, les ballots, les caisses exhalant dans l'air l'odeur aromatique du goudron et de la saumure. Derrière nous, du quai d'Elbeuf au quai Jean de Bethancourt, les vagons incessamment circulent, s'emplissent des marchandises du port, les distribuent dans les docks et les gares. Çà et là, groupés « en grève » sur les places, ou tristement accoudés aux parapets, de petits hommes, maigres, pâles, mal vêtus de haillons sales, attendent l'embauchage, offrent leurs bras pour des salaires dérisoires. Mais, tout au tableau déroulé sous nos yeux, nous ne songeons pas à nous demander quel héritage de misères a rendu si chétifs ces rejetons de la robuste race normande.

Entre trois collines aux formes lourdes et les quais de la rive droite, près de cinq cents rues se croisent, plus de treize mille maisons s'entassent. Devant nous, à cent pas, le mont Gargan élève ses flancs de granit tachetés d'herbe et se rattache à la cime âpre et nue que surmonte l'église Notre-Dame de Bon-Secours, d'où se découvre un Rouen merveilleux au sein d'une merveilleuse vallée. Plus vague, le mont Fortin s'arrondit, puis le mont Riboudet semble fermer la ville. A la hauteur des collines, les dépassant même, s'élancent les flèches et les tours noires des églises Notre-Dame,

ROUEN — CLOCHER DE LA CATHÉDRALE

Saint-Maclou, Saint-Ouen, signalant la vieille cité, pieuse et féodale, tandis que les quais de Paris, de la Bourse, du Havre, exposent en frontispice les édifices utiles, luxueux, confortables de la cité moderne. Là, presque voisins, se montrent la Bourse, la Douane, le théâtre des Arts, les grands hôtels onéreux et alléchants, les beaux cafés. Sur ces voies spacieuses le tramway passe, la foule se meut, active et calme, sérieuse, toute aux affaires, pratiquant sans efforts le maxime de sa race : *Le temps est de l'argent.*

Traversons la Seine : au milieu du pont, sur le terre-plein, la statue colossale, sculptée par David d'Angers, rend hommage au plus illustre poète normand, au mâle génie de Pierre Corneille. Au bout, s'ouvre la rue de la République, grouillante artère de la ville ancienne, qu'elle coupe de l'est à l'ouest, en traversant l'écheveau des rues et des ruelles tortueuses, dont les nobles et curieux édifices sont encore emprisonnés. Cette rue va nous conduire au cœur même de l'histoire et du grand art de la Normandie.

Rouen a mis des siècles à se former, et si modernisé qu'il soit par le goût du confort, il garde les tons d'un passé splendide.

Comment a-t-il commencé? Probablement, ainsi que Paris, par un hameau de pêcheurs, de bateliers ; pendant longtemps, il n'a pas dû franchir de beaucoup l'enceinte actuelle de sa cathédrale, ni les bords des deux rivières, Robec et l'Aubette, coulant à l'ouest au pied de

ROUEN — ÉGLISE SAINT-MACLOU

ses collines. Rotomagus était néanmoins une importante cité de la Gaule Romaine, la métropole, à la fin du cinquième siècle, de la deuxième lyonnaise, la capitale au quatrième siècle, de la Neustrie. Ses grands évêques, Mellon, Prétextat, Victrix, Gildard, Romain, Ouen, prédicateurs, hommes d'État, pleins de vertus ou de talents, l'illustrèrent à ces époques calamiteuses. La ville prospérait quand les Normands l'assiégèrent et que l'un d'eux, Roll ou Rou, l'obtint en fief héréditaire du faible roi Charles le Simple. Sous ce nouveau maître elle devint riche et puissante ; le chef barbare accepta sa religion, ses usages, et lui insuffla une nouvelle sève. Le génie rude et créateur des conquérants la transforma ; elle eut des monuments superbes et des lois certaines. Elle grandit ; son enceinte, un siècle ou deux après, suivait sans doute l'ovale que dessinent aujourd'hui les boulevards Gambetta, Hilaire, Beauvoisine, Cauchoise. Il lui arriva ensuite de passer sous d'autres dominations, de subir d'effrayantes luttes, des sièges meurtriers, d'atroces famines, d'horribles saignées, elle ne cessa de se développer avec énergie, ténacité. D'ailleurs prompte et hardie à réclamer ses droits, obtenant de ses ducs et des rois de France des chartes que ses révoltes, bien qu'étouffées dans le sang, faisaient respecter, sachant toujours défendre sa liberté et son argent, en un mot, personnifiant les défauts et les qualités des races septentrionales.

Donc, malgré d'innombrables épreuves, malgré l'incendie qui le consuma en 841, malgré le siège de 1204 qui dura quatre-vingts jours, malgré son émeute de 1292, ses révoltes de 1315, 1357 et de 1382, malgré le siège de 1418, qui le donna aux Anglais pour trente et un ans; malgré le triomphe momentané des huguenots en 1562, et l'horrible massacre qu'on en fit en 1572; malgré le siège de 1589 par Henri IV; malgré, sous Louis XIV, plus d'un soulèvement et plus d'une sanglante répression, cette ville remuante, vivace, demeure l'une des premières de la France et de l'Europe.

Suivant notre habitude, nous allons à ce que la ville a de plus ancien : à la cathédrale Notre-Dame, bâtie sur les fondations de la basilique romane détruite par un incendie, l'an 1200. Édifice immense, long de 135 mètres, elle étale sur 56 mètres de largeur une belle façade dentelée, flanquée de deux tours. Commencée en 1202, tous les siècles suivants y travaillèrent; sa tour Saint-Romain fut achevée au quinzième siècle; son autre tour, nommée tour de Beurre, fut construite au seizième siècle avec le produit des dispenses accordées pendant le carême. L'ogive simple, l'ogive gothique, l'ogive fleurie à profusion, le style plus élégant que mystique de la Renaissance, s'y combinent pour former un ensemble éblouissant, irrégulier, plein de contrastes.

Comme une prodigieuse floraison, s'élancent et s'entrelacent les arcs, les colonnettes, les pinacles, les gâbles dentelés, ciselés, tréflés, découpés à jour, les mille jets d'une sève intarissable, les mille caprices d'une verve inépuisable et d'un ciseau docile à tout exprimer. Et ces fleurs de pierre, dans leurs calices, comme d'étranges pistils, nichent des statues sans nombre, une foule de saints et de bienheureux à peupler un immense Paradis. Cette magnifique exubérance

CLOITRE DE SAINT-MACLOU A ROUEN

caractérise le style normand dans sa période de fécondité. Elle éclate dans la déclaration des trois portes principales, à chacun des étages de la tour de Beurre, et aux célèbres portails des croisillons, nommés portail de la Calende et portail des Libraires. Là, de plus, une multitude de petits caissons, véritables tableautins sculptés avec une fantaisie charmante, peuplent les murs d'autant de sujets à deux ou trois personnages, bizarres animaux à figures d'hommes et de femmes:

LA RUE DU ROSIER A ROUEN

hommes et femmes à têtes bestiales, représentant des fabliaux, des proverbes, des légendes, des scènes gaillardes plus ou moins édifiantes, mais bien curieuses.

Au milieu de l'église s'élève jusqu'à 148 mètres, altitude naguère vertigineuse, une tour composée de deux étages anciens, que surmonte une flèche en fonte ajourée : ridicule ouvrage d'un architecte trop ingénieux, qui s'est cru chargé de couronner une gare de chemin de fer.

Les nefs, le chœur, les chapelles de Notre-Dame renferment des œuvres d'art : stalles aux miséricordes sculptées d'après les dessins de Philippe Viart, de 1457 à 1469, retables en marbre blanc, verrières du treizième, du quatorzième et du seizième siècles, le bel escalier de bois, dû à Pontifz, architecte du cardinal-archevêque d'Estouteville, et sculpté par Desvigne et Chennevières ; les tombeaux de Richard Cœur de Lion, de Guillaume Longue Épée, de l'évêque Maurice, mort en 1235, d'Henri le Jeune, frère du roi Richard, d'un président au parlement de Normandie et de sa femme. La chapelle de la Vierge, éclairée par des vitraux représentant les archevêques de Rouen, contient deux chefs-d'œuvre renommés : le tombeau des cardinaux d'Amboise, tous les deux archevêques de Rouen et celui de Louis de Brézé, grand sénéchal de Normandie. Dans le premier de ces mausolées Georges d'Amboise, ministre de Louis XII, dont Jean Goujon a sculpté l'effigie, et l'archevêque, son neveu, sont représentés agenouillés sur un sarcophage de marbre noir ; des statues en marbre blanc symbolisent les vertus qui leur sont attribuées : la foi, la charité, la prudence, la force, la justice, la tempérance. Une splendide décoration de marbre et d'albâtre les environne, un dais les recouvre ; de saintes figures et des figures païennes animent les bas-reliefs ; des moines prient dévotement en des niches ciselées. Le mausolée de Louis de Brézé, élevé par sa galante veuve, Diane de Poitiers, et si souvent reproduit par la gravure, est, comme on sait, un délicieux ouvrage de la Renaissance.

D'étroites, noires, humides ruelles enclosent encore la cathédrale, l'archevêché aux grands murs féodaux flanqués de tourelles octogones : avec leurs sombres logis, aux triples encorbellements papelonnés d'ardoises et chargés de grotesques pendentifs, la rue Saint-Romain, la rue de la Croix-de-Fer, la rue des Bonnetiers, font songer aux coins disparus ou ignorés de la Cité de Paris et du quartier Maubert. Ici évidemment était le berceau et le centre du vieux Rouen ; on l'éclaircit, on l'assainit peu à peu. Saint-Maclou, bien dégagé, y épanouit librement son portail aux superbes gâbles, broderie d'une abondance et d'une hardiesse extraordinaires, toile d'araignée filée par de surprenants artistes. Un vantail de cette église du quinzième siècle offre de gracieux panneaux attribués à Jean Goujon, et dignes de lui ; du milieu de son abside, monte en creux la flèche en pierre, dont on aperçoit de si loin la pointe aiguë.

De Saint-Maclou dépendait autrefois l'*Aître de Saint-Maclou*, ancien cimetière de la ville, parfaitement conservé et fort intéressant. C'est un assez vaste préau, bordé de petits bâtiments en pierre et en charpentes croisées, au long desquels règne une galerie couverte, soutenue par des colonnettes à chapiteaux de bois. Les frises de ces constructions singulières, occupées aujourd'hui par des écoles, sont ornées d'attributs funèbres, fémurs et tibias, pioches, bêches et pelles de fossoyeurs, sabliers et larmes en virgules. Beaucoup plus curieux, les chapiteaux représentaient, chacun par deux personnages sculptés en relief, une scène de la fameuse danse macabre; ils sont mutilés, illisibles.

Entre cette nécropole du quinzième siècle, d'une couleur si romantique, et la grande place de l'Hôtel-de-Ville, débouche la rue Eau-de-Robec, la plus étrange et peut-être la plus malsaine de la ville. Robec, ruisseau violet et fangeux, coule, d'un côté, au pied de maisons basses, dont les habitants le traversent sur des ponceaux en fer ou en brique. Un luxe amusant, de choses hétéroclites s'étale sur les tabliers de ces ponceaux, meubles et légumes d'occasion, haillons de la friperie, ruines et antiquités du bric-à-brac. De l'autre côté, d'anciennes demeures, hautes et cuirassées d'ardoises, versent sur le pavé glissant une ombre continuelle. Çà et là s'ouvrent des rues si étroites qu'un homme marchant de front en obstrue la chaussée, et ces rues sont hantées, ont des maisons, des portes, des fenêtres. Il est difficile d'imaginer cloaques plus pittoresques et plus misérables.

ROUEN — PALAIS DE JUSTICE

Sur la vaste place de l'Hôtel-de-Ville s'élève Saint-Ouen, sanctuaire d'une antique abbaye, présentant un immense vaisseau de style ogival, d'une régularité, d'une perfection irréprochables. Le chevet s'entoure d'un très beau jardin public. On ne manque pas de contempler dans l'immobile nappe d'eau des bénitiers les voûtes éperdues, reflétées tout entières. Ses sculptures racontent l'histoire anecdotique de la ville. A quel événement de la Normandie, l'abbaye de Saint-Ouen n'a-t-elle pas été mêlée? Au portail des Marmousets se dressent les statues de Clotaire Ier, de Richard Ier, Richard II, Mathilde l'impératrice, Philippe le Long. Dans le chœur, la nef, subsistent quelques débris de ses trésors d'antan, des vitraux exécutés du quatorzième au seizième siècle, de très belles tapisseries, le tombeau de l'abbé Marc-d'Argent, un tableau de Lesueur, un autre de Marigny.

L'hôtel de ville, bâti au dix-huitième siècle, dépendait de l'abbaye; il est largement approprié aux services municipaux; les gloires de la ville de Rouen y sont honorées. La salle des cérémonies offre les portraits des deux Corneille, de Jean Jouvenet, de Fontenelle, de Restout, de Boïeldieu, de Géricault, d'Armand Carrel, ceux de quelques personnages de moindre talent : la Champmeslé, le père Daniel, le père Brumoy, Bois-Guilbert, le médecin P. Pouchet; n'oublions pas Robert Covelle de la Salle, qui le premier explora la vallée du Mississipi et donna son nom à la Louisiane. En bas du grand escalier, un sarcophage orné d'un bas-relief en bronze, représentant le *Naufrage de la Méduse*, porte la statue du peintre Géricault, sculptée par Étex.

Prenez à gauche de l'hôtel de ville, vis-à-vis la statue équestre de Napoléon Ier, la rue Thiers qui vous conduira dans la rue Jeanne-d'Arc, à travers les richesses, les curiosités, les antiquités de la ville moderne et brillante. D'abord, sous les ombrages du square Solférino, un hôtel spacieux renferme les nombreux chefs-d'œuvre de peinture et de sculpture de l'un des premiers musées de province. Plus haut, une tour s'élève, c'est la tour Jeanne-d'Arc, seul reste du château-fort bâti par Philippe-Auguste, en 1205, sur la colline de Bouvreuil, et démoli par Henri IV. L'illustre héroïne fut emprisonnée dans ce château; elle subit dans cette tour l'outrage d'un procès inique; elle y prononça les paroles sublimes qui confondirent ses juges, ses bourreaux et nous émeuvent encore si profondément. De là elle partit pour marcher au supplice; on peut encore se figurer l'itinéraire que suivit le sinistre cortège. Elle passa, fit peut-être amende honorable devant l'église Saint-Patrice, où nous admirons aujourd'hui une collection rarissime de vitraux du seizième siècle, et suivant la rue des Étoupes, la rue Sainte-Croix-des-Peletiers ou la rue des Prisons, elle arriva sur la place fatale du Vieux-Marché. Le bûcher, dernière station de son glorieux calvaire, l'attendait à la place même où est aujourd'hui un lieu de plaisir, le Théâtre-Français.

. Près de ce théâtre, sur la place de la Pucelle, une fontaine Pompadour porte la statue de l'héroïne, vêtue,

ROUEN — HOTEL BOURGTHEROULDE

ô ironie! en galante Bellone, en guerrière de corps de ballet! Entre la place du Vieux-Marché et l'hôtel de la

ROUEN — PORTE DE LA GROSSE-HORLOGE

préfecture une petite rue existait jadis, que l'on appelait rue de la Pie — c'est aujourd'hui la rue Pierre-Corneille. Le père des deux Corneille habitait dans cette rue une maison, sur l'emplacement de laquelle on lit l'inscription :

« *Ici étaient les maisons où sont nés les deux Corneilles : Pierre le 6 juin 1606, Thomas le 21 août 1625.* »

Le palais de justice, l'hôtel du Bourgtheroulde — nous sommes à portée de les voir — brillent parmi les plus beaux édifices rouennais. Le premier, construit par Louis XII, en 1499, pour l'Échiquier de Normandie, est un chef-d'œuvre d'une exquise perfection. Rien de plus charmant, de plus varié que la façade où s'ouvre l'admirable salle des Pas-Perdus : toute ornée de pinacles, de clochetons, de dais, de galeries sculptées, fleuronnées avec une délicatesse, une fantaisie extrêmes, encadrant les fenêtres à meneaux, les arcades cintrées, les toits et beaucoup de statuettes et de médaillons, spirituelles figures de personnages célèbres et familiers. Roger Ango et Roland Leroux ont signé cette merveille.

L'hôtel du Bourgtheroulde fut bâti à grands frais, vers la même époque, par messire Guillaume Leroux, seigneur du Bourgtheroulde. Passablement détérioré au dehors, il présente, dans la cour intérieure, deux façades que leur style et surtout leur décoration, fine et spirituelle, mettent au premier rang des ouvrages de la Renaissance. Les moins lisibles bas-reliefs représentent les triomphes de Pétrarque, d'après les tapisseries d'Arras, les plus connus ont popularisé les scènes fameuses de l'entrevue du camp de Drap-d'Or.

Près du palais de justice se dresse la tour de la Grosse-Horloge ou du Beffroi, édifiée en 1389. Les curieux se font un devoir de gravir ses deux cents marches pour admirer au sommet deux cloches du treizième siècle : la Cache-Ribaud et la Cloche-d'Argent. Que citer après cela ? Rouen est un petit monde ; on ne peut se flatter de le connaître si on le parcourt en quelques heures. Il y faut errer à l'aventure, en cueillir à la pipée, au hasard des trouvailles, les beautés et les verrues. Une tourelle, un bas-relief, une statuette effritée marquent la place ou désignent le reste d'une habitation historique, fastueuse ou singulière. Peu de villes ont autant d'intérêt. Voyez la place de la Haute-Vieille-Tour où s'encadrent les halles du treizième siècle et que le charmant édifice de 1542, appelé monument de Saint-Romain, joint par une voûte à la place de la Basse-Vieille-Tour. Voyez encore l'hôtel Saint-Amand, la fontaine Sainte-Marie de Falguière, large groupe plein d'expression et de poésie, l'ancienne Chambre des comptes, les fontaines de la Croix-de-pierre, de la Crosse, de Lisieux, conservant toutes les trois, bien que défigurées, quelques jolis détails de leur décoration du seizième siècle. Les églises presque indifférentes, Saint-Vincent, Saint-Godard, Saint-Gervais, Saint-Nicaise, se recommandent cependant par des sculptures et des vitraux remarquables. Enfin, le théâtre des Arts, la Bourse, le musée départemental d'antiquités, le musée municipal de céramique, le muséum d'histoire naturelle, la Bibliothèque publique, répondent à la noblesse, à l'opulence de la grande ville normande.

VIEUX MARCHÉ A ROUEN

Rouen a d'immenses filatures, des fonderies, des usines fabriquant les métiers des maisons de tissages. La production de l'article rouennerie et du mouchoir de couleur était naguère un de ses privilèges; elle baisse

JUMIÈGES

aujourd'hui et nombre de ceux qui vivaient du tissage à la main sont privés de cette ressource.

... A l'ouest de Rouen, la Seine décrit une triple presqu'île ; ses contours enveloppent des plateaux boisés, des forêts même, dont les principales, forêt de Roumare, forêt de la Londe, forêt de Rouvray — le bois de Boulogne parisien se nommait ainsi — ont une assez grande étendue.

Sur les bords du fleuve et à la lisière des futaies de chênes, s'espacent des villages moitié industriels, moitié champêtres, plusieurs groupant les villas luxueuses des riches manufacturiers. Ils sont agréables, étalés sur des coteaux aux lignes très fines parsemés de jardins. Les paysans, tout en s'adonnant à la culture, ne laissent pas que de posséder un métier, s'exercent par milliers à l'art de tisser la toile. Aidées par les tramways, les bateaux à vapeur, les promenades à travers ces environs sont faciles et plaisantes.

Voici Darnétal où vingt-deux mille broches travaillent pour Elbeuf. Nous y avons visité un atelier refuge abritant trois cents jeunes filles coupables de fautes graves commises sans discernement. Elles reçoivent l'instruction professionnelle et se plient avec une singulière énergie aux plus rudes travaux. Seules, labourant, hersant, ensemençant, fauchant, moissonnant, elles assurent le succès d'une vaste exploitation agricole.

Des hauteurs de Blosseville, de Bois-Guillaume, du mont Saint-Aignan, se développent les horizons splendides où Rouen s'encadre tout entier. Il nous apparaît ainsi plusieurs fois, jamais le même, comme un diamant taillé dont on fait miroiter les facettes. Agrandi, ses laideurs, ses contrastes se fondent dans un amas de blancheurs étincelantes, enlacées par les replis de la Seine, sinueuse et lumineuse ceinture.

Sur la rive droite se montre le château de Canteleu bâti par Mansart et, plus loin, Croisset, d'où la péninsule apparaît tout entière. Là, une maison isolée, blanche, que précède un perron, c'était la propriété, la demeure aimée du grand écrivain Gustave Flaubert.

... Saint-Martin de Boscherville : une charmante église et une salle capitulaire, restes de l'abbaye de Saint-Georges de Boscherville édifiée au onzième siècle. Sur la porte une inscription relate qu'on les doit « à la pieuse munificence de Raoul de Tancarville, grand chambellan de Guillaume II le Conquérant, duc de Normandie ».

De loin, en suivant les rives du fleuve, vous apercevez les ruines grandioses de l'abbaye de Jumièges : ses deux sombres tours, carrées à la base, dont les quatre étages octogones superposent des arcades romanes béant sur le vide, et l'une de ses façades, énorme muraille démantelée, trouée à jour, flanquée encore d'une échauguette à demi brisée. Ces beaux restes et leurs dépendances appartiennent à la villa de Mme Lépel Cointet, dont le mari les avait acquises juste à point pour sauver d'une complète dévastation ce que 1793 avait laissé subsister de l'illustre abbaye.

Jumièges était le plus ancien monastère de la Normandie. Fondé au septième siècle, peut-être par saint Philbert, il comptait déjà plus de neuf cents moines, lorsque, suivant la légende, le courant de la Seine lui apporta les deux fils de Clovis II et de la reine Bathilde, liés dans un bateau, tout sanglants, les jointures tran-

LA BOUILLE (SEINE-INFÉRIEURE)

chées, *énervés*, symboles à peine vivants de la race épuisée des Mérovingiens. Les premiers chefs normands portèrent à Jumièges le feu et l'épée, mais leurs successeurs la rétablirent dans ses privilèges et son lustre. Elle dura ensuite plusieurs siècles, riche, puissante, renommée; ses abbés furent béatifiés; quelques-uns devinrent évêques, archevêques. Les ducs de Normandie, les rois d'Angleterre, les rois de France y avaient droit au gîte. Elle déclina avec la Réforme; les calvinistes pillèrent ses richesses : elle n'était plus à la veille de la Révolution que l'asile d'un petit nombre de religieux qui se dispersèrent aussitôt. Il s'en fallut de peu qu'elle ne disparût complètement. Vendue, dépecée comme bien national, heureusement elle tomba dans les mains d'un artiste.

CHATEAU DE TANCARVILLE

Délabrées, encombrées de débris gisant à terre, fûts de colonne, aiguilles, socles, dais, statues mutilées, la basilique Notre-Dame et l'église Saint-Pierre donnent encore une grande idée de leur splendeur éteinte. Un musée lapidaire réunit des chapiteaux, des bas-reliefs, des tombeaux en pierre, la table de marbre noir du mausolée d'Agnès Sorel, dont le cœur avait été déposé dans l'église abbatiale, les statues tombales des Énervés. La salle des gardes de Charles VII, la salle capitulaire, les caves, sont d'intéressants spécimens de l'architecture du huitième siècle.

..... La Bouille, Caudebec, Villequier! La marée se fait sentir et le mascaret nous menace; c'est ici que sévit ce flux étrange et violent. Soudainement, comme une trombe, il s'avance, barrant le fleuve d'une rive à l'autre et le couvrant d'une vague écumeuse de 2 à 3 mètres de hauteur, qui se brise, avec un claquement brusque, se reforme aussitôt, et reprend sa course irrésistible. Méfions-nous : un grondement sourd l'annonce; mais à peine entendez-vous ce bruit, qu'il est déjà sous vos yeux. Des digues, il est vrai, espacées de 300 à 500 mètres, en diminuent la force redoutable. Peut-être serait-il possible, d'aucuns le croient, de l'annihiler par des travaux plus étendus qui, débarrassant le fleuve de ses bancs de sable, feraient de Rouen un grand port, un port tranquille.

... La Seine s'élargit de plus en plus; maintenant des vaisseaux la sillonnent; ses côtes sont bordées de falaises escarpées. Brusquement la pointe de Quillebeuf semble vouloir l'arrêter, former un lac sans issue. On double sans encombre ce promontoire dont l'extrémité s'arrondit en anse légère : port de pêcheurs signalé par trois phares. Vis-à-vis s'éparpillent les maisonnettes du port Jérôme; puis, couronnant des rochers abrupts,

ÉGLISE D'HARFLEUR

apparaissent les deux grosses tours du château de Tancarville.

La falaise isolée, où s'élève cette forteresse bâtie du onzième au douzième siècle, dessine un triangle, ayant à chacun de ses angles une tour et, sur ses trois côtés, des tours intermédiaires au nombre de sept. La tour de l'Aigle domine l'ensemble. Le lierre et les ronces enveloppent ces robustes ruines, aux noms étranges : tour du Lion ou du Diable, tour de Coquesart; elles offrent des restes de peintures, des voûtes singulières. Dans l'enceinte, ce qui fut le manoir des seigneurs de Tancarville se compose de débris plus ou moins informes : la chapelle, la chambre aux Chevaliers, la grande salle renfermant des cheminées originales, décorées de frises et de chapiteaux. En terrasse, masquant les ruines, s'étale le château neuf, froide bâtisse moderne, que l'on voudrait retrancher de ce décor âpre et sévère.

... Harfleur sur la rive droite, Honfleur sur la rive gauche, à deux lieues l'un de l'autre, face à face! Tous les deux jadis étaient les grands ports, seuls florissants, de l'estuaire séquanien. Les Anglais les ont souvent disputés aux Français. Harfleur, en 1415, assiégé par Henri V, ne fut pris qu'au bout de quarante jours. Il perdit seize cents familles obligées par le vainqueur à s'expatrier, transportées en Angleterre « sans pouvoir rien emporter qu'une partie de leur vêtement et cinq sols par tête ». Ceux qui restèrent, attachés de cœur à la

HONFLEUR — LA PLACE DU MARCHÉ

France, lentement préparèrent leur revanche, et les paysans cauchois s'étant soulevés, brusquement ils s'unirent à eux, se délivrèrent avec l'aide du sire de Monterollier, Jean de Grouchy. Les guerres de religion, la Ligue, apportèrent à ces villes de graves dommages; mais si elles sont déchues, c'est surtout parce que le Havre a pris pour lui seul le commerce des deux mondes.

Le superbe clocher de l'église Saint-Martin, œuvre du quinzième siècle, domine Harfleur, ses maisons du seizième siècle, son joli château de style Louis XIII, propriété du comte de Labédoyère, la statue du patriote Jean de Grouchy dressée sur la promenade. Honfleur, plus vaste, plus important, plein de maisons anciennes et fort curieuses, a sa chapelle de Notre-Dame-de-Grâce, fondée au onzième siècle par Robert le Magnifique. Combien de matelots, de femmes, d'enfants, gravissant la côte ardue que surmonte ce pieux sanctuaire, vont, avant le voyage prochain, implorer le secours de la Vierge-Mère, et viennent au retour y suspendre l'ex-voto promis à *Stella maris!*

..... Ayant doublé la jetée du sud, qui commande l'accès de l'avant-port du Havre, le vapeur s'embosse au grand quai, au débouché de la rue de Paris. Le Havre presque tout entier est déjà sous vos yeux, pris entre les falaises du cap de la Hève, la pointe de Sainte-Adresse et les hauteurs d'Ingouville. Voici, à droite, ses bassins réguliers, chargés de navires de commerce, de paquebots; à gauche, ses bains Frascati, l'ombreuse

VIEILLE MAISON, A HONFLEUR

allée du boulevard maritime ; devant vous, une rue aux magasins brillants ; autour de vous, une foule diverse, française, anglaise, américaine, des émigrants, des né-

NOTRE-DAME-DE-GRACE, A HONFLEUR

gociants, des marins cosmopolites, des aventuriers, des désespérés, des coupables, des bannis, — les réguliers de la mer, et les chercheurs d'inconnu qui lui demandent la fortune ou la sécurité.

Tout ce monde cosmopolite se rassemble dans la rue de Paris, flâne devant ses jolies boutiques de coquillages, de madrépores, d'articles maritimes, s'approvisionne à ses magasins de vêtements, de comestibles, aux étalages coquets; de bizarres dialogues, où la mimique vient en aide à la parole, s'engagent entre marchands et cha-

L'ARSENAL DU HAVRE

lands étrangers. La rue de Paris traverse le Havre, de l'est à l'ouest, en rencontre tous les notables édifices : Notre-Dame, la plus grande de ses églises, le Musée, l'Arsenal, le Grand-Théâtre, le superbe Hôtel de ville, la spacieuse et gaie place Gambetta, bordée de cafés, d'hôtels luxueux; elle s'arrête aux quartiers larges, corrects et somptueux du haut négoce, de la riche bourgeoisie, que précède le gracieux jardin public embaumant la place de l'Hôtel-de-Ville. Ici, nulle fantaisie, point de vestiges du passé, à peine quelques maisons noires, tout en ardoises. Il a disparu complètement, l'ancien Havre de Grâce où, l'an 1514, Guyon Leroy, commandant de Honfleur, se rendait par ordre de François Ier « afin d'y percer et construire un port propre et convenable pour recueillir, loger et maréer les grands navires, tant de nostre royaume que aultres de nos alliés ». On n'en a même pas gardé l'antique grosse tour, reste du château-fort où Mazarin emprisonna les princes de Condé, de Conti et le duc de Longueville.

La ville est toute moderne, pratique, conforme au génie normand. D'ailleurs, bien que relativement jeune, elle a souffert ; la tempête et la guerre l'ont endommagée plus d'une fois. Au rapport de ses annalistes, une marée extraordinaire détruisit, dans la nuit du 15 janvier 1525, la plupart de ses maisons neuves, noya même un grand nombre des colons venus en foule pour la « populer », suivant les termes de l'édit royal. Appelés par les protestants, les Anglais s'en emparèrent en 1562 ; un coup de main les en chassa presque aussitôt, le 20 juillet 1563. La place les tentait ; ils y revinrent en 1694 ; mais Henri IV, Richelieu, Colbert, l'avaient fortifiée, agrandie ; elle était capable de résistance. Cependant l'escadre ennemie l'accabla de plus de huit cents bombes, qui la brûlèrent en partie. Elle est magnifique aujourd'hui, le deuxième port de commerce de la France, un des pre-

LE HAVRE — EMBARCADÈRE DE HONFLEUR

miers entrepôts du monde, un abri sûr, commode aux navires de toute grandeur. Plus de deux mille navires, annuellement, entrent dans ses vastes bassins à la fois

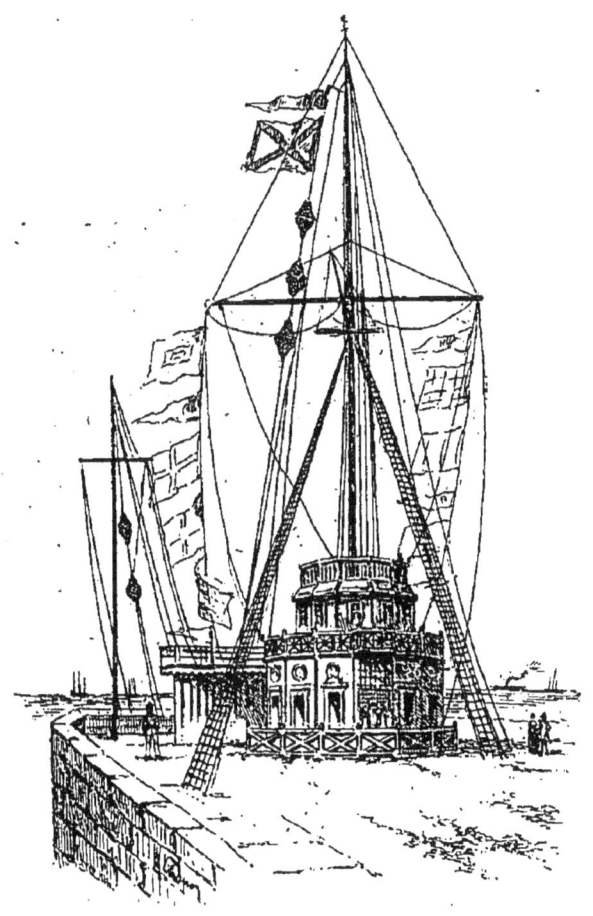

SÉMAPHORE DU HAVRE

si élégants et si commodes, ils lui apportent les cafés des Antilles, les cotons de l'Amérique, en emportent des soieries, des articles de mode, de fantaisie. Ses docks regorgent de marchandises. Nulle part on ne construit de plus beaux vaisseaux que dans ses ateliers et ses chantiers immenses de la *Société des Forges et Chantiers de la Méditerranée.*

Mais l'art et l'archéologie ne sont point les affaires d'une cité à ce point positive. Banals sont les monuments publics. Le Musée, au pied duquel se dressent les statues

LE HAVRE — MONUMENT DE LEFÈVRE-DESNOUETTES

en bronze de Bernardin de Saint-Pierre et de Casimir Delavigne, par David d'Angers, possède cependant quelques chefs-d'œuvre : un Poussin, un Carrache, un Rubens, un Murillo, la Vierge et l'Enfant de Luciano del Piombo, l'Enfant prodigue de Th. Couture, le Saint-Sébastien de Van Dyck; une galerie expose les antiquités nationales et locales réunies par le savant abbé Cochet. Les badauds s'extasient au square Saint-Roch devant les phoques d'un aquarium orné de rochers massifs.

Le Havre pittoresque existe à peine; ne le cherchez pas ailleurs que dans les rues obscures que fréquentent les marins, dans leurs étranges cafés-concerts, dans leurs bals et leurs cabarets tapageurs. Encore ces attraits n'y ont-ils point la couleur violente ni la saveur

LE HAVRE ET LA POINTE DE LA HÈVE

pimentée qu'on leur trouve dans les ports du Midi, les quartiers à part, les bouges réservés, que les navigateurs des pays de soleil emplissent de leurs joies brutales, de leurs farces énormes, parfois ensanglantent de leurs querelles au couteau. Mais la ville normande, indifférente à ceux que l'intérêt n'y retient pas, se transfigure si on l'embrasse des coteaux d'Ingouville ou de la pointe de la Hève. Entre les flots de l'estuaire et les jardins,

les cottages de ses faubourgs, entre l'infini de la mer
aux nuances changeantes, bleue, verte, violette, jaune,
tour à tour, dans l'espace de quelques heures, et la suc-
cession prolongée, confuse, de plus en plus lointaine,
des vallons terriens, des falaises riveraines, elle étin-

LE HAVRE — ABBAYE DE GRAVILLE

celle au soleil, elle palpite de vie et de santé. Au dehors,
sur tous les points de l'horizon sans bornes, des navires voguent vers le port, enflant leurs voiles blanches,
qui traînent sur les vagues, comme des ailes d'alba-
tros ; ils approchent et croisent incessamment d'autres
vaisseaux, paquebots, bricks, steamers, péniches,
sloops, bateaux de pêche, voguant vers l'Amérique ou

l'Angleterre. Le soir, illumination soudaine : ses maisons blanches resplendissent sous les feux des becs de gaz, des lanternes multicolores allumés à profusion contre les jetées, les bassins. Les vagues roulent et heurtent des flammes; on entend la plainte énorme et infiniment triste de la *sirène*, longue et lugubre exhalaison d'un jet de vapeur à travers un tuyau d'orgue colossal, destinée à frapper au loin l'oreille du naviga-

STEAMER DU HAVRE

teur, dont la longue-vue n'apercevrait pas les feux tournants des phares.

Les alentours semblent plus célèbres que vraiment beaux. Sainte-Adresse, peuplé de villas, de chalets, de cottages plus ou moins élégants, est un lieu de baignade mondaine. Il faut s'élever au-dessus de ses joujoux d'architecture, des casinos et des jardins anglais, pour éprouver quelque émotion. Au sommet de la colline, un cône de pierre blanche, très haut, pareil à un gigantesque pain de sucre, rappelle la mémoire du général Lefèvre-Desnouettes, mort en mer au moment d'aborder les côtes de France en 1822 : la veuve de l'héroïque lieutenant de Napoléon destinait ce singulier cénotaphe à servir de repère aux vaisseaux en détresse. La chapelle de Notre-Dame des Flots reçoit les vœux et les offrandes des marins, puis les falaises de la Hève penchent vers la mer leurs roches friables, constamment rongées par les flots et d'une sécheresse désolée.

Que d'excursions ravissantes sollicitent le touriste, le flâneur ! Mais les faut-il décrire ? Quel heureux de ce monde ne les connaît ? Elles amusent les séjours aux plages normandes que la mode souveraine impose au riche, sans consulter son goût ni ses besoins. Vous irez, Madame, si vous n'y êtes allé, dans le charmant vallon de la Lézarde, contempler les restes de l'abbaye de Graville, ses sculptures grises et ses vieux tableaux du seizième siècle ; le château de Gonfreville-Orcher et ses alentours, où l'on cueillera pour vous les offrir de superbes bouquets d'orchidées ; l'église de Montivilliers, qui unit le style du onzième siècle à celui du seizième ; le cimetière de Brise-Garet, disposé comme un cloître ; l'abbaye du Grestain. Vous irez aussi, sans doute, dans la gracieuse vallée du Bolbec, visiter les ruines romaines de Lillebonne, l'ex-Juliobona, capitale bien déchue du pays de Caux, et du peuple Calète... Les yeux pleins de formes anciennes, de couleurs fanées, associées aux aspects de la nature toujours vivace; l'oreille encore bourdonnante du babil des cicérones, des guides; l'esprit vaguement occupé de choses superficielles, dont on peut causer à son tour avec ses amis du Casino, on goûte avec un plaisir plus piquant le charme d'une saison de Trouville ou d'Étretat!

INDEX ALPHABÉTIQUE

A

Achères. 319
Alise-Sainte-Reine. . . . 12
Ancerville. 117
Ancy-le-Franc. 60
Andelys (les). 403
Andilly. 309
Andresy. 318
Anet. 386
Arbonne. 253
Arcis-sur-Aube. 204
Arcy-sur-Cure. 44
Ardennes (les). 146
Argenteuil. 310
Argonne (mont de l'). . . 145
Armainvilliers (chât. d'). . 210
Asnières. 305
Asnières-sur-Oise. 331
Asquins 44
Athis 261
Attigny. 147
Auxerre. 52
Auxois (mont). 12
Augerville (chât. d'). . . . 253
Auvers. 330
Avallon 32
Avon. 229

B

Bagnolet. 223
Bar-sur-Aube. 92
Bar-sur-Seine. 10
Bar-le-Duc. 123
Barbizon. 248
Baville. 367
Bazoches. 178
Beaumont 330
Beaumont-le-Roger. . . . 391
Beauvais. 361
Bec-Hellouin. 394
Bellevue. 291
Bernay. 391
Billancourt. 287
Bligny-le-Sec. 3
Blosseville. 430
Bois-le-Roi. 254
Bologne. 111
Bonnelles 370
Bonport (abbaye de). . . 407
Bougival. 311
Bourbilly (chât. de). . . . 29
Bourget (le). 223
Braisnes 178
Brie-Comte-Robert. . . . 226
Brienne 93
Brionne 394
Brises-Garet 450
Broglie. 394
Broyes. 177
Bussy-Rabutin (chât. de). . 18
By. 228

C

Caudebec	434
Chablis	58
Châlons-sur-Marne	135
Châlons (camp de)	140
Chamarande	366
Champagne	228
Champaubert	177
Champeaux	210
Chanceaux	2
Changis	228
Chantilly	331
Chaourse	92
Chartres	374
Chastellux (chât. de)	34
Château-Porcien	149
Château-Renard	251
Château-Thierry	216
Châtillon-sur-Seine	7
Châtillon-sur-Loing	251
Chatou	314
Chaumont-en-Bassigny	100
Chauny	197
Chaville	292
Chelles	223
Cheppes	141
Chennevières	251
Chevillon	116
Chevrette (la)	309
Choisy-le-Roi	261
Cirey (chât. de)	119
Clairvaux	96
Clamecy	50
Clichy-sous-Bois	223
Compiègne	351
Conches	391
Conflans-Sainte-Honorine	318
Corbeil	258
Coucy-le-Château	182
Coulommiers	216
Courance (chât. de)	254
Cravant	49
Crépy-en-Valois	347
Croisset	431
Croissy	314
Croix-Fontaine	258

D

Dammartin	344
Dampierre	299
Dangu	404
Darcey	12
Darnétal	430
Dormans	175
Doulevant-le-Château	120
Dourdan	368
Douville	406
Drancy	223
Dreux	383

E

Eaubonne	308
Écouen	310
Écouis	406
Elbeuf	407
Épernay	175
Épernon	372
Époisses	31
Ermenonville	344
Essonnes	259
Étampes	366
Étoges	177
Évreux	389

F

Faremoutiers	216
Fère-Champenoise	177

INDEX ALPHABÉTIQUE

Ferrières (chât. de)	210	**J**	
Ferrières	250	Jean-d'Heures (chât. de)	117
Ferté-Milon (la)	348	Joigny	70
Fismes	178	Joinville	113
Flavigny	16	Joinville-le-Pont	226
Fleury (chât. de)	254	Juilly (collège de)	288
Folembray	178	Jumièges	431
Fontainebleau	228		
Frette (la)	318	**L**	
G		Labaume (îles)	38
Gaillon	403	La Bouille	434
Gallardon..?	372	Laigle	391
Gisors	404	Langres	104
Gonfreville-Orcher	450	Laon	185
Gournay	223	Larchant	250
Graville (abb. de)	450	Laumes (les)	12
Grenouillère (la)	311	Ligny-en-Barrois	127
Grestain (le)	449	Lillebonne	450
Gretz	216	Limay	323
Griselle	9	L'Isle-Adam	330
Guise	191	Livry	223
		Longpont (abb. de)	347
H		Lormes (cascades de)	38
Harfleur	436	Louveciennes	312
Havre (le)	438	Louviers	395
Herblay	318	**M**	
Héricy	254	Maintenon	373
Hirson	191	Maisons-Laffitte	318
Honfleur	436	Malesherbes	252
Houdan	382	Mantes-la-Jolie	322
Hurepoix (le)	368	Marle	191
		Marlotte	245
I		Marly	312
Issy	288	Maurepas	371
Ivry-la-Bataille	386	Meaux	218
Ivry-sur-Seine	261	Médan	322
		Melun	254

Méréville	367	Notre-Dame-de-Liesse	190
Méry-sur-Seine	204	Noyon	358
Méry-sur-Oise	410	Nully	122
Meudon	291		
Meulan	322	**O**	
Milly	253	Ourscamps	358
Montargis	251		
Montbard	23	**P**	
Monte-Cristo	314	Pantin	223
Montepilloy	343	Paraclet (le)	205
Montereau	254	Paris	263
Montfermeil	223	Passavant	143
Montfort-l'Amaury	372	Pecq (le)	314
Montigny-sur-Loing	250	Persan	330
Montigny-les-Cormeille	318	Pierrefonds	348
Montivilliers	450	Pierre-qui-Vire	38
Montlhéry	261	Pithiviers	252
Montlignon	309	Pitres	405
Montmirail	216	Poissy	319
Montmorency	307	Pont-Audemer	397
Montmort	176	Pontchartrain (chât. de)	371
Montreuil-aux-Pêches	223	Pont-de-l'Arche	397
Montrouge	288	Pontgouin	381
Montsauche	36	Ponthion	133
Moret	250	Pontigny	58
Mortefontaine	343	Pontoise	327
Moulin-Joli	311	Port-à-l'Anglais	261
Mourmelon-le-Grand	141	Port-Marly	314
Mussy-sur-Seine	10	Port-Royal	298
		Prés Saint-Gervais (les)	223
N		Provins	206
Nangis	210	Puteaux	305
Nanterre	311		
Nantouillet	346	**Q**	
Nemours	250	Quillebeuf	434
Neubourg (le)	395		
Nogent-sur-Seine	205	**R**	
Noisiel	222	Radepont	406
Nonancourt	391	Rambouillet	370

INDEX ALPHABÉTIQUE

Reims	151
Rethel	148
Riceys (les)	92
Robinson	302
Rochefort-en-Iveline . . .	368
Roche-Guyon (chât. de la) .	324
Rolleboise	324
Romainville	223
Rosny (chât. de)	324
Rouen	408
Roumilly-les-Landes . . .	92
Rueil	311

S

Sainte-Adresse	448
Saint-Clair-sur-Epte . . .	404
Saint-Cloud	302
Saint-Cyr (l'école)	298
Saint-Denis	306
Saint-Dizier	118
Saint-Florentin	71
Saint-Germain (source de la Seine)	3
Saint-Germain-lès-Corbeil.	259
Saint-Germain-en-Laye . .	314
Saint-Gobain	198
Saint-Gratien	308
Saint-Loup-de-Naud . . .	209
Saint-Mammès	228
Saint-Martin-de-Boscherville	431
Sainte-Menehould	143
Saint-Ouen	306
Saint-Père	38
Saint-Prix	310
Saint-Sulpice de Favières .	367
Saint-Vrain	367
Samois	254
Samoreau	228

Savigny-sur-Orge	261
Segrès (chât. de)	368
Seine-Port	258
Semur	27
Senlis	340
Sens	74
Sermizelles	44
Serquigny	394
Settons (Étang des)	36
Sèvres	288
Sezanne	200
Soissons	178
Sommevoire	122
Source de la Seine	1
Suresnes	305

T

Tancarville (chât. de) . . .	436
Tanlay	63
Thiérache (la)	190
Thomery	228
Tonnerre	67
Triel	322
Triguières	251
Troyes	79

V

Val d'Osne	111
Vallage (le)	119
Valmy	142
Valois (le)	346
Vanves	288
Varennes	146
Varzy	50
Vauchamp	177
Vaucluse (Asile de)	261
Vaulx de Cernay	299
Vaulx de Cernay (abb. de) .	299
Vaux (chât. de)	256

Vandeuvre	92	Villejuif	261
Vermenton	49	Villeneuve-le-Roi	71
Verneuil	391	Villennes	321
Vernon	401	Villeneuve-Saint-Georges	260
Vermouillet	322	Villeguier	434
Verrey	11	Villers-Cotterets	347
Verrières	300	Vincennes	223
Versailles	293	Viroflay	288
Vertus	175	Vitry-le-Brûlé	132
Vervins	191	Vitry-le-François	130
Vésinet (le)	314	Vitry-sur-Seine	261
Vétheuil	324		
Vez	347	**W**	
Vézelay	37	Wassy	119
Viarmes	331		
Viéville	112	**Y**	
Vignory	112		
Villebon	380	Yèvre-le-Châtel	252

TABLE DES GRAVURES

Source de la Seine. 5
Fontaine de la Douix. 8
Châtillon-sur-Seine. 9
Statue de Vercingétorix. 16
Statue de Buffon. 25
Semur. 29
Porte de Semur. 33
Église de Vézelay. 41
Vézelay. 45
Clamecy. 49
Beffroi d'Auxerre. 53
Saint-Germain d'Auxerre. 57
Hôtel d'Uzès à Tonnerre. 64
Joigny 65
Jubé de Saint-Florentin. 69
Porte de Joigny à Villeneuve-sur-Yonne. 72
Enceinte gallo-romaine à Sens. 73
Quai de l'Yonne à Sens. 77
Tourelle des Orfèvres à Troyes. 81
Église de la Madeleine à Troyes. 85
Tours de la cathédrale Saint-Pierre à Troyes. 89
Porte de Troyes à Bar-sur-Seine. 93
Viaduc de Chaumont. 101
Tour de Navarre à Langres 105
Porte romaine à Langres. 109
Le canal à Saint-Dizier. 117
La Blaise à Wassy. 120
Tour de l'Horloge à Bar-le-Duc. 125
Ville basse à Bar-le-Duc. 129
Cathédrale de Châlons-sur-Marne. 133

TABLE DES GRAVURES

École des arts et métiers, Châlons-sur-Marne	137
Pyramide de Valmy	141
Croix à Réthel	145
Arc de triomphe romain à Reims	153
Portail de l'église Saint-Rémy à Reims	157
Cathédrale de Reims	161
Porte de la cour du Chapitre à Reims	169
Maison des Musiciens à Reims	173
Église d'Épernay	176
Cloître de Saint-Jean-des-Vignes à Soissons	181
Coucy	184
Porte Royer à Laon	185
Porte de Chenizelles à Laon	188
Église Saint-Martin à Laon	189
Notre-Dame de Liesse	190
Tour des Fortifications à Vervins	192
Citadelle de Guise	193
Les bords de l'Oise à la Fère	196
Porte de Laon à la Fère	197
Arcis-sur-Aube	201
Église de Nogent-sur-Seine	204
Porte Saint-Jean à Provins	208
Tour de César à Provins	209
Tour du Cloître à Provins	212
Ruines de Château-Thierry	217
Escalier du Chapitre à Meaux	220
Usines de Noisiel	221
Chapelle à Vincennes	224
La Marne à Champigny	225
Joinville-le-Pont	226
Fontainebleau	233
Galerie Henri II à Fontainebleau	237
Galerie François Ier à Fontainebleau	240
Étang et Cour de la Fontaine à Fontainebleau	241
Forêt de Fontainebleau	245
Montigny-sur-le-Loing	248
Moret	249
Bord du Loing à Moret	252
Pont de Montereau	253

TABLE DES GRAVURES

Église de Montereau	253
Melun	256
Château de Vaux	257
Place Saint-Jean à Melun	258
Ruines de l'Abbaye du Lys près Melun	259
Tour de Montlhéry	260
Pont de Charenton	261
Port de Bercy. — Pont National	264
La Bièvre à Paris	265
Le canal et les docks à la Villette	268
L'abside de Notre-Dame à Paris	273
Fontaine et place Saint-Michel à Paris	276
Fontaine Molière à Paris	277
Le Pont Royal, les Tuileries et la Cité à Paris	281
Le Trocadéro à Paris	283
La Tour Eiffel et l'Exposition à Paris	285
Le Point-du-Jour et le Viaduc d'Auteuil à Paris	286
Ancien château de Meudon	289
Salle de l'Œil-de-Bœuf, château de Versailles	293
Groupe principal du bassin de Neptune à Versailles	296
Trianon, tour de Malborough au village suisse	297
Abbaye des Vaulx de Cernay	301
Étang de Ville-d'Avray, maison de Corot	302
Ruines de Saint-Cloud	303
Cascade à Saint-Cloud	304
Bois de Boulogne	305
Suresnes et le Mont-Valérien	306
Canal Saint-Denis	307
Vues à Saint-Denis	308
Château d'Écouen	309
Nanterre	310
La machine de Marly	312
Port Marly	313
Le Pecq	315
Château de Saint-Germain	316
Sartrouville	317
La Frette	318
Le Moulin de Maisons-Laffite	319
Poissy. Entrée de l'ancienne abbaye	320

TABLE DES GRAVURES

Moulins de Poissy.	321
Médan.	322
Triel.	323
Limay.	324
Pontoise.	329
Château de Chantilly, vu du parc.	332
Statue du connétable Anne de Montmorency.	333
Galerie des Cerfs.	337
Château de la reine Blanche.	341
Château Henri IV à Senlis.	344
Porte d'entrée du collège de Juilly.	345
L'étang et le marronnier de Malebranche.	348
Château de la Ferté-Milon.	349
Château de Pierrefonds	352 et 353
Châlet des Étangs. Forêt de Compiègne.	354
Hôtel de Ville de Compiègne.	355
Château de Compiègne.	356
Grand salon de réception du château de Compiègne.	357
Creil.	359
Portail du seizième siècle à Beauvais.	360
Cathédrale de Beauvais.	361
Palais de justice à Beauvais.	363
Château de Rambouillet.	369
Laiterie du parc de Rambouillet.	373
Château de Maintenon.	377
Chartres.	380
Chapelle de la famille d'Orléans à Dreux.	384
Pyramide de Henri IV à Épieds.	385
Beffroi d'Évreux.	392
Vieille maison à Louviers.	397
Château de Gaillon.	400
Les Andelys, château Gaillard.	401
Vernonnet.	402
Château de Gisors.	404
Elbeuf.	405
Cours La Reine à Rouen.	409
Clocher de la cathédrale à Rouen.	411
Église Saint-Maclou à Rouen.	413
Cloître de Saint-Maclou à Rouen.	41

TABLE DES GRAVURES

La rue du Rosier à Rouen. 417
Palais de justice à Rouen. 422
Hôtel Bourgthouroulde à Rouen. 424
Porte de la Grosse-Horloge à Rouen. 425
Vieux-Marché à Rouen. 428
Jumièges. 429
La Bouille. 432
Château de Tancarville. 433
Église d'Harfleur. 434
Honfleur. — Place du marché. 437
Honfleur. — Vieille maison. 439
Notre-Dame-de-Grâce à Honfleur. 440
L'Arsenal du Havre. 441
Le Havre, embarcadère de Honfleur. 443
Sémaphore du Havre. 444
Le Havre, monument de Lefèvre Desnouettes. . . . 445
Le Havre et la Pointe de la Hève. 446
Le Havre, abbaye de Graville. 447
Steamer du Havre. 450

TABLE DES MATIÈRES

EN BOURGOGNE

I.	— Les sources.	1
II.	— Le Morvan bourguignon.	27
III.	— L'Yonne.	52

LA CHAMPAGNE

IV.	— L'Aube.	79
V.	— Chez les maîtres de forges.	100
VI.	— La Champagne Pouilleuse.	123
VII.	— Au pays des vins joyeux.	151

L'ILE-DE-FRANCE

VIII.	— L'Aisne.	178
IX.	— La Brie.	200
X.	— La Forêt de Fontainebleau.	228
XI.	— Paris.	263
XII.	— Les environs de Paris. En aval.	287
XIII.	— L'Oise.	327
XIV.	— La Beauce.	365

EN NORMANDIE

XV.	— Au pays du cidre.	382
XVI.	— De Vernon au Havre. L'Estuaire.	399

INDEX ALPHABÉTIQUE.	451
TABLE DES GRAVURES.	457

CORBEIL. — Imprimerie CRÉTÉ.